# 생생 영어
## —요럴 땐? 요런 표현!
### 개정증보판

# 생생 영어—요럴 땐? 요런 표현! 개정증보판

초판 발행일     2022년 2월 15일
개정판 발행일   2023년 3월 24일

지은이      한상택
펴낸이      손형국
펴낸곳      (주)북랩
편집인      선일영              편집    정두철, 배진용, 윤용민, 김부경, 김다빈
디자인      이현수, 김민하, 김영주, 안유경    제작    박기성, 황동현, 구성우, 배상진
마케팅      김회란, 박진관
출판등록    2004. 12. 1(제2012-000051호)
주소        서울특별시 금천구 가산디지털 1로 168, 우림라이온스밸리 B동 B113~114호, C동 B101호
홈페이지    www.book.co.kr
전화번호    (02)2026-5777          팩스    (02)3159-9637

ISBN       979-11-6836-798-2 03740 (종이책)        979-11-6836-799-9 05740 (전자책)

적재적소
의사소통을 위한
진정한
**원어민식
영어 표현**

개정
증보판

# 생생
영어

요럴 땐 **?**
요런 표현 **!**

한상택 지음

GRAMMAR
ENGLISH

북랩

영어를 정말로 잘한다고 평가받는 사람들은 원어민들처럼 영어와 관련된 시간과 장소, 대상과 상황에 걸맞게 그때그때 자기의 의사를 자연스럽게 서슴지 않고 표현할 수 있는 사람들이다. 사실 우리나라처럼 EFL[English as a Foreign Language] 상황에서는 실제로 원어민 화자처럼 유창하게 영어를 구사한다는 것은 거의 불가능하다. 또 한 가지 간과해서는 안 될 사항은 우리나라에 사는 원어민들은 우리와 이야기할 때 이미 한국화된 표현이나 상황에 맞게, 다시 말해 대화 파트너가 한국인이라는 것을 감안하고 거기에 맞게(일종의 paraphrasing함으로써) 대화를 갖고자 한다. 따라서 이런 환경에 익숙해 있던 한국인들이 영어 상용국가(특히, 미국권)에 갔을 때 또 다른 난처함에 부딪히게 된다. 그 이유는 첫째는, 발음 면에서 본토인의 말이 대부분 (한국에서 들은 것과 비교해서) 빠르다는 것과 다양한 축약, 생략, 연음, 강세의 낯섦(예 어강세와 문강세가 다름)으로 인해 당황하게 되기 때문이다.

둘째는, 표현 면에서 다양한 슬랭(slang)이나 특수집단어(jargon), 진정한(authentic) 구어체 표현(colloquialism) 등이 지역이나 계층에 따라 워낙 산재해 있어 원활한 의사소통에 많은 지장을 주기 때문이다. 이외에도, 의사소통에 장애를 주는 또 다른 요소는 당연히 문화의 이질감이라고 볼 수 있는데, 시간이 지나감에 따라 이러한 문화적 충격(culture shock)은 문화적 동화(acculturation)로 자연스럽게 진행되므로 우선 준비과정으로 해결해야 할 중요한 것들은 앞서 언급한 요소들일 것이다. 우리가 한국에서 교육과정이나 개인적으로 학습한 영어표현들은 지극히 표준영어에 해당하는 것들이지만 이미 언급한 것처럼 진정한 의사소통을 위해서는 양과 표현 방식 면에서 터무니없이 부족하다고 볼 수 있겠다. 특히, 표현 면에서 한국에서 학습한 지식을 통해 기본적인 일상표현을 말하기는 어느 정도 가능하다고 보지만, 같은 의미나 기능을 다른 표현으로[구조로] 원어민이 말할 때 그것을 듣고 이해하는 데는 한계가 크기 때문에 이러한 장벽을 허물기 위해서는 기회가 닿는 대로 다양한 생생한 구어적 표현을 익혀두는 수밖에 없다. 다음의 '가나다'순으로 나열된 표현들은 원어민과의 의사소통할 때 보다 상황에 맞는 원어민식 표현들이다. 흔히 원어민을 상대할 때 원어민과 완전한 공감대를 형성하기 위해 상황[경우]에 정확한 표현을 생각하고자 노력하지만 적절한 표현이 생각나지 않거나 모르는 경우가 있다. 이럴 때[경우에] 보다 정확한 표현들이 바로 아래의 실례들이다. 원어민과 이야기를 나눌 때 한 번 활용해보기 바란다.

또한 본서 뒷부분에 수록된 〈부록〉에서는 1. 올바른 일상어 표현 (Right Uses of Daily Expression) 2. Political correctness(정치적 순화 표현) 3. 게시[간판] 표현 4. E-mail/SNS에서의 영문 축약어(contraction) 및 합성어(acronym) 등으로 구분하여 현대 영어의 의사소통에 꼭 필요한 정보들을 제공해주었으니 깊고 넓게 학습했으면 하는 바람이다.

참고로 이 책에 쓰인 약어[contraction words]는 다음과 같다.

- **Sit.** = Situation(표현 상황): 주어진 표현들이 사용 가능한 적절한 상황 설명

- **Con.** = Conversation(회화문): 제시된 표현의 의미를 쉽게 이해할 수 있게 제공된 대화체 표현

- **Syn.** = Synonym(동의 표현): 같은 상황이 주어졌을 때 사용 가능한 동의 표현

- **Ant.** = Antonym(반의 표현): 제시된 표현과 반대의 의미를 가진 표현들

- **Ex.** = Example(예문[예시]): 주어진 표현을 사용할 수 있는 상황에 적합한 예

- **Rf.** = Reference(참고(사항)): 제시된 표현의 심층적 이해를 위해 필요한 관련된 표현

- **Cf.** = Confer(비교(구문)): 제시된 표현과 비교될 가치가 있는 표현

- **Grs.** = Grammar(s)(문법 설명): 제시된 표현을 이해하기 쉽게 설명한 문법 사항

- **Oths.** = Others(기타): 제시된 표현과 연관이 있거나 이해하는 데 도움이 되는 다른 표현

여는 말 • 5

## 생생 영어—요럴 땐? 요런 표현!

# 생생 영어
## 요럴 땐?
## 요런 표현!

**가 01**

### 그 사람 가까이 하지 마.
**Stay clear of** that guy.=**Stay away from** that guy.

- **Sit.** "그 사람으로부터 깨끗이[벗어나] 머물러 있어라."라는 말은 '그 사람을 가까이 하지 말라'라는 뜻이 된다.
- **Rf.** 'stay'는 '...상태를 유지하다'라는 뜻이다. 'clear'는 '...장애물을 제거한, ...(로부터) 깨끗한'의 뜻이고, 'of'는 뜻이 많이 있지만, 원래는 '...로부터'라는 'from'의 뜻이다. 따라서 둘을 합하면 '...로부터 깨끗이'의 뜻이 된다.

**가 02**

### 지금 가는 중이야. 곧 도달하게 돼요.
I am on the[my] way. I'll be there soon.

- **Rf.** on the[one's] way to+장소: ...가는 도중에
- **Ex.** On my way to the house, **I was caught in shower.**: 집에 가는 도중에 난 소나기를 맞았다.
- **Cf.** I was stuck in snow.: 난 눈에 막혔다[갇혔다].
- **Oths.** Step aside, Smith. You are **in** my way.: 비키세요, Smith. 당신은 나를 방해하고 있어요.

**가 03**

### 가능성은 무한해.
The sky is the limit.

- **Sit.** 하늘은 우주로 통하는 길로 우주는 무한하다. 때문에 "하늘이 그 한계가 된다."라는 말은 따지고 보면 '하늘은 한계가 없다.'라는 뜻이다.
- **Syn.** 일반적인 표현은 "The possibilities are endless[infinite, boundless=limitless]."이다.

○ **Rf.** 같은 의미로 뜻을 강조하기 위해 도치구문을 써서 'Impossible is nothing'처럼 표현하기도 한다.

○ **Grs.** 원래 문장은 Nothing is impossible이지만, 보어(impossible)를 강조하기 위해 문장 앞으로 보내고 주어(nothing)와 be동사(is)가 도치되었다.

### 가 04

#### 가만히 있는 게 돕는 거야.
Thanks for nothing!

○ **Sit.** "아무것도 아닌 것(nothing)에 감사를 드린다."라는 말은 '(간섭하지 말고) 가만히 있어 달라.'라는 뜻이다.

○ **Rf.** thanks for (A): (A)에 대해 감사를 드리다

○ **Cf.** Oh, no. You should've kept quiet.: 맙소사, 가만히 있으면 중간이나 가지.

○ **Oths.** Thanks for everything.: 모든 면에서 고마워요. Thanks for asking.: 신경 써주셔서 감사합니다.(상대방이 말벗이 되어주면서 관심을 보여줄 때 쓰는 말)

### 가 05

#### 가만히 있어 줄래?
Will you hold it?

○ **Sit.** 이때 'it'은 '해당 상황'이나 '관련 내용'을 지칭하는 막연한 의미의 대명사이며, 보통 해석을 하지 않는 것이 좋다.

○ **Rf.** hold는 '무엇을 하다가 중단하고 그 상태를 계속 유지하는 것'을 말한다.

○ **Ex.** Hold on.: 잠깐만 (있는 상태로 계속) 기다려.

○ **Grs.** 이때의 'on'은 부사이며 '계속'이라는 뜻이 있다.

○ **Ex.** Push and hold the button of the camera.: 카메라 단추를 **누르고 가만히 있어**[떼지 마].

## 가 06

### 가만히 있으면 중간이나 가지.
### You should've kept quiet.

- **Sit.** '누군가 잘 알지도 못하면서 아는 척하고 이리저리 간섭할 때' 쓰는 표현이다.
- **Grs.** 'should have pp'는 '...했어야 했는데[사실은 ...안 해서 유감이다]'라는 뜻이다. 때문에 위의 문장을 원래의 뜻으로 해석하면 "너는 조용히 있어야만 했는데[사실은 조용히 있지 못했다]"의 뜻이다.
- **Rf.** may[might] have pp: ...했을지도[하였을지도] 모른다. must have pp: ...했음에[...였음에] 틀림없다 can[could] not have pp: ...했을 리가[였을 리가] 없다. 이처럼 '조동사(과거형)+현재완료' 형식은 과거의 일을 표현할 때 쓰인다.

## 가 07

### 너 가문에 먹칠하지 말라.
### Don't **give** your family **a bad name**.

- **Sit.** "당신의 가문에 나쁜 이름을 주지 말라."라는 말은 '가문에 먹칠하지 말라'라는 뜻이 될 것이다. 우리는 가문의 이름을 까만 먹(ink stick)으로 칠한다고 하지만 영어표현은 단순하다.
- **Rf.** 일반적인 표현으로는 'blot one's family name=bring disgrace on one's family: ...가문에 먹칠하다'가 있다.

## 가 08

### 가위눌렸다.
### I froze in my dreams.

- **Sit.** 'freeze'는 '얼다, 꼼짝못하게 하다.'라는 뜻이다. "꿈에서 내가 꽁꽁 얼었다"라는 말은 다들 경험하는 것처럼 "자다가 가위눌릴 때 몸을 이리저리 뒤척거리려고 해도 안 되는 것"을 표현한 것이다.
- **Rf.** Freeze!: 꼼짝 마!(Halt!=Don't move!)
- **Oths.** Dream on!: 꿈 깨! day dream: 백일몽 Sweet dreams!: 잘 자!

## 가 09

**Smith는 가장이다.**

Smith brings the bacon to his family.

- **Sit.** "Smith가 그의 가정에 베이컨을 가져온다."라는 말은, 'Smith가 가족의 생계를 책임진다.'라는 뜻이다.
- **Rf.** 우리에게 주식이 쌀(rice)인 것처럼, 여기서의 bacon은 영어권에서의 '일용 양식(daily bread)'을 비유하는 말이다.
- **Syn.** Smith is the bread winner in his family.

## 간 10

**간뎅이가 부었군.**

What a nerve!

- **Sit.** 'nerve'는 '신경'이라는 뜻이지만, '비위(가 좋음), 뻔뻔함'의 뜻이 있다.
- **Ex.** He had **the nerve** to tell me to leave.: 그는 뻔뻔스럽게도 나에게 떠나라고 말했다.
- **Rf.** What 명사(A)!=참으로 (A)하군!(일종의 감탄문이다.)
- **Ex.** What a girl (she is)!: 정말로 멋진 소녀야! What a game!: 멋진 경기야!

## 감 11

**Smith는 감언이설로 나를 속였다.**

Smith **snowed** me.

- **Sit.** 'snow'는 '눈'이라는 뜻 이외, '달콤한 말로 꼬드기다'라는 뜻이 있다.
- **Syn.** Smith enticed[allured, seduced] me with fair words.
- **Rf.** deceive with sweet talks.: 감언이설로 속이다.
- **Cf.** Smith picked me up in the dance hall.: 무도장에서 Smith가 나를 꼬드겼다.
- **Rf.** pick-up line: 꼬드기는 말

**갑 12**

Mary는 매우 화가 나 **감정이 폭발할** 것 같다.
Mary is very angry and now **fully loaded.**

- **Sit.** 'load'는 '짐(을 쌓다), 탄환을 장전하다, (비유적) 마음의 짐'이라는
  뜻이 있다. 때문에 fully loaded는 '완전히 탄환[폭탄]이 장전된 상
  태'이니 더 이상 견디지 못하고 곧 폭발할 기세다.
- **Rf.** have a load on one's mind[conscience].: 마음[양심]에 걸리는 일이
  있다. take a load off one's mind.: 마음의 무거운 짐을 벗다.
- **Cf.** a load off one's mind...: ...의 덜어진 부담(weight off one's mind)
  a weight on one's shoulder: 어깨 위의 무게[마음의 무거운 짐]

**갑 13**

감쪽같아요[새것 같아요].
Good as new.

- **Sit.** 원래 문장인 "(It is as) good as new.: 그것은 새 것만큼 **그렇게 좋
  다**[새 것과 마찬가지다]."에서 일부가 생략된 것이라고 볼 수 있다.
- **Grs.** as good as...: 1)...만큼 그렇게 좋은 2)...와 같은[마찬가지인]
- **Ex.** You hid your relation to everyone!: 너 사귀는 관계를 감쪽같이
  속이다니! (남이 하는 행위[아무도 모르는 태연한 상태]를 어떻게 알게
  되었을 때 감정 섞인 어조로 하는 표현이다).
- **Rf.** be caught with chaff: : 감쪽같이 속아 넘어가다 chaff: 선의의 놀
  림[속임], 왕겨, (사료) 여물, 찌꺼기

**강 14**

그는 **강심장이군.**
His heart **is made of steel.**

- **Grs.** be made of...: ...으로 만들어지다 steel: 강철
- **Ex.** iron man: 강철같은 사람[철인]
- **Rf.** being gentle in appearance but sturdy in spirit(외모는 온후하나
  정신은 강인함)=an iron hand in the velvet glove(우단으로 된 장갑
  속에 철로 된 손: 외유내강)

**같) 15**

## 우린 같은 생각이야.

That makes two of us. ................

○ **Sit.** "그것은 우리를 단둘(twosome: 한 쌍)로 만든다."라는 말은 결국 '그것은 우리를 같은 부류의 사람으로 만들다'이므로 이는 곧 '생각이 같다'라는 뜻이다.

○ **Syn.** Same here.=The same goes for me.=I agree on your opinion.=I am in the same situation.=You are of my mind.: 나는 너와 같은 생각이야.

**같) 16**

## 우린 같은 처지입니다.

We are in the same boat. ................

○ **Sit.** "우리가 같은 배를 탔다."라는 말은 '같은 조건과 같은 생활환경에서 지내야 한다.'라는 뜻이므로 이해가 가능하다.

○ **Cf.** You and I are not in the same league.: 난 너와 노는 물이 달라.

○ **Rf.** league: 연맹, (품질·등급에 의한) 부류·범주, (동질의) 그룹·한패

**거) 17**

## 거봐, 내가 뭐라고 했어?

See, what did I tell you? I told you. ................

○ **Sit.** 하지 말라고 했을 때 고집부리고 잘못한 결과를 저질렀을 때 나무라며 하는 표현이다.

○ **Syn.** What did I say! Please listen to my words!: 거봐 내가 뭐라고 했어! 내 말 좀 들어!

○ **Rf.** Read my lips!: 내 말 잘 들어라! Mark[Note] my words!: 내 말을 **잘 들어**[명심해]!

**거** 18

**거수로 투표합시다.**
Let's put it to a vote **by a show of hands.**

- ○ 'vote'는 '투표, 투표하다, 투표권, 투표율' 등 다양하게 쓰인다.
- ○ **Cf.** by secret[unsigned] vote[ballot]: 비밀[무기명] 투표로
- ○ **Rf.** 무기명투표는 일반적으로 ballot을 쓴다.
- ○ **Oths.** a spoilt[null and void] vote: 무효표 flowing vote: 부동표 a voice
  vote: 발성 투표(투표에 의하지 않고 찬반의 소리를 듣고 결정하는 의결
  법)
- ○ **Ex.** The resolution was voted by a two-thirds majority.: 저 결의안
  은 3분의 2 다수결에 의해 투표로 통과되었다. decision by
  majority: 다수결 put ... to a vote: ...표결에 부치다 election: 선
  거 referendum: 국민투표 pass a vote of...: ...의결하다

**거** 19

**거의 그쯤 돼요[거의 다 되었어요].**
Just about.

- ○ **Sit.** 'just about'은 '단지 그 정도쯤'이라는 뜻이다.
- ○ **Ex.** Mary should be arriving just about now.: Mary는 지금쯤 거의 도
  달했을 것이다.
- ○ **Rf.** How about it?: 그 정도는 어때요? That's **about** it.: 그것이 **대략** 그
  정도다. this[that] much: 이것[저것/그것] 만큼
- ○ **Rf.** We are nearly ready.: 우리는 거의 다 되어가고 있어(음식 주문에 대
  한 주인의 말).
- ○ **Grs.** 'just'는 '단지'라는 부사이고, 'about'은 '대략'이라는 부사의 뜻이 있다.

**거** 20

**거의 다 왔어.**
We are almost there.

- ○ **Grs.** "우리 다왔어."를 'We arrive there.'라고 하지 않는다.
- ○ **Ex.** Now are we home?: 우리 지금 집에 왔는가? Are we almost
  there?: 거의 다 왔어요?

○ **Rf.** Here we go.: 시작합니다.
　　　　 Here you go.=Here it is(단수 개념).=Here they are(복수 개념).: 여
　　　　 기 있습니다.
○ **Ex.** Our team won the game.: 우리 팀이 경기를 이겼어. - There we
　　　　 go.: 좋아! 잘했어! 맞아! I took good tests.: 나 시험 잘 봤어. -
　　　　 There you go.: 좋아! 잘했어! 맞아!
○ **Cf.** There you are: 〈are 강조하면〉 그럼 그렇지, 생각한 바로야.
　　　　 〈There 강조하면〉 여기 있잖아.
○ **Oths.** Way to go!: 잘했어! There you go again.: 또 시작이군.

## 건 21

### 그 사람은 **건방지게 굴어.**
### He acts like he's all that.

○ **Sit.** 축어적 의미가 "그는 그가 그것 모든 것인양 행동[연기]한다."이므로
　　　　 이해가 가능하다.
○ **Rf.** all은 부사로 '완전히(completely)'라는 뜻이 있고, that은 '그 정도라
　　　　 는 뜻이 있다.
○ **Syn.** He gets impudent[sassy].=He gets saucy.=He gets fresh.
○ **Rf.** He is uppity[perky=uppish].: 그는 거만하다.

## 건 22

### 우리들 자신을 위해 **건배.**
### To us all.=To all of us.

○ **Sit.** 원래는 "(Let's drink a toast) to us all."이다.
○ **Grs.** drink (a toast) to+(A)=(A)를 위해 건배하다
○ **Ex.** Let's drink to our promotion.: 우리의 승진을 (축하하기) 위해 건
　　　　 배합시다.
○ **Oths.** make[propose] a toast: 건배를 제안하다 toast maker[master-]:
　　　　 건배 제안자[파티 사회자]

## 겁 23

### 파티 분위기는 **걷잡을 수 없었어.**
### The atmosphere of the party **got out of hand.**

- **Sit.** "손에서 벗어났다."라는 말은 결국 '통제하기 힘들다(get out of the control).'라는 뜻이다.
- **Rf.** party animal: 파티 광 party poop(er): 비사교적인 사람, 흥을 깨는 사람 party crasher: 파티에 초청되지 않은 손님
- **Cf.** the life (and the soul) of the party: 파티의 스타, 파티의 중심인물, 파티를 즐겁게 하거나 고조시키는 것을 돕는 사람 ice-breaker: 어색한 분위기를 깨고 좋게 만드는 사람

## 겁 24

### 너 **하나도 겁 안나!**
### You don't scare me!

- **Sit.** 상대방이 괜히 엄포를 주든가 위협을 주지마는 본인이 판단할 때 아무 것도 아니라고 생각할 때 자신감을 가지고 하는 표현이다.
- **Syn.** I am never scared of you.
- **Rf.** I am scared[afraid] of my own shadow.: 나는 무서움을 많이 탄다.
- **Oths.** Don't be scared.: 겁 먹지마.

## 겁 25

### 그의 연설은 **겉보기에만 그럴듯하다.**
### His address is candy floss.

- **Sit.** 솜사탕은 겉은 부피가 커서 괜찮아 보이지만 정작 먹을 양은 거의 없다. candy floss: 솜사탕, 겉보기에만 그럴듯한 계획 floss: 까끄라기, 미세한 털
- **Cf.** Things are not all what they seem.: 보이는 게 다가 아니야.
- **Ex.** dental floss: 치실
- **Rf.** lollypop: 막대사탕

## 겉 26

**겉으로 보기에는, 그렇군.**

**On the face of it, yes.**

- **Syn.** In appearance[seemingly=Outwardly], yes.
- **Rf.** At first thought: 언뜻 생각하기에는 What comes to mind first: 우선 생각나는 것은
- **Cf.** on second thought(s): 다시 생각해보니 now I come to think of it: 이제 생각해보니
- **Ant.** actually=inwardly: 실제로는, 속으로는
- **Oths.** gain [get] face: 체면을 세우다 Face to the right[Eyes right]:우로 봐 About[Right/Left] face: 뒤로 돌아[우향우/좌향좌] put a bold[brave, good] face: 대담한 자세를 취하다

## 겨 27

**우리 팀이 겨우[가까스로, 간신히] 이겼다.**

**Our team won the game by a nose.**

- **Sit.** 다음의 표현처럼 '간신히, 겨우'라는 표현을 우리 신체의 일부에 비유해 말한다는 것이 흥미롭다.
- **Syn.** by a nose=by the skin of one's teeth=by a hair's breadth=by a close call=narrowly: 겨우[가까스로, 간신히]
- **Cf.** I almost fell down the cliff by the turn of a hair: 나는 하마터면 벼랑에 떨어질 뻔했다.
- **Rf.** blow one's nose: 코를 풀다 count noses=tell noses: 인원수를 세다 hold one's nose: 코를 막다 speak through one's nose: 콧소리를 내다 pick one's nose: 코를 파다 nose dirt: 코딱지
- **Ex.** Don't nose into another's affairs.: 다른 사람의 일에 간섭하지 말라.

**격 28**

실망하지 마, 우리가 **격려하고 있잖아.**
Don't be disappointed, we are **bucking**[cheering] you **up.**

- **Grs.** 단순히 'buck up'이라고 하면 '기운 내다'라는 자동사의 뜻이고, 'buck ... up'이라고 하면 '...기운 내게 하다'라는 타동사의 뜻이다.
- **Syn.** Pull yourself together!=Be of good cheer!=Take courage[heart]!: 기운 내!
- **Cf.** take a brace: 분발하다, 재기하다
- **Rf.** buck: 숫사슴(hart)의 가죽, 달러(옛날에는 사슴 가죽이 돈으로 사용되었다.)

**격 29**

내 집에서는 **격식을 갖출 필요가 없어요.**
There is no need to stand on ceremony in my house.

- **Syn.** Don't stand on ceremony.=Use no ceremony.: 격식 갖출 필요 없습니다.
- **Rf.** No ceremony!: 격식 안 갖춰도 됨! No dress!: 정장 필요 없음!(파티초대장 문구) dress up: 잘 빼입다 ↔ dress down: 간편한 옷을 입다
- **Oths.** dress down Friday: 일할 때 근무복(company wear)이나 정장 (dress up)을 입지 않고 편안한 옷(dress down)을 입고 근무하는 날(보통 금요일에 함)

**결 30**

난 그에 대해 **결단을 내릴 수가 없어.**
I am **of two minds about** him.

- **Sit.** '2가지 마음으로 구성되어 있으니 결정이 안 된' 경우다.
- **Rf.** 위 문장은 원래 'I am (made up) of two minds about him.'이라고 생각하면 된다.
- **Syn.** 'I'm still on the fence about him.'의 일반적인 표현은 'I cannot judge him at all.=I can not make a decision on him at all.'이다.
- **Oths.** No two minds think alike.: 어떤 두 명도 같은 생각을 하지 않는다. listen with half a mind.: 건성으로 듣다.

**결 31**

그는 정말로 **결벽증 있는 사람**[깨끗함을 좋아하는 사람]이다.
She is a neat **freak**[flake=geek].

- **O** freak이란 속어로 '...광, ...괴짜[odd ball=wacko]'라는 뜻이다. neat: 깔끔한, 말쑥한
- **O Syn.** She always likes to tidy her stuff up.: 그녀는 늘 자기의 소지품을 잘 정돈하기를 좋아한다.
- **O Rf.** draggletail: 칠칠맞지 못한 여자, 질질 끌리는 긴 치마 chili-bowl: 지저분한 사람

**결 32**

우승을 하기 위해 나는 전 챔피언과 **결판을 내야만 한다.**
I'm supposed to **have it out with** the ex-champion to win a championship.

- **O Sit.** 어떤 일을 결과가 어떻든 마무리 짓기를 원할 때 쓰는 표현이다.
- **O Rf.** have it out with...: ...와 결판을 내다
- **O Cf.** take it out on...: ...에게 화풀이하다
- **O Oths.** 일반적으로 '결판을 내다'라는 표현은 'settle...=bring ... to an end[close]'이다.
- **O Grs.** be supposed to+동.원: ...하기로 되어있다, ...해야(만) 한다

**결 33**

그녀와 **결혼하길 잘했다.**
I did well to marry her.

- **O Grs.** do well to+동.원=(...판단해볼 때)...하기를 잘하다, 온당하다
- **O Rf.** 이때의 'to 부정사'는 '이유[이성적 판단]'를 나타내는 부사적 용법이다.
- **O Ex.** I was right to calculate.: (판단해보니) 내가 따지기를 잘했어.
- **O Oths.** do well to+동.원=may as well+동.원=had better+동.원: ...하는 편이 낫다('do well to+동.원'의 다른 용법이다.)

## 경 34

요즘 **경기가 별로예요**[옛날이 좋았지].
I've seen **better days.**

- **O Sit.** 나이든 어른들의 어투로 원래는 다음과 같은 문장이라고 상상하면 이해가 가능하다. 'I've seen better days (but now it's not).'
- **O Cf.** Good old days!: 좋았던 옛날이여!
- **O Rf.** 일반적인 표현은 'These days economic situations are not well.'이다.
- **O Oths.** Now we're in covid-19, we are not free to do outdoor exercise, <u>those were the days</u> two years ago.: 지금 우리는 코로나 상태라 바깥 운동을 마음껏 할 수가 없다, 2년 전 **그때가 좋았지.**

## 경 35

Smith는 정말로 **경멸적인 사람**이다.
Smith is a really **heel.**

- **O Sit.** 'heel'은 '구두[발]의 뒤꿈치'이지만, 위의 문장처럼 '경멸적인 사람'을 칭할 때도 있다.
- **O Rf.** 구두[발]의 앞쪽 부분은 'toe'이다.
- **O Syn.** Smith is a sneaker[real dirt, mean man, rat, fink, sordid soul, ignorable person].
- **O Cf.** Mary is a **snake** in the grass.: Mary는 비열한 사람이다.
- **O Oths.** shin[shank]: 정강이 calf: 장딴지 sole: 발바닥 lap: 도가니 뼈 위의 무릎 knee: 도가니 뼈, 아래 무릎 thigh: 허벅지

## 경 36

### 그는 **경솔하게 말하는 사람이다.**
He is a pop-off.

- **pop-off**: 말을 툭툭 내뱉는 사람
- **Cf.** pop-up: 갑자기[일시적으로] 나타나는 것[일]
- **Ex.** pop-up menu: 컴퓨터 스크린에 뜨는 메뉴
- **Rf.** shoot[blow] one's mouth off: 말을 함부로 하다
- **Ex.** I couldn't understand him as he blew off his mouth.: 그는 되는대로 지껄였기 때문에 나는 그를 이해할 수 없었다.
- **Oths.** shoot from the hip: 성급하게 반응하다 silver tongue=good talker: 말주변이 좋은 사람

## 경 37

### Smith는 **경험이 없다.**
Smith is **wet behind ears.**

- **Sit.** 태어난 후 얼마 안 된 상태는 귀 뒤를 잘 닦아도 물기가 있게 마련이다. '애송이'라는 말인데 이는 '일을 잘 모르는 사람'이다.
- **Rf.** be wet behind ears: 미숙하다, 젊고 경험이 없다
- **Syn.** Smith is a novice.
- **Ant.** Smith is an dab hand[old hand=veteran]: Smith는 경험이 풍부한 사람[노련가]이다.

## 계 38

### 그들이 **계략을 꾸몄다.**
They cooked up a scheme.

- **Rf.** make up[fabricate, cook up, fake up, frame up]: 날조하다
- **Ex.** cooked-up[made-up] rumor: 조작된[날조된] 소문
- **Cf.** 일반적으로 '(날조하지 않고) 계략을 꾸미다'는 'devise a scheme[stratagem]=work[think] out a scheme=hatch a plot'이다.

**계 39**

그는 <u>계집애 같은[얌전한]</u> 남자아이야.

He is a calm and reserved boy.

- **Syn.** sissy(=sister-like) boy=Percy boy[pants]=Miss Nancy
- **Rf.** mother's boy=mama's boy(우리말에도 '마마보이'라는 표현이 있다.)
- **Cf.** 간단히 'shy boy: 부끄러움을 많이 타는 소년'처럼 표현해도 괜찮다. reserved: 내성적인(shy), coy: <주로 여인을 지칭하며> 수줍음을 많이 타는
- **Oths.** virago[shrew (mouse)]=vixen=temagant: 잔소리 심한[입정 사나운] 여자

**계 40**

내가 <u>계산하겠다.</u>

I'll **ring** it **up** for you.

- **Sit.** '현금 보관 상자인 금고(cash box)를 열면 벨소리가 난다'는 것을 이해하면 된다. "벨소리 나게 하겠다."라는 말은 '본인이 계산하겠다.'라는 뜻이다.
- **Syn.** It's on me.=I'll pick up the tab.=I'll pay for it.
- **Rf.** 간단히 'It's my turn.: 이번에 나야.'라고 해도 된다.

**고 41**

그는 <u>고난을 이겨냈어요.</u>

He **bore up against adversity.**

- bear up against: 꿋꿋함을 잃지않다 bear up under pressure: 압력을 이겨내다
- **Rf.** Bear up!: 힘내라 힘!
- **Oths.** 일반적으로 '고난을 극복하다[이겨내다]'는 'overcome[get **around**[over]] difficulties'이다. brace up=take a brace: (운동선수들이) 분발하다

## 고 42

**넌 너무 고지식해요.**
You're really **a man of strict morals.**

- ○ '엄격한 도덕심들(strict morals)'을 가진 사람이므로 이해가 된다. a man of strict morals=a guileless man=simple and honest man: 고지식한 사람
- ○ **Syn.** You are too inflexible[rigid].: 당신은 너무 융통성이 없다[엄격하다].
- ○ **Rf.** flexible man: 융통성이 있는 사람 generous man: 관대한 사람

## 고 43

**새로운 사장은 정말 고집쟁이야.**
My new boss is a real obstinate person.

- ○ an obstinate person=a self-opinionated person: 고집스러운 사람
- ○ **Cf.** stubborn: 완고한 unyielding: 억척스러운
- ○ **Oths.** smart cookie: (제법) 약은[현명한] 사람
- ○ **Rf.** cookie는 '먹는 과자'이지만 '사람'이라는 뜻이 있다. tough cookie: 자신만만하고 늠름한 사람
- ○ **Oths.** stuffed shirt: 점잔빼는 사람, 자만하는 사람, 명사(celebrity)

## 고 44

**고집부리지 마.**
Don't be so pig-headed.

- ○ **Sit.** 우리말 표현에 '당나귀 고집'이라는 말이 있는데, 영어 또한 'mare[노새(mule)나 당나귀(donkey)의 암놈]'를 비유하여 '고집스러움'을 나타낸다.
- ○ **Ex.** Money makes a mare go.: 돈이면 고집 센 당나귀[암말]도 가게 할 수가 있다. 하지만 우리말에는 '돼지가 고집이 세다'라는 표현은 없다. pig-headed: 고집 센
- ○ **Rf.** He is obstinacy itself.=He is obstinate as an ass.: 그는 고집불통이다.

## 곤 45

**그는 곤경에서 벗어났어.**
He's **out of the woods.**

- **O Sit.** 방향을 알 수 없는 숲(woods)으로부터 빠져나왔다니 이해가 가능하다.
- **O Ant.** He's in a pickle.=He is in a predicament.=He is in trouble.=He is up the creek (without a paddle).: 그는 곤경에 처해 있다.
- **O Rf.** get in trouble: 곤경에 처해지다, 말썽이 나다

## 공 46

**Jack에게 공로를 돌려라.**
Hand it to Jack.

- **O Sit.** hand it to ...: 〈보통 have (got) to 또는 must와 함께 쓰여〉 ...에게 공로를 주다, ...에게 손들다, ...의 우수성을 인정하다
- **O Rf.** 이때의 'it'은 '공로나 공적'을 의미하는 막연한 상황, 다시 말해 '해당 정황이나 관련 사항'을 에둘러 지칭하는 대명사이며 변하지 않는다.
- **O Syn.** Give a credit to Jack.
- **O Rf.** credit: 공로, 공적
- **O Oths.** be short of hands: 일손이 부족하다 green hand: 서투른 사람 ↔ old hand: 노련한 사람 do not lift a hand: 손가락 하나 까딱하지 않다 win hands down: 낙승하다 take[have] a hand in[at, on]...: ...에 관여하다 on (one's) hands and knees: 넙죽 엎드려

## 공 47

**Smith는 공부벌레다[늘 공부만 해요].**
Smith is a nerd.

- **O Sit.** nerd: 비사교적인[따분한] 사람, 세상 물정을 모르는 공붓벌레, 책상퇴물 (우리말의 '공부밖에 모르는 범생이'라는 뜻이다. 이 밖에도 '바보, 얼간이'라는 뜻도 있다.)
- **O Cf.** workaholic: 일에 미친 사람
- **O Ex.** computer nerd: 컴퓨터 광(computer maniac)
- **O Rf.** geek: 기인(=nerd), flake: 묘한 개성을 가진 사람 freak: 열중하는 사람

## 공 48

### 너 공주병이구나.
You think you are all that?

- **Sit.** "네가 그 모든 것(all that)이라고 생각하는가?"라고 해석 가능하므로 이해할 수가 있다.
- **Grs.** 또는 all을 '완전히(completely)'라는 부사로, that은 '그 정도'라는 명사로 해석해도 가능하다.
- **Syn.** You're quite enamored of yourself, aren't you?=You are completely absorbed in yourself: 당신은 **왕자[공주]병이군요**[자아도취에 빠졌군요].

## 공 49

### 세상에 공짜가 어디 있어?
There's no such thing as a free lunch.

- **Sit.** 위 문장을 해석하면 "무료 점심과 같은 어떤 그러한 일은 없다."이다. 서양에서는 '의식주'에서 음식을 가장 중요하게 여긴다. 그래서 영어로 표기할 때 food, clothing, and shelter(식의주)라고 한다.
- **Rf.** '무료[공짜]로'라는 일반적인 말은 "free (of charge), for nothing, complimentarily, gratis" 등이다.
- **Cf.** free loader: 무료로 얻어먹는[술 먹는] 사람

## 과 50

### 너는 너무 과민반응 보이고 있어.
You are overreacting.

- **Syn.** You're too much sensitive.
- **Rf.** 위의 표현은 '정신적인[심리적인] 과민반응'이고, 실제적인 '생물학적[병리학적] 과민반응'은 'hypersensitivity reaction'이다.
- **Oths.** sensible: 분별력 있는 sensual: 육감적인 sensitive: 감각적인, 민감한 senseless: 의미 없는

**과 51**

## 내게는 **과분해.**
It's more than I am worth.

- **O Sit.** 원래 문장을 해석하면 "그것은 내가 받을 가치가 있는 것보다 많다[이상이다]."이므로 이해가 가능하다.
- **O Ant.** I deserve it.: 나는 충분히 자격이 있어.
- **O Syn.** How did I ever deserve it?(어떻게 내가 그것을 받을 가치가 있어?)=It is too good for me.: (그것은 **나에게는**[나의 능력에 비해] 너무 좋아.
- **O Rf.** twenty cents worth of candy: 20센트짜리 사탕 a task worth doing: 할만한 일 Whatever is worth doing at all, is worth doing well.: 어쨌든[하여간] 할 만한 가치가 있는 것은 잘 할 가치가 있다.
- **O Grs.** worth while to+동.원=worth 동명사: ...할 가치가 있는 worth while 동명사(x) (while은 명사이므로 명사 다음에 또 다른 명사가 올 수 없다.)
- **O Oths.** at all: ①<부정문> 조금도, 전혀 I don't know him at all.: 나는 전혀 그를 모른다. ②<의문문> 도대체 Why bother at all?: 도대체 왜 끙끙거리는 거야. ③<조건절> 일단 ...이면, ...할 바엔 If you do it at all, do it well.: 기왕 할 바에는 잘 해라. ④<긍정문> 어쨌든, 하여간 Whatever is worth doing at all, is worth doing well.

**과 52**

## 너 자신을 **과소평가하지 마.**
Don't sell yourself short.

- **O Sit.** 자신을 깊이 생각하는 일 없이[자존감을 좀 오랫동안 지키지 않고] 짧은 기간에 팔아버리면[자신을 설득시키면] 스스로를 과소평가하는 것이 아닐까?
- **O Rf.** 'sell'은 '설득시키다'라는 뜻도 있다.
- **O Ex.** That's an understatement.: 과소평가다.
- **O Cf.** overstatement: 과대평가
- **O Oths.** to do (A) justice: (A)를 공평하게 말한다면[평가한다면]

## 관 53

**관계를 더욱 돈독히 해야 합니다.**
We've got to **cement our relationship.**

- **Sit.** 시멘트는 건물을 지을 때 벽돌(brick)과 벽돌 사이를 견고히 붙여준다.
- **Rf.** consolidate: 공고히 하다(build up)
- **Ex.** consolidate one's leadership: ...의 지도력을 강화하다
- **Grs.** have got to(=must=have to)는 구어체에서 많이 쓰며 대게 have는 잘 발음되지 않는다.

## 관 54

**관심을 가져주어 고마워.**
Thanks for being so concerned.

- **Cf.** express concern: 우려를 표명하다
- **Ex.** Our government expressed deep concern about North Korea nuclear weapon.: 정부는 북한의 핵무기에 대해 깊은 유감을 표명했다.
- **Rf.** 이처럼 'concern'은 '관심, 우려' 등의 뜻이 있으므로 문맥에 맞게 사용해야 한다.
- **Grs.** thanks for+(동)명사(A): (A)에 대해 고맙게 여기다
- **Ex.** Thanks for nothing.: 가만히 있는 것이 도와주는 거다.

## 관 55

**다른 이의 일에 관여하지 마.**
Stop **sticking your nose into** other's business.

- **Rf.** stick은 '막대기, ...달라 붙(이)다, ...찌르다'의 뜻이 있다.
- **Ex.** sticker: 딱지 sticky: 끈적거리는 stick into...: ...찔러 넣다
- **Grs.** Stop+동명사=Don't+동.원: ...하지 마라
- **Ex.** Don't stick your nose into other's business.

관음증은 금물이야.
Don't enjoy free show.

- **○ Rf.** free show: 여자의 허벅다리, 가슴, 나체의 무료 구경 voyeurism=
  Peeping Tomism: 관음증 peep: 몰래 엿보다
- **○ Ex.** Peeping Tom: 엿보기를 좋아하는 호색가, 캐기 좋아하는 사람
- **○ Oths.** Doubting Thomas: 의심이 많은 사람(영어표현에는 현재분사 다음
  에 고유명사를 붙여서 그 분야의 전문가처럼 표현하는 경우가 많다.)
  peep show: 들여다보는 구경거리, 나체쇼

제발 나를 괴롭히지 마.
Hey, just lay off me.

- **○ Syn.** Hey, don't bother me!=Hey, don't bug me for that!=Hey, don't
  smart me!
- **○ Cf.** Get off my back!=Stay away from me!: 가까이하지 마세요! ('나
  를 괴롭히지 마라'라는 영어식 표현은 대단히 많다.)
- **○ Grs.** 이때의 'Hey'는 원래 '이봐'라는 뜻이지만, 다음에 오는 표현과 어
  울려 의미를 깊게 한다.
- **○ Rf.** lay off: 일시적으로 해고하다, 괴롭히다, 일시적 휴업, 강제 해고,
  쉬고 있는 배우

Smith는 정말로 **괴짜야.**
Smith is a **geek.**

- **○** '괴짜'라는 표현은 영어권에서 많이 있다.
- **○ Syn.** Smith is a flake[wacko=freak=oddball=screwball].=Smith is a
  character.
- **○ Rf.** eccentric=odd=strange=weird=bizarre: 기괴한

## 교 59

그 두 나라는 극도의 **교착상태**를 갖고 있다.
The two nations have **Gordian knot**.

- **Sit.** Phrygia(소아시아에 있던 고대국가) 국왕 Gordius의 매듭을 Alex-ander대왕이 단칼로 끊어버렸다는 이야기에서 유래되었고, 이 때문에 '어려운 문제를 비상수단으로 쉽게 해결하다'라는 표현을 'cut the Gordian knot(쾌도난마)'이라고 한다.
- **Syn.** The two nations reach a **stalemate**[deadlock, impasse, gridlock, standoff].=The two nations come to a standstill.

## 구 60

Mary는 **구두쇠야**.
Mary is a tightwad.

- **Sit.** 'wad'는 '뭉치, 다발' 등을 의미하고, 'tight'는 '꽉 죄는'의 뜻이므로 '돈뭉치를 빼앗기지 않으려고 꽉 쥔 상태'이므로 이해가 된다.
- **Syn.** Mary is a **pinchpenny**[a miser, a niggard, a skinflint, stingy man, ⟨informal⟩ scrooge, ⟨informal⟩ cheapskate].

## 굴 61

마침내 Jack은 **굴욕을 참았어**.
Finally Jack **ate humble pie.**

- **Sit.** 어떤 일 때문에 또는 포로(captive)가 되어 단식투쟁(hunger strike) 하다가 결국 못 이겨 '변변치 않은 음식(humble pie: 돼지나 사슴의 내장으로 만든 파이)'을 먹는다고 가정할 때 이는 '굴욕을 참는다'고 보는 것이다.
- **Syn.** Finally Jack stood humiliation.
- **Rf.** eat humble pie=eat the leek=eat[take] shit: 굴욕을 참다
- **Cf.** humble to the dust: 굴욕을 주다, 창피스럽게 만들다 humility =humbleness: 겸손, 비하 humiliation: 창피

## 궁 62

**Mary는 스스로를 궁지로 몰아넣고 있다.**
**Mary is putting herself into a corner.**  ·······················

- ○ force[put] ... into a corner: ...을 궁지에 몰아넣다
- ○ **Rf.** force[put] 대신에 paint를 쓰기도 한다.
- ○ **Ex.** Mary is painting me into a corner.: Mary는 나를 궁지에 몰아넣고 있다.
- ○ **Syn.** Mary embogs herself.=Mary nails herself.: Mary는 스스로를 꼼짝 못하게 한다.

## 귀 63

**귀가 멍멍하다.**
**My ears are muffled.**  ·······················

- ○ **Sit.** 비행기를 탔을 때처럼 귀가 멍멍한 것을 표현한다.
- ○ **Rf.** get an earful from...: ...으로부터 귀가 따가울 만큼 충고[꾸중]를 듣다 give (A) an earful on[about]...: ...의 일로 (A)를 꾸짖다 earful: (귀가 따가울 정도의) 긴 **충고**[이야기], 호된 꾸중
- ○ **Oths.** My ears burn.: 누가 내 말을 하나봐.

## 귀 64

**너 참 귀가 얇구나!**
**You're so gullible[gullable]!**  ·······················

- ○ **Sit.** 우리말에 남의 말을 아무런 여과 없이 잘 받아들일 때 '팔랑귀'라는 말을 쓴다.
- ○ **Ex.** He is naive and gullible.: 그는 고지식해서 남의 말을 곧이듣는다.
- ○ **Cf.** He is a good listener.: 그는 남의 말을 성실히 잘 들어준다. He is a good talker.: 그는 달변가다.
- ○ **Rf.** silver tongue: 달변가

## 귀 65

### 그 멜로디는 **귀에 매우 익다.**
The melody **rings a bell to** me.

- **Sit.** 가축에게 먹이를 주기 위해 주인은 종을 딸랑거린다. 그러면 가축들은 종소리를 듣고 먹이를 먹으러 온다. 이는 가축들이 이전에 많은 훈련을 통해 종소리가 귀에 익숙해졌기 때문이다.
- **Rf.** rings a bell: 반응을 불러일으키다, 생각나게 하다
- **Syn.** The melody is very familiar to me.

## 귀 66

### 귀찮게 하지 마.
Get off my back.

- **Sit.** 누군가 등 뒤에서 이래라 저래라 하면 짜증이 난다. '내 등으로부터 떨어져라.'라는 말은 '귀찮게 하지 말라'라는 뜻이 되겠다.
- **Syn.** Stop annoying me.=Get out of my hair.=Don't put me to trouble, please.
- **Grs.** 'off'는 '...로부터 분리 또는 이탈'을 의미한다.

## 그 67

### 내가 **그걸 어찌 아니?**
Why is the sky blue?

- **Sit.** 하늘이 왜 푸른지 인간은 모른다. 다시 말해, 상대방이 너무나 얼토당토한 질문을 할 때 약간 어이가 없거나, 또는 질문이 너무 난해하다고 생각할 때 핀잔하듯이 하는 표현이다.
- **Syn.** Nobody knows.=God knows.
- **Rf.** Beats me.: 모르겠는데요.

## 그 68

그게[그 정도면] 어딘데?
That's better than nothing.

- **Sit.** "그것은 아무것도 없는 것보다 더 낫다."이므로 이해가 가능하다.
- **Rf.** (But it's) better late than never.: 하지만 늦은 편이라도 결코 하지 않는 것보다 낫다.
- **Grs.** better than...: ...보다 더 나은 (than 다음에는 단어, 구, 절, 문장 등이 다 올 수 있다.)
- **Ex.** My grade is better than it was.: 나의 성적은 과거(성적)보다 더 낫다.

## 그 69

그냥[그냥 전화했어 / 그냥 왔어].
Just because ...

- **Sit.** "왜 전화했어?"라는 질문에 대한 대답이 되고, "왜 왔느냐?"라는 질문에는 가벼운 대답으로 "그냥 왔어."라고 하면 된다. 다시 말해, 상황에 맞게 해석하면 된다.
- **Rf.** because 이하는 문맥에 따라 여러 가지 함축의미가 있기 때문에 일부러 언급할 필요가 없지만, just라는 단어는 반드시 필요하다.

## 그 70

그냥 친구로 지내자.
Let's **just** be friends.

- **Sit.** 친한 친구 관계로 있고 더 이상 연인 관계로 발전하기 싫어할때나 이성 간에 사귀다 결별할 때, 같은 성 간에 친하다가 결별할 때 (separated) 하는 말이다.
- **Rf.** 이 문장은 just가 중요하다.
- **Cf.** 그렇지만 just가 안 오면, "앞으로 친구가 됩시다(=Let's be friends=Let's make friends)."가 된다.

## ㄱ 71

### 그러면서 크는 거죠.
### They'll grow out of it.

- **Sit.** "그들은 그것으로부터[그것으로부터 벗어나며] 자란다."이므로 이해가 가능하다.
- **Rf.** 아이들이 뭔가 잘못을 할 때, 어린 아이들은 그럴 수 있다고 너그러운 태도를 보일 때 쓰는 표현이다.
- **Syn.** It's just a phase.: 그건 단지 과도기적 양상[단계]이야.
- **Cf.** grow out of child: 어린애 티를 벗다

## ㄱ 72

### 그러면 그렇지.
### I expected as much. It never fails!

- **Sit.** "나는 '그것만큼[그 정도](as much)' 예상했다."의 뜻이므로 이해가 가능하다. 위의 표현은 어떤 일의 결과가 긍정적으로 나왔거나 그 반대의 결과일 때, 그에 대해 예상했던 결과를 두고 하는 말이다.
- **Cf.** Finally you made it. I told you (before).: 마침내 성공했잖아. 거봐 내가 말했잖아.

## ㄱ 73

### 그러시면 안 되는데.
### That's not nice.

- **Sit.** "그것은 좋지 않아요."이므로 이해가 가능하다. 정중하게 '하지 말라'라고 조언할 때 하는 말[표현]이다.
- **Syn.** Don't do that, please.: 그것을 부디 하지 말아요.
- **Ex.** Oh, you shouldn't do that.: 이러시면 안 됩니다(You had better not do that).

## 그 74

**네 전화가 하루 종일 꺼져있던 것이 그게 그런 거였구나.**

**That explains** why your phone was dead all day.

- **○ Sit.** 'explain'이 ... 설명해준다'의 뜻이므로 이해가 가능하다. 어떤 일의 '이전 정황을 여러모로 판단해 볼 때 그 결과가 수긍이 간다.'라는 의미로 하는 말이다.
- **○ Rf.** That explains...: 당신 말은 ...라는 거군요
- **○ Cf.** That[It] figures.: 그것은 당연하다[생각한 대로다].

## 그 75

**넌 양이 그렇게 중요하다고 생각하니?**

Is quantity **all** you think about?

- **○ Sit.** '네가 곰곰이 심사숙고하는 모든 것이 양[수량]과 관련된 것이냐?' 라는 해석을 곱씹어 보면 이해가 가능하다. 따라서 "Is (A) all you think about?"은 "당신이 생각하는 모든 것은 단지 (A)이냐?" 라는 표현이 된다.
- **○ Grs.** think about... : ...에 대해 곰곰이[잘] 생각해보다 think of...: ...생각하다

## 그 76

**그럴 리가 없다.**

That'll be the day.

- **○ Sit.** 원래는 천국의 반대되는 곳은 늘 불이 뜨거우므로 그곳이 얼어붙는 날은 절대 없을 것이라는 의미에서 온 반어적인 표현이다.
- **○ Syn.** That can not be.
- **○ Ex.** A lazy person just like you want to open a restaurant? That'll be the day!: 당신과 같은 게으름뱅이가 레스토랑을 열고 싶다고? 놀라워요![그럴 리가요!, 설마요!]

## ㄱ 77

**그렇게까지 할 필요는 없어.**
You don't have to do all that.

.................

- **Grs.** bother+to do[doing]: 〈보통 부정문〉 일부러[굳이] ...하다 / ...하느라 애쓰다
- **Ex.** No one bothered **to visit him**[visiting him].: 아무도 일부러[굳이] 그를 찾아보려 하지 않았다. I'll check where he is now.: 그가 지금 어디에 있는지 알아볼게. Don't bother.: 일부러[굳이] 그럴 필요 없어.

## ㄱ 78

**그의 그림자도 못 봤어요.**
I haven't seen either hide or hair of him.

.................

- **Sit.** 인간의 몸을 구성하고 있는 '살갗[피부](hide)과 헤어(hair) 그 어느 쪽도 못 보아 왔다.'라는 뜻은 결국 '그림자도 못 보아왔다.'라는 뜻이다. 우리말로 "코빼기도 못 보다."라는 표현이다.
- **Syn.** I didn't see nothing out of him.=I haven't clapped eyes on him.
- **Rf.** 'I didn't see nothing out of him.'은 'I didn't see anything out of him.'으로 표현해야 옳지만 구어체에서는 부정을 강조하기 위해 'nothing'을 사용한다.
- **Ex.** I ain't nobody to help me.: 나는 도움 받을 어떤 친구도 없어요.

## ㄱ 79

**넌 꼭 그런 말만 골라 하는군.**
You always choose that type of words.

.................

- **Sit.** 한 번이 아닌 '늘(always) 그런 유형의 말들만 선택한다'이므로 이해가 가능하다. 듣기 싫거나 원치 않는 말만을 누군가 할 때 나무라는 의미로 하는 표현이다.
- **Rf.** that type of words는 말의 그런 유형 또는 그러한 유형의 말처럼 어느 쪽이든 편하게 해석하면 된다.

## 🔒 80

### 대체 그런 얘기를 어디서 들었니?
What kind of sources have you got?

- ○ 'source'는 '근원, 원천, 소식통, 출처' 등의 뜻이 있다.
- ○ **Sit.** 이 표현은 듣는 사람이 전혀 진위를 이해하지 못할 때 속으로는 절대 아니라고 부정['네가 말하는 것을 이해할 수가 없어.']하면서 못 믿겠다고 하는 표현이다.
- ○ **Rf.** Where did you get it[the words] from?: (실제적으로 출처를 알고 싶을 때) 그런 얘기를 어디서 들었니?

## 🔒 81

### 나 그런 쪽으로 빠삭해[잘 알아].
I've been down that road.

- ○ **Sit.** 나는 '그쪽(방향)으로 지금까지 쭉 있어 왔다.'이므로 이해가 가능하다.
- ○ **Cf.** Smith has been around much.: Smith는 세상 물정을 잘 알아[성적 경험이 풍부해].
- ○ **Rf.** be around: 주변에 있다, 도래하다
- ○ **Syn.** 흔한 표현은 'Smith has had many experiences on[about] it'이다.

## 🔒 82

### 쟤랑 걔랑 그렇고 그런 사이래.
They are said to have a relationship.

- ○ **Sit.** "그들은 어떤 관계(something)를 가지고 있다고 말해진다."이므로 이해가 가능하다. 남녀 간의 어떤 '핑크빛 기류'가 생길 때 하는 표현이다.
- ○ **Syn.** There's a rumor that the two are romantically involved.
- ○ **Cf.** There is something (special) between[about] them.: 그들 사이에는 뭔가 있어.

**ㄱ 83**

그 말은 하지 말자.
Don't go there. .................

○ **Sit.** "그곳[그 부분](상대방과의 의사소통 속에서 표현되는 어떤 함축 의미)에 가지 말라."라는 것은 결국 '말하지 말라'라는 뜻이 된다.

○ **Rf.** The answer is no, period!: 〈언쟁하거나 확신하여 말할 때 말끝에 쓰여〉 대답은 노야[아니야], 더 이상 말하지 마!

**ㄱ 84**

금방 생각이 떠오르지 않네요.
I can't think of it **off hand.** .................

○ **Cf.** It slips my mind.: 깜박했네요.

○ **Rf.** off hand: 곧바로, 준비 없이

○ **Cf.** That word is on tip of my tongue.=That word is TOT[on Tip Of my Tongue].: 할 말이 허끝에서 맴돈다[금방 떠오르지 않는다].

○ **Oths.** His words still ring in my ears.: 그의 말이 아직도 귓가에 맴돈다. His face lingers in my mind.: 그의 얼굴이 마음속에서 맴돈다.

**ㄱ 85**

금상첨화
The icing[frosting] on the cake. .................

○ **Rf.** 'icing'이나 'frosting'은 케이크 위에 고명(garnish)처럼 놓는[바르는] 흰색의 '당의[설탕을 입힌 것]'를 표현한다.

○ **Sit.** "cake 자체만으로도 즐거울 일인데 그 위에 달콤한 당의를 놓았으니 더욱 맛있지 않을까?"이므로 이해가 가능하다.

○ **Con.** Could you throw in a few more apples?: 덤으로 사과를 줄 수 있죠? Thanks, It's the icing[frosting] on the cake.: 좋죠, 그러면 금상첨화죠.

금시초문이에요.
**That's news to me.**

- **Sit.** "그것은 나에게는 뉴스가 된다."라는 것은 처음 듣는 이야기일 것이다.(미리 듣지 못한 데 대한 불만을 나타냄)
- **Syn.** I have never heard of[about] that before.
- **Rf.** I'm new to this area.=I am a stranger to this area: 나는 이곳의 지리를 잘 모른다.
- **Cf.** I have heard a lot about that.: 전에 많이 들어 왔어.

기가[말문이] 막혀 말이 안 나온다.
**I'm stuck speechless.**

- **Sit.** '말이 없게 할 상태(speechless)로 꼼짝 못하게(stuck) 만들어 놓으니'라는 것은 '누군가 전혀 터무니없는 말이나 행동을 할 때' 쓰는 표현이다.
- **Syn.** It leaves me speechless.=It is outrageous to me.
- **Rf.** That's a real crap!=Cut the crap!=Get out of here!.: 허튼 소리하지마!

너무 기대하지 마.
**Don't get your hopes up too high.**

- **Sit.** '너무 높게 너의 희망을 갖지 말라.'라는 의미는 '기대는 하되 지나친 기대를 하지 말라.'라고 충고할 때 쓰는 표현이다.
- **Syn.** Don't get high expectations.: 큰 기대하지 말아요.
- **Rf.** 간단히 말하면 'Don't expect too much.'와 같은 표현이다. Smith, this time you hope to ace the exam. But you wish!: Smth, 이번에는 너 시험 잘 보기를 바라지, 하지만 희망 사항이지!

## 기 89

### 그는 나의 **기를 꺾었어.**
He unnerved me.

- **Sit.** 'nerve'는 '신경'이라는 뜻이지만 '**...용기를 주다**'의 뜻도 있다. 하지만 그 '반대의 표현(unnerve)'이므로 이해가 가능하다.
- **Syn.** He broke my spirit.
- **Ant.** He cheered me up.=He bucked me up.
- **Rf.** Those are the women of spirit.: 그들은 기가 센 여자들이다.

## 기 90

### 기본부터 돼먹지 않았어.
It was wrong from the beginning.

- **Rf.** from the beginning=from the start: 시작[처음]부터
- **Sit.** 상대방이 하는 행동이나 말 또는 태도가 원래 마음에 안 들어서 나무라는 어조로 할 때 쓰는 표현이다.
- **Cf.** lacks basics in many ways.: 여러 가지 면에서 생각할 때 기본이 부족하다.

## 기 91

### 기분 나빠!
That's gross!

- **Cf.** I am under the weather.: 기분이 언짢다. gross: 태도가 기분 나쁜, 음식이 맛 없는, 총계의
- **Ex.** 국민 총생산(GNP=Gross National Product)
- **Rf.** Most people think that insects are gross.: 대부분의 사람들은 벌레가 징그럽다고 생각한다.
- **Ant.** I am on an up.=I am of good cheer.=I am in a good temper.: 나는 기분이 좋다.

**기 92**

그 젊은이들은 늘 **기분 내키는 대로** 한다.
The youths always **follow his heart.**

- **Sit.** 인간의 '감정'을 다스리는 것이 '마음(heart)'이므로, 이런 '마음을 따르다(follow one's heart)'는 결국 '마음 내키는 대로 하다'의 뜻이 된다.
- **Cf.** footloose and fancy free: 자유분방하고 마음이 편한 easygoing: 성격이 털털한 depending on one's mood...: ...기분에 따라

**기 93**

Mary는 오늘 **별난 생각에 잠겨있다.**
Mary has **a bee in her bonnet** today.

- **Sit.** 여름에 잠잘 때 모기 한 마리라도 주위에서 윙윙거리면 잠을 설칠 수가 있다. '모자 속에 벌 한 마리(a bee in her bonnet)'가 와서 윙윙거리며 위협하면 신경이 쓰인다.
- **Rf.** a bee in one's bonnet: 별난 생각에 잠겨있음 pain in the butt(ock)(=ass): 신경 쓰게 하는 사람, 짜증나게 하는 사람 a thorn in one's side: 눈엣가시

**기 94**

기분이 자주 변해.
He **gets into mood.**=He **blows hot and cold.**

- **Sit.** '기분(mood) 속으로 빠져 들어간다(get into)'라는 말은 '기분에 따라 마음이 자꾸 돌변한다'라는 뜻이다.
- **Syn.** He is very capricious.=He is a man of moods.
- **Rf.** His love[affection] for his wife has not changed.: 아내에 대한 그의 사랑은 한결같다.

44

**기 95**

기분 짱인데!
I feel **like a million!**

- **Sit.** 'million'은 단순히 '백만'이라는 수치만을 의미하는 것이 아니라, '원하는 것이 많음'을 의미하기도 한다.
- **Ex.** Thanks a million.: 대단히 고맙습니다. I feel like a million.: 나는 매우 건강하다. 기분이 매우 좋다.
- **Rf.** like a million (dollar): 말쑥한, 기분이 좋은(in seventh heaven)
- **Cf.** looks like a million (dollars): (여자가) 매력 있게[건강하게] 보이다

**기 96**

당신은 기세가 꺾였어요.
You are in over your head.

- **Sit.** "You are in."이라고 하면 어딘가 주눅이 들어가는 느낌을 준다.
- **Syn.** You got cold feet.=You felt small.: 당신은 주눅이 들었군요.
- **Rf.** feel timid[small, daunted, intimidated]: 주눅이 들다 You are in low spirit.: 당신은 의기소침하군요.

**기 97**

기왕 하는 김에,
While you're at it,

- **Sit.** '당신이 그것에 있는 동안', 또는 '그것을 목표로 향하여 있는 동안'이므로 이해가 가능하다.
- **Ex.** **While you're at it,** could you pick up some rice for me?: (그러면) 가는 김에, 쌀 좀 사다 줄래?
- **Cf.** (in the) meanwhile: 이럭저럭 하는 동안에, 그때까지
- **Ex.** I'll finish some work to catch up on, (in the) meanwhile you have to finish your personal errands.: 내가 밀린 일을 끝낼 것이다, 그때까지 너는 개인 용무를 끝내야만 한다.

기적이란 일어날 수 있어.
Things can happen.

- O **Sit.** 'Things'는 '원하는 일들'을 의미한다. '기적'은 '여러 가지의 원하는 일들'이 한꺼번에 올 수도 있다.
- O **Ex.** Try your best. Amazing things can happen.: 최선을 다해. 놀라운 기적이 발생할 수 있어.
- O **Rf.** You forgot bringing your bag with you? Don't worry. Things happen.: 가방 가져오는 것을 깜박했지? 걱정하지 마라. 그럴 수 있지.

**기 99**

기탄없이 말하죠.
I won't pull any punches.

- O **Rf.** pull one's punches: 일부러 실없는 공격을 하다[적당히 봐주다], 〈공격, 비평 따위를〉 적당히 하다
- O **Sit.** 이 말은 복싱에서 펀치(punch)를 적당히 가할 때 쓰는 말이다. 다시 말해, 상대방에 가했던 '펀치를 다시 회수하지[빼지] 않는다'라는 말은 '계속 때리겠다'라는 뜻이 된다.

**길 100**

길 좀 비켜주세요.
Please make way.

- O 'make way'라는 말은 '내가 지나가도록 해라'라는 뜻이다.
- O **Syn.** Step aside.: 옆으로 비켜주세요(Move over there).
- O **Rf.** Age before beauty!: 미녀보다 노인 먼저!(여성보다 노인에게 순서를 양보할 때 쓰는 말) After you.: 먼저 하세[가세]요.
- O **Cf.** 'You first'는 틀린 표현이다.

## 김밥 옆구리 터지는 소리 하고 있네!
### That's just ridiculous!

- ○ 'ridiculous'는 '우스운, 엉뚱한, 꼴불견의'라는 뜻이다.
- ○ **Syn.** That's nonsense.=Cut the crap.=Give me a break.=That's out-rageous.
- ○ **Rf.** 약간 심한 말은 'You're talking shit.=That's bull shit!(우리말로 '똥 싸는 소리 하고 있네'라는 표현과 유사하다.)'라고 한다.

## ㄲ 01

다음부터는 **까불지 마.**
Don't try to joke anymore.

- **Syn.** Where's your manners?=Behave yourself.=Control yourself.= Compose yourself.: 신중하게[침착하게] 처신하라.
- **Rf.** Be a good boy.: 〈아이한테〉 까불지 마라[잠자코 있어라].
- **Cf.** None of your cheek[sauce]!: 건방 떨지 마!
- **Grs.** 'no ... more[longer]=not ... any more[longer]'은 "더 이상 ...않는"의 뜻이다. 위의 문장을 다시 말하면, 'Try no more joke.'가 된다.

## 깔 02

Mary는 자기의 소지품을 정돈하기를 좋아한다. 그는 정말로 **깔끔한 사람[깨끗함을 좋아하는 사람]**이다.
Mary likes tidying her stuff. She is **a neat freak.**

- freak=maniac=nerd=...aholic=geek: ...광
- **Ex.** baseball freak: 야구광 neat freak: 지나친 청결주의자
- **Rf.** mysophobia: 불결 공포증 tidy: 말쑥한, 정리정돈하다
- **Grs.** stuff: 셀 수 없는 명사이므로 stuffs 하면 틀리며 (막연하게 지칭할 때) 것(들), 일(사람)
- **Ex.** Mary knows her stuff.: Mary는 자기가 할 일을 알고 있다.

**깜 03**

깜빡하고 있었어요.
It slipped my mind.

- **Sit.** "그것이 나의 마음에서 미끄러졌다."이므로 '마음에서 생각이 빠져 나갔다'라는 뜻이므로 이해가 가능하다.
- **Rf.** I can't think of it off hand.: 갑자기 생각이 안 나요.
- **Syn.** I almost forgot. 또는 Oops, I'm sorry.
- **Oths.** at the back of one's mind: 심중에, 내심 Mind your language: 말조심 하라 Mind my words: 명심하라 be of the same mind: 생각이 변하지 않다 awake to one's full mind=come to one's senses=come to oneself: ... 제정신이 들다 have ... on one's mind: ...을 ...의 마음에 두고 있다[신경쓰고 있다] speak one's mind: 심정을 토로하다

**꼬 04**

웬 **꼬리가 길어**[문을 닫을 줄 몰라]?
Were you **born in a barn**?

- **Sit.** born in a barn: 〈문이 없는〉 외양간에서 태어났기 때문에 가축을 통제하기가 힘들다. 따라서 이 표현은 좀 더 의미가 넓어져서 1)누가 '문을 안 닫을 때'나 2)'버릇없이 자란 상태'를 표현하기도 한다.
- **Rf.** bear-bore-born
- **Ex.** I was born and raised in Korea.: 나는 한국에서 태어났고 자랐다.

## 꼬 05

**여자{남자} 꼬시러 가자.**
Let's pick up some chicks{guys}.

- **○ Sit.** pick-up line: 꼬시는 말 chick은 '새끼 병아리'라는 뜻으로 '젊은 [어린] 아가씨'를 언급할 때 쓰는 구어체다.
- **○ Cf.** lad: 젊은 남자나 청년, 소년 ↔ lass: 젊은 여자나 처녀, 소녀
- **○ Ex.** He's a nice lad.: 그는 괜찮은 청년이다.
- **○ Rf.** guys는 남녀불문하고 쓰는 경우가 많다.

## 꼬 06

**뭘 그리 꼬치꼬치 따지니?**
You're so splitting hairs.

- **○ Sit.** 가느다란 헤어(hair) 타래(lock)를 한 가닥 한 가닥 쪼개는[분리하는] (splitting) 행동을 보면 사소한 일에 얼마나 꼬치꼬치 따지는가를 알 수 있다.
- **○ Rf.** Don't nitpick.: 흠[트집]잡지 말라, 따지지 말라. Don't get nosy.: 남의 일에 관여하지 말라.

## 꼴 07

**내 말 안 듣더니, 그래 꼴좋다!**
You didn't listen to me, now look at you!

- **○ Sit.** 누군가 본인의 말을 듣지 않아 어떤 일이 그릇되었을 때 판잔조로 하는 말이다.
- **○ Syn.** Look, What happened to you. I told you. 또는 You know what happens when you don't listen.
- **○ Rf.** You didn't prepare for the mid-terms, so you got low grades. It served right.: 중간시험을 준비를 안 해 낮은 성적을 맞다니. 그래 싸다.

## 찔 08

꼼꼼히 따져보길 잘했어.
I was right to calculate.

- **Grs.** I did well[was right] to+동.원: 나는 ...하기를 잘했어[옳았에]
- **Ex.** I did well to marry you.: 내가 당신과 결혼하기를 잘했어. 이때의 to부정사 용법은 부사적 용법 중 '판단의 근거'를 나타낸다.
- **Ex.** Joe must be a prodigy to solve the difficult math problems.: Joe는 그 어려운 수학 문제들을 해결하는 걸 보니 신동임에 틀림이 없다.
- **Rf.** I did well in school.: 나는 학교 생활을 잘했어[공부를 잘했에].

## ㄲ 09

그녀는 남의 마음을 끄는 무엇인가 있다.
She has something (attractive) about her.

- **Rf.** She is magnetic.: 그녀는 성격적으로 매력이 있다. a magnetic personality: 매력 있는 인품 sex appeal: 성적 매력
- **Cf.** Smith has something of a charisma.: Smith는 뭔가 남의 마음을 강력히 끄는 매력이 있다.
- **Grs.** something of a (A): (A)와 같은 그 무엇

## 끝 10

끝까지 들으세요.
You have to hear me out.

- **Grs.** 이때 부사 out은 hear를 강조하는 '강의어(amplifier: 뜻을 강조해주는 말)'이다. 때문에 단순히 'Hear.'하면 '들으세요.'가 되지만 'Hear out.' 하면 '끝까지[완전히] 잘 들으세요(Listen up).'처럼 뜻이 강해진다.
- **Ex.** Speak up.: 큰 소리로[터놓고] 말하세요.
- **Grs.** in, out, on, off, up, down 등의 부사는 동사와 결합하여 뜻을 강조하는 '강의어(amplifier)'를 형성한다.

## 끝 11

### 난 **끝까지 참아내고 있는 중이야.**
### I'm still **sweating it out.**

- **Sit.** 이 문장 또한 out이라는 '강의어'인 부사를 첨가함으로써 뜻을 강조하고 있다. 다시 말해, "땀을 '완전히' 흘리고 있다(sweat out)."라고 하니 "끝까지 버티고[참고] 있는 것"이 아닐까?
- **Rf.** sweat out=persist=endure=bear out=tolerate=put up with: 참아내다

## 끝 12

### 끝까지 포기하지 마.
### Just keep your chin up.

- **Syn.** Hang tough.=Hang in there.
- **Sit.** '턱(chin)을 내리지 않고 위로 올린 상태를 유지하고(up) 있다'이므로 '강인한 의지를 보여주고 있는 것'을 의미한다. 일반적으로 "포기하지 마라."라는 표현은 "Don't give up."이다.
- **Rf.** jaw: 턱(아래 부분) chin: 아래와 옆부분 포함
- **Ex.** chin strip: 턱끈

## 끝 13

### 그 여자 **끝내주는데!**
### She's really something!

- **Rf.** She is perfect of being physical at 80.: 그녀는 80의 나이에 몸매가 끝내준다.
- **Cf.** She is nothing, if pretty.: 그녀는 예쁘다는 것만 빼면 내세울 것이 없다.
- **Grs.** 일반적으로 something은 '긍정적이고, 중요한 것'을 의미하고, nothing은 '부정적이고, 중요하지 않은 것'을 의미한다.

## 끝 14

국물이 끝내줘요.
(It is) Good to the last drop.

- ○ Good to the last drop: 마지막 한 방울까지 맛있는
- ○ **Grs.** 원래 문장은 앞에 It is가 생략된 문장이다. 영어에서 대명사와 be 동사는 중요하지 않은 '기능어(=문법적 기능을 주로 하는 품사이며, 이 외에도 관사, 접속사, 전치사 등이 있다.)'이기 때문에 종종 생략한다.
- ○ **Rf.** She is really curvaceous.: 그녀는 정말 몸매가 끝내줘요[훌륭한 곡선미를 가지고 있다]. His figure is in good shape.: 그는 몸짱이다.

## 끝 15

도대체가 **끝이 안 보이네**, 끝이...
I don't see the end of this.

- ○ **Sit.** 어떤 일의 결과나 진척 정도를 종잡을 수 없을 때 표현하는 말이다.
- ○ **Con.** When are you finished[done]?: 도대체 언제 끝나니? I don't see the end of this.: 도대체가 **끝이 안 보이네**, 끝이.
- ○ **Oths.** That is a **vague**[indefinite, obscure] answer.: 그것은 막연한 대답이야. This proposal is neither fish nor fowl.: 제안은 **물고기[생선]도 아니고 가금[닭]도 아니다**[종잡을 수가 없다].

## 끝 16

끝이 좋아야 다 좋다.
All is well that ends well.

- ○ **Grs.** 원래 이 문장은 'All that ends well is well.'이므로 선행사 겸 주어가 'all'이고 본동사가 'is'이다. 그런데 '주부(All that ends well)'가 너무 길어 주어만(선행사 기능도 함) 앞에 오고 나머지는 맨 뒤로 이동시켰다. 일반적으로 영어는 주어가 길면 앞에 오는 것을 원치 않음.
- ○ **Rf.** '가주어 ...진주어 구문' 또는 '가목적어 ...진목적어' 구문을 보면 알 수 있음

## Smith는 **끝장이다.**
## Smith is dead meat.

- **Sit.** 누군가가 꾸중을 심하게 받거나 심한 문책을 당하게 될 때 쓰는 표현이다.
- **Syn.** Smith is finished.
- **Rf.** It's all up with us now.=It's all over with us now.: 우리는 이제 끝장이다.
- **Cf.** Smith is has-been.: Smith는 한물갔다.
- **Rf.** has-been: 한창 때를 지난 사람[것], 옛날(일) might-have-been: 더 잘되었을지도 모를 일[사람]

## 01

### 네가 **나가 볼래?**
Can you get the door?

- **Grs.** 한국식으로 표현하면 'Go and open the door for me.'라고 할 수 있지만, 원어민들은 보통 위의 문장처럼 표현한다.
- **Cf.** Can you answer the door?: 네가 문 좀 열어 줄래?
- **Rf.** Answer the phone.: 전화 좀 받아줘. Pick up[hang up] the phone.: 전화[통화] 받으세요[끊으세요].

## 02

### **나는** 나야, 내 맘대로 하도록 내버려 둬!
I am what I am, and I do what I do!

- **Sit.** 누가 나의 일을 간섭하고자 할 때 주관성이나 소신을 갖고 답하는 표현이다.
- **Syn.** Leave me alone, I go my own way.
- **Grs.** what I am: 현재의 나의 신분[상태, 인격] what I have: 현재의 나의 재산
- **Rf.** Don't boss me around.: 이래라 저래라 하지 마세요.

## 03

### 그 사람도 **나이가 들었나봐.**
He **must really be over the hill.**

- **Sit.** '언덕을 넘고 있다(be over the hill)'이므로 이해가 된다.
- **Grs.** must+동원=...해야[여야]한다..., 함에[임에] 틀림이 없다
- **Rf.** 따라서 위의 문장을 원래의 뜻으로 해석하면, "그는 정말로 언덕을 넘어가고 있음에 틀림없다"가 된다.
- **Cf.** age backwards[reversely]: 나이를 거꾸로 먹다

## 나 04

### 나이 헛먹은 거 아냐!
Do you think I've aged uselessly?

- **Sit.** 원래의 뜻은 "당신은 내가 쓸모없이 나이를 먹어온 것으로 생각하니?"이다.
- **Rf.** Why don't you grow up?=Act your age.=Consider your age.=Think about how old you are.: 나이 값 좀 해라.
- **Cf.** look one's age: 나이에 걸맞게 보이다 look young for one's age: 나이에 비해 젊어 보이다

## 나 05

### 나중에 봐줄게요.
I'll **see to it later.**

- **Sit.** 누군가가 어떤 일을 부탁하거나 확인해 달라고 말할 때, 지금은 여러 가지로 볼 때 힘들지만 나중에 해드리겠다는 의미로 상대방을 안심시키며 하는 표현이다. see to it: 조치를 취하다
- **Grs.** it은 관련된 '막연한 상황'을 의미하는 대명사다. see to it that ...: ...할 것을 분명히 하다. 이때 'to it'은 생략이 가능하며 'it'는 'that...'을 지칭한다고 볼 수 있다.

## 나 06

### 나중에 후회할 걸., 두고 보자.
**You'll get yours.** You'll be sorry for this.

- **Sit.** '네가 너의 것을 갖게 될 것이다.'는 '네가 한 일에 대해 대가를 갖는다.'는 뜻을 의미한다.
- **Rf.** (Just) you wait.: 두고 보자.
- **Ex.** He **put on a bold front** and said, "Someday I'll get you.": 그는 "언젠가 나에게 본때를 보여 주겠다."라고 **뽐내며** 말했다.

Mary는 **낙담하고 있어.**
Mary is feeling down in the mouth.

- **Sit.** 실망할 때 얼굴의 입꼬리(mouth corner)가 내려가는 것을 알 수 있다.
- **Syn.** Mary is feeling discouraged[disappointed].
- **Rf.** down (in the dump): 우울한(depressed)
- **Ex.** The player looks down today.: 그 선수는 오늘 우울하게 보인다.

Smith는 **난처한 처지에 있다.**
Smith is **behind the eight ball.**

- **Sit.** '당구(six pocket ball)'에서 나온 표현으로 8이라고 적혀있는 검은 공만을 주머니(pocket)에 넣어야 하는 경우에 뒤에 있는(behind) 자기 공들도 한꺼번에 들어가는 위험이 있을 수 있다. 그 때문에 "8번 숫자가 쓰인 당구 공 뒤에 있다."라고 하면 '위험한 처지에 있다'는 뜻으로 이해가 가능하다.
- **Rf.** Smith is in the **predicament**[up the **creek**=in the **pickle**].: Smith는 난처한 처지에 있다.

쟤는 **날나리야.**
He is **a player.**

- **Sit.** 우리말에도 '노는 사람(player)'이라는 표현이 있다.
- **Rf.** slutty girl=light skirt: 단정치 못한 여자 two-timing minx(왈가닥): 날나리(punk)
- **Ex.** Are you sure he's not two-timing you?: 그가 바람피우지 않는다고 진짜 믿어요? 한 번에 두 군데를 뛴다(two-time)고 하니 이해가 가능하다. two-time: 부정하다[속이다], 배신하다
- **Cf.** a licentious man=an inconsistent lover=a philanderer: 바람둥이 남자 fickle woman=a woman of easy virtue 바람둥이 여자 (wanton)

**날 10**

## 몸이 **날아갈 것 같아**, 가뿐해.
## I feel light.

- **Sit.** 이는 육체적으로 가뿐한 것도 되지만, 마음적[기분적으로]으로 가뿐한 것도 된다.
- **Syn.** I am on an up.=I jumped for joy.=I'm over the moon.=I'm in the seventh heaven.: 난 기분이 너무 좋아.
- **Ant.** I feel heavy[under the weather].: 몸이 무겁다[찌부둥하다].

**남 11**

## 남자는 여자하기 나름이야.
## The woman makes the man.

- **Sit.** 원래는 "The tailor makes the man.: 재단사가 남자를 만든다[옷이 날개다].''라는 속담에서 패러디 한 것이다.
- **Grs.** 위 문장에서 정관사 the가 중요한데, 그 이유는 다른 사람이 아닌 **그 여성**이 그녀의 대상인 **그 남자**를 지칭하므로 그렇다.
- **Rf.** Manners makes the man.: 예의가 남자를 만든다.

**남 12**

## Smith는 **남자답다.**
## Smith is **macho.**

- **macho**: 남자다움, 사나이, (거칠게) 남자다움을 과시하는[으스대는] macho it out: 남자답게[대담하게] 행동하다
- **Rf.** He's a real hunk.: 그는 체격이 좋고 섹시한 남자다. 일반적인 표현으로는 'Smith is manly.'이다.
- **Ant.** Mary is womanish.: Mary는 여성답다.
- **Oths.** physical constitution: 체질 diathesis: 이상체질 predisposition: 기질 construction: 체격 well-made: 균형이 잘 잡힌

## 내 13

### 거봐, 내가 뭐라고 그랬어.
See, what did I tell you?

- **Sit.** 사전에 어떤 행위를 하지 말라고 여러 번 경고를 주었지만 막무가 내로 하다가 실수를 했을 때 나무라며 하는 표현이다.
- **Syn.** I told ya.: 내가 말했잖아.
- **Cf.** 그렇지만 위의 문장은 말하는 뉘앙스에 따라 단순한 의문문이 되어 "내가 너에게 무엇을 말했지?(무슨 말을 했는지 까먹었다.)"라는 뜻도 된다.

## 내 14

### 걱정 마 내가 있잖아.
I've got your back.=I'll be behind you.=But you've got me.

- **Sit.** 우리말에도 상대방을 격려하기 위해 "걱정말라, 네 뒤에 든든한 내가 있다"라는 표현이 있다.
- **Cf.** "You got me.: 낸들 아나요[정말 모르겠네요, 걸렸네요, 완전히 속았네요]." 다시 말해 'You got me.'는 상황에 따라 뜻이 달라진다.
- **Rf.** I got you.: 나한테 넌 낚였어[걸렸어].

## 내 15

### 그건 내가 할 소리야.
Those are my words.

- **Sit.** 자신이 말할 내용인데 오히려 상대방이 자기가 할말인 양 먼저 말을 꺼낼 때 하는 표현이다.
- **Syn.** You took the words out of my mouth.: 당신이 나의 입으로부터 말들을 빼앗아 갔어[내 말이 그 말이야].
- **Cf.** Look who's talking.=You are one to talk.: 사돈 남 말하고 있네.

**16**

## 내 곁에 있어줘.
### Keep me **company.**

- **Syn.** Stay with me.
- **Rf.** company: 교제, 일행, 친구 keep company: 상대를 해주다[함께 어울리다], 교제를 하다(...with)
- **Ex.** Are you company? or all alone?: 일행입니까? 혼자 왔습니까?
- **Rf.** corporation aggregate: 집단 법인 corporation=incorporated body=corporated judicial person: 사단 법인 foundation=non-profit corporation: 재단 법인

**17**

## 잘자 내 꿈 꿔.
### Sleep tight, see me in your dreams.

- **Sit.** 밤 인사로 친근하게 헤어질 때 쓰는 표현이다.
- **Rf.** Night night, sleep tight!(아이들에게 하는 말) Sweet dreams!: 잘자[단꿈 꿔]! 'Good night'이라고 단순하게 해도 된다. sleep soundly[well]: 잘 자다 sleep like a log[baby]: 잠을 매우 잘자다

**18**

## 내 말이 그 말이야.
### Tell me about it.

- **Sit.** "나에게 그것에 대하여 이야기 해봐(나는 이미 충분히 이해할 수가 있어)"의 뜻으로 '자기가 할 말을 상대방이 꿰뚫고 먼저 말했을 때 맞장구치며 하는 말'이다.
- **Syn.** You said it.: (내가 말할 것을) 네가 이미 그것을 말했어.=내 말이 그 말이야. You can say that again.=That's what I'm saying.: (올바른 말이니) 너는 그것을 다시 말할 수 있어.=내 말이 그 말이야.

## 내 19

### 내 맘대로 되는 게 또 있네.
**Another thing that's going my way.**

- **Sit.** 여러 가지를 아무런 방해 없이 하는 과정에서 계속 장애 없이 할 수 있을 때 튀어나오는 말이다.
- **Rf.** 원래 문장은 '(There is) Another thing that's going my way.'이다.
- **Cf.** I have my own way of doing things.: 나는 내 식으로 일한다.
- **Oths.** egoistic altruism(이타주의, 이타심): 겸애설(兼愛說)

## 내 20

### 내숭 떨지 마.
**Don't play innocent!**

- **Sit.** "순진한 척 연기하지 마!"이므로 이해가 가능하다.
- **Rf.** 속으로는 어떤 의도인지 다 알고 있는데 상대방이 모르는 양 본인의 속마음을 감추고 행동이나 말을 할 때 쓰는 표현이다.
- **Grs.** play+명사[형용사]...=act+형용사...=act like+절...: ...인체하다
- **Ex.** Don't act big.: 무게 잡지 마.
- **Cf.** Don't try to tell a lie.: 시치미 떼지 마.

## 내 21

### 이 책은 **내용이 정말 알차다.**
**This book's got it all.**

- **Sit.** 필요했던 책이 원하는 정보나 내용을 많이 포함하고 있을 때의 표현이다.
- **Grs.** 이때의 'it'은 해당 상황이나 관련 내용을 막연하게 지칭하는 대명사이기 때문에, 구체적으로 해석하지 않는다. it=all
- **Syn.** This book is rich in content.=This book is full of content.=This book is filled with content.

## 내 22

### 내 일은 내가 알아서 할게.
### I'll take care of my business.

- **Sit.** 본인의 일을 '스스로 알아서 할 테니 관여하지 말라'는 뜻에서 하는 표현이다. 이러한 영어표현은 매우 많다.
- **Syn.** I'll do my job by myself.=I know my stuff.: 나는 내가 할 일을 잘 알고 있어.
- **Rf.** None of your bussiness.=It's not your job.: 너의 일이나 신경 써.

## 냉 23

### Smith는 냉대를 받고 있다[인종적 편견을 느끼고 있다].
### Smith is feeling a draft.

- **Sit.** 통풍이 지나가는 부분에 있으면 기본적으로 '냉한 느낌을 받을 것'은 지당하다.
- **Cf.** Smith is getting the cold shoulder from his men.: Smith는 그의 부하들로부터 냉대를 받고 있다.
- **Rf.** Smith was outcast=Smith was ostracised: Smith는 왕따 당했다 bully: 약한자들을 들볶다, 들볶는 사람

## 너 24

### 너나 잘해.
### Mind your own business.

- **Sit.** '너 자신의 일에나 신경 써라.'라는 것은 '다른 사람들의 일에 관여하지 말라'라는 뜻이다.
- **Syn.** Leave me alone.=Hands off my business.=Would you stop bugging me?=Will you keep out of this?: 내게 간섭하지 말아줄래요?
- **Rf.** mind: 신경쓰다, (의문문이나 부정문에서) 싫어하다
- **Ex.** Mind your language.: 공손하게 말하세요.
- **Con.** Would mind opening the window?: 창문 열면 싫어하십니까[열어도 될까요]? - Of course not[Not at all].: 전혀 싫어하지 않습니다 [괜찮아요].

## 니 25

### 너 좀 너무 심한 거 아냐?
Don't you think you're a little over-reacting? ...............

- **Sit.** 상대방이 지나치게 대할 때 참다가 표출하는 말이다. 단지 '지나치게 반응한다(over-reacting)'라고만 하지 않고 그 이전에 '좀[약간](a little)'이라는 표현을 씀으로써 상대방의 기분을 잘 조율하고 있다.
- **Rf.** You are too much for me.: 너는 나에게 너무 심하다.

## 니 26

### 그 사람한테는 너는 너무 아까워.
You're **too** good **for** him. ...............

- **Sit.** '당신은 그에 비해[그의 능력이나 기타 다른 것에 비해] 너무 좋다.'라는 뜻이므로 이해가 가능하다.
- **Grs.** for는 '...에 비해' too는 '너무'(때로는 부정적 의미)
- **Ex.** The weather was too warm for this time of the year.: 날씨는 이맘 때에 비해 너무 더웠다. She is too tall for her age.: 그녀는 나이에 비해 너무 크다.

## 니 27

### 너무 앞서가지 마.
Don't go too far. ...............

- **Sit.** 결론이 나는 데는 좀 더 시간적 여유가 필요한데 마치 결론이 바로 나는 것처럼 지레 예측하여 행동하거나 말할 때의 표현이다.
- **Rf.** 물론 원래의 뜻처럼 "너무 멀리 가지 마라."라는 표현도 된다.
- **Cf.** Don't go to the extremes.: 지나치게 처신하지 마라. jump to[rush at] a conclusion: 속단하다, 지레 짐작하다

## 니 28

그 사람은 **너무 튀어.**
That guy is a real odd ball.

- **Sit.** 남보다 많이 색다르거나 유난히 눈에 들어나게 보이는 행동이나 말을 하는 경우에 그런 부류의 사람을 표현하는 말이다. odd란 말은 이상한, 홀수(의) 뜻이 있다.
- **Ex.** odd number: 홀수 ↔ even number: 짝수
- **Rf.** an odd ball=geek=freak=flake=weird person: 괴짜, 괴벽의 소유자

## 노 29

나는 **노는 물이 달라[같은 부류가 아니야].**
We're not in the same league.

- **Ex.** She'll never go out with someone like you.: 그녀는 너 같은 애하고는 데이트 안 해. She's out of your league.: 그녀는 너하고 노는 물이 달라.
- **Rf.** not in the same league: 노는 물이 다른 league: 연맹, 집단 in the same boat: 같은 처지에 있는

## 노 30

Smith는 그의 일을 잘하는 **노련가다.**
Smith is **an old hand** at his job.

- **Sit.** 어떤 일을 잘하는 사람은 경험에 의해 손을 잘 쓰는 법이다. 따라서 old hand라는 것은 '경험이 많은 사람'이라는 뜻이 아닐까?
- **Syn.** Smith is **a dab hand** in his job.
- **Rf.** a dab hand: 노련가
- **Ant.** Smith is all thumbs.=Smith is a green hand.: Smith는 모든 게 서투르다.

## 논 31

**너를 이해할 수가 없다, 지금 너의 말은 논리에 맞지 않는다.**
I cannot figure you out, now you are **comparing apples to oranges.**

- **Sit.** 사과(apple)와 오렌지(orange)는 분명히 색깔이나 겉껍질 면에서 다르다. 그런데도 구별하지 못한다니...
- **Rf.** 우리말에도 '숙맥'이라는 남을 비하하는 말이 있다. 숙맥은 콩 (bean=숙)과 보리(barley=맥)를 구별하지 못한다는 뜻이다.
- **Cf.** illogical=irrational=unreasonable: 비논리적인

## 놀 32

**너무 놀랐잖아!**
My eyes were popping out!

- **Sit.** "나의 눈(알)들이 튀어나오고 있다!"라는 표현은 우리말에도 있는 것처럼 상대방이 갑자기 놀라게 할 때, 그에 대해 전혀 대비 없는 상태일 때 반응하는 표현이다.
- **Syn.** Geez, you startled me!=I am so surprised because of you!
- **Oths.** Pleasant surprise: 뜻밖의 즐거움 Pleasant worries: 즐거운 걱정

## 농 33

**농담 그만해![집어치워!]**
Come off it!

- **Sit.** "Come off it!"라고 하면 "농담 그만해!, 집어쳐!, 말도 안 돼!"의 뜻이다.
- **Syn.** Stop putting me on.=No more joking.: 농담 그만해.
- **Rf.** No more lame[bad] jokes.: 썰렁한 농담 그만해. Joking aside, let's get to work.: 농담 그만하고, 일하자.

## 34

**농담도[장난도] 사람 봐가면서 해라.**
Look **who** you are joking **with.**

- **Sit.** 원래의 뜻을 보면 "(상기된 표정으로 상대방에게) 너는 (지금) 누구와 함께 농담하고 있는지 (돌이켜) 봐라."이므로 이해가 가능하다.
- **Rf.** Don't pull anyone's legs thoughtlessly[recklessly].: 함부로 누군 가에게 농담하지 마라. Get out of here.=Give me a break.: 농담 그만하시지.
- **Grs.** 원래 문장은 'Look you are joking with whom'이다. 이 문장이 간접의문문이 되면서 whom이 종속절 주어 you 앞에 와야 되는 데, 이럴 때 보통 구어체에서는 전치사와 떨어지고 의문사만 앞에 오는 경우 위의 예문처럼 목적격(whom)이 주격(who)으로 변경된 다.
- **Ex.** Who(m) do you love these days?: 넌 요즘 누구를 좋아하니?

## 35

**농땡이 치지 마.**
Don't goof off!

- **Sit.** 할 일을 하지 않고 'A가 농땡이 치다'의 뜻은 'shirk A's duty[task]' 이다.
- **Syn.** Stop loafing around!: 농땡이 좀 그만 쳐!
- **Rf.** **a lazybones**[an idler, a man of sloth, a sluggard, a dolittle]: 농땡이 부리는 사람
- **Cf.** goof up...=mess up...=botch up...: ...망치다

😐 36

## 누가 그런 말을 했어?
Says who?

......................

- ○ **Sit.** 어떤 소문이 났을 때 기분이 상하거나 또는 단순히 출처를 알고 싶어 할 때 쓰는 표현이다.
- ○ **Grs.** 원래의 표현은 문법적으로 'Who says?'일 것이다. 그리고 이처럼 현재시제를 쓴다는 것은 누군가가 지금도 계속 말하고 다닌다는 것을 의미한다.
- ○ **Rf.** What kind of sources have you got?: 어디서 들은 이야기[소문]야[말도 안 되는 소리하고 있어]?
- ○ **Cf.** Who said that?: 누가 말했어?

😐 37

## 누구 마음대로?
With whose permission?

......................

- ○ **Sit.** 우리말에도 있는 자주 쓰는 표현으로, 어떤 일을 하지 못하게 경고할 때 또는 허락을 주지 않으려고 할 때 쓰는 표현이다.
- ○ **Syn.** With whose consent[authority]?
- ○ **Rf.** permission=consent: 허가, 승낙
- ○ **Rf.** authentification: 인증, 공증 authorization: 인가 approval: 승낙, 결재 ratification: 비준

😐 38

## 그럼 누구 줄 겁니까[누구를 위한 겁니까]?
Then who's it for?

......................

- ○ **Sit.** 원래의 뜻이 "그러면 그것은 누구를 위한 것이냐?"이므로 어떤 물건이나 선물들의 출처와 그것들이 가는 방향에 대해 알아보고자 할 때 쓰는 표현이다.
- ○ **Grs.** who's는 who has, who is, who does의 줄임말로 문맥에 따라 판단해야 한다. 위 문장 속 Whio's는 Who is의 줄임말이다.
- ○ **Syn.** Then who(m) does it go to?=Then who(m) do you give it to?

## 누구한테 들었니?
Who broke the news?

○ **Sit.** 원래의 뜻이 "누가 그 소식들을 퍼뜨렸느냐?"이므로, 어떤 일이나 소문의 출처가 궁금하여 그 소재를 알고 싶거나 문의할 때 쓰는 표현이다.

○ **Syn.** Who told you (about it)?=Where did you get the news from?

○ **Oths.** breaking news for Covid-19: Covid-19에 대한 긴급뉴스

## 눈썰미가 있구나.
You pick things up quickly.

○ **Sit.** 원래의 뜻이 "당신은 일을 빠르게 주어 담는다[습득한다]."이므로, 어떤 일을 보거나 듣자마자 빠르게 척척 잘하는 사람을 보고 칭찬할 때 쓰는 표현이다.

○ **Syn.** You have a quick eye for learning things.

○ **Rf.** have an eye for...=have great discernment: 보는 눈이 있다.

The big kissing sound in the public area is **an eyesore.**
공공장소에서 지나친 키스소리는 **눈에 거슬리는 일이다.**

○ **Sit.** 눈살을 찌푸리게 하는 일을 우리말로 '눈에 거슬린다'라고 하는데, 이는 결국 '눈이 심적으로 아프다'는 뜻이 아닐까 생각한다.

○ **Rf.** a pain in **the neck**[the ass, the arse, the butt(ock)]: 싫은 것, 성가신 존재 a beam in one's eye(s): 제 눈속의 들보[자신이 모르는 큰 결점]

## 🔵 42

### 너는 눈에 넣어도 안 아파.
### You are **an apple of my eyes.**

- ○ an apple of my eyes: 애지중지[장중보옥]
- ○ **Rf.** be brought up like a prince: 금지옥엽으로 자라다 a sight for sore eyes: 보기만 해도 기분 좋은 것, 눈요기
- ○ **Cf.** Her showy dress is an eyesore.: 그녀의 야한 옷은 눈엣가시다.
- ○ **Oths.** by [the, one's] eye: 눈대중으로 drop one's eyes: 부끄러워 고개 못들다 green[heavy, glad] eye: 시샘의[졸린, 추파의] 눈[시선]

## 🔵 43

### 너 눈이 너무 높아.
### You're way too picky.

- ○ **Sit.** 원래의 뜻이 "당신은 너무 가린다."이므로, 이성 친구나 어떤 것을 선택하는데 있어 매우 까다롭게 많은 것을 따질 때 쓰는 표현이다.
- ○ **Rf.** have a (good) eye for ...: ... 보는 눈이 있다, ...의 눈이 높다
- ○ **Grs.** way는 greatly[very] 뜻의 부사이며 형용사나 부사를 강조하는데 쓴다.

## 🔵 44

### 그건 늘상 있는 일이야.
### That's par for the course.

- ○ **Sit.** 어느 '과정'에서 '평균(par)적이다 또는 기준이 된다.'라는 말은 '보통 흔히 있는 일반적인 일이다.'라는 뜻이다. par for the course: 흔히 있는 일[놀랄 일이 아닌 일] par: 평균, 기준, 평균량
- ○ **Syn.** That's not a special thing.=That's an ordinary thing.

**45**

Smith는 매우 자신감 있고 <u>늠름한</u> 사람이야.
Smith is very **a tough cookie.**

- **Sit.** tough라는 말은 흔히 '거친, 어려운, 힘든'처럼 부정적 의미로 쓰이지만, 위는 긍정적인 표현으로 쓰인 예들 중의 하나다.
- **Cf.** 사람에게 과자 cookie를 쓰는 것이 이채롭다. a tough cookie: 늠름한 사람 smart cookie: 잘난 체 하는 사람[영리한 놈]
- **Rf.** cookie: 과자, 사람

**46**

<u>늦었다고 할 때가 가장 빨라.</u>
Better late than never.

- **Sit.** '늦었다고 포기하는 것보다 그 시간이라도 시작하면 결과를 이룰 수 있다.'라는 격려의 표현이다.
- **Rf.** It's better than nothing.: 아무 것도 아닌 것보다 낫지.
- **Grs.** be never too late to ...: ...하기에는 결코 늦지 않다
- **Ex.** It's never too late to mend your fault.: 허물을 고치는 데는 결코 늦지 않다[늦은 시간이 없다]. Well begun, half done.: 시작이 반이다.

**당 01**

**당당하고** 자신감 있게 생활하라[처신하라].
Stand tall[proud] and walk tall.

- **Sit.** '자랑스럽게 서서 위풍있게 걷다.'라는 말은 '주눅 들지 말고 위풍당
  당하게 처신하라.'라는 의미다.
- **Rf.** tall의 뜻에는 흔히 알고 있는 '키 큰'이라는 뜻 외에도 '의기양양한'
  의 뜻이 있다.
- **Oths.** tall talk: 허풍 proud talk: 호언 small talk: 잡담 sweet talk:
  감언, 아첨

**당 02**

**당연히** 그렇게 하지.
Consider it done.

- **Sit.** 원래의 뜻으로 해석하면, "그것이 행해진다[끝내진다](done)고 생각
  하라[간주하라](Consider)"이므로 위처럼 이해가 가능하다.
- **Ex.** Consider it done. Anything else?: 그렇게 하죠. 다른 건요?
- **Syn.** Of course, I'll do as told.: 물론 요구받은 대로 할 것이다.

**대 03**

**대강** 금액을 말해봐.
Give me a ballpark figure.

- figure는 다양한 뜻이 있지만 위에서는 수치(number)의 뜻이다. ball-
  park는 야구장이지만, '대개의 범위, 근사치, 어림셈'이라는 뜻도 있다.
- **Ex.** in [within] the ballpark: (질·양·정도) 허용 범위인, 대체로 타당한
  in the ballpark of $100: 약 100달러의
- **Rf.** ballpark figure: 야구장의 관중수는 어림잡을 수밖에 없기 때문에
  이런 표현이 나오지 않았을까 생각된다. figure: 숫자(의 자리)
- **Ex.** double figure: 두 자릿수 six figures: 10만 달러 a man of fig-
  ures: 셈을 잘하는 사람 It[That] figures.: 그건 당연하다[생각한 바
  로다]

## 대 04

### 진짜 <u>대단하다</u>(부정적인 표현).
It really takes the cake!

- **Sit.** 표현이 어디서 유래했는지 모르지만, 어떤 이벤트에서 우승하거나 성적이 좋으면 상으로 케이크를 주었을지도 모른다.
- **Grs.** really에 강세를 두어 발음하면서 반어적으로 표현한 것이다. 느낌표(!)를 빼면 대부분 긍정적인 표현이 된다. take the cake: 비길 데 없다, 단연 뛰어나다

## 대 05

### 그는 <u>대수롭지</u> 않게 받아들였어.
He just laughed it off.

- **Sit.** '한 바탕 웃음으로 넘기다'이므로 이해가 가능하다.
- **Grs.** 이때의 대명사 it은 '해당 상황' 또는 '관련 내용'을 지칭하며 굳이 해석하지 않는다.
- **Rf.** It is not a matter to be laughed away.: 그것은 웃고 흘려버릴 일이 아니다.
- **Oths.** laugh at: 비웃다 laugh silently to oneself: 혼자 몰래 (마음속으로) 웃다 burst out laughing: 폭소하다

## 대 06

### 넌 <u>대책이 없어</u>.
You are helpless.

- **Sit.** 원래의 뜻이 "너는 도움이 되지 않는다."이므로, 누군가가 하는 일이 마음에 안 들고 형편없거나 실수를 자주 할 때 하는 핀잔의 표현이다.
- **Syn.** I really have no idea what to do with a man like you.: 난 너네와 같은 사람에 대해 무엇을 해야 할지 정말로 모르겠다.

## 더 07

**더위를 잘 타요.**
The hot really **gets to** me.

- **Sit.** 유달리 여름이면 더위를 잘 참지 못하는 사람들이 있다. 약간의 더위에도 민감한 사람을 표현한다.
- **Rf.** get to...: ...에 도달하다, ...시도하다, ...**(부정적으로)영향을 주다**
- **Syn.** I am really vulnerable to the hot.=I am very sensitive to the hot.=I get hot easily.
- **Rf.** I was affected by the hot.: 난 더위 먹었어.

## 덕 08

**모든 사람은 Smith가 명백히 덕이 있는 체하는 사람**이라고 생각한다.
Everybody thinks Smith is goody two shoes.

- goody two shoes: 선인인 체하는, 선인인 체하는 사람, 잘난 체하는, goody-goody: 〈미국 드라마, TV〉 주인공
- **Rf.** goody: 멋있는 것, 맛있는 것
- **Cf.** 실제로 '덕이 있는 사람'은 'a man of virtue'이라고 한다.
- **Rf.** Try to be beneficent to your neighbors.: 이웃에게 덕을 베풀어라.

## 덧 09

**어디가 덧나나?**
(It) doesn't hurt.

- **Sit.** 우리말에 '...해도 손해 볼 것 없다, 밑져야 본전이다'라는 표현이 있다. 영어로는 '(It) doesn't hurt (...)'라고 한다.
- **Ex.** I doubt it, but it doesn't hurt to ask.: 안 그럴 걸요, 하지만 물어봐서 손해 볼 건 없죠.
- **Syn.** It costs you nothing to 동.원: ...하기 위해 너에게는 어떤 비용도 들지 않는다.

**도 10**

**글쎄, 도무지 모르겠어.**
I haven't **the slightest** idea. ................

- ○ **Sit.** 어떤 일에 대해 도무지 그 실체나 내막을 알 수 없을 때 답답한 심정을 표현하는 말이다. '티끌만큼도(slightest) 알지 못한다.'라는 말은 '전혀 알지 못한다.'라는 말이다.
- ○ **Syn.** I haven't **the vaguest[slightest]** idea.=I don't totally know (about it).

**돈 11**

**그건 돈 낭비야.**
That's money down the drain. ................

- ○ **Sit.** 가지고 있는 '돈이 배수구(drain) 아래로 빠져나간다.'라고 생각하면 이해가 가능하다.
- ○ **Syn.** That is to waste money.=That is money-consuming.
- ○ **Oths.** play ducks and drakes with money to+동.원[for+(동)명사]=spend one's money like a sailor: 물 쓰듯이 돈을 쓰다
- ○ **Ant.** That is to save money.=That is money-saving.: 그건 돈을 절약하는 것이다.

**돈 12**

**너 돈독이 올랐구나!**
You are so money-oriented! ................

- ○ **Sit.** 모든 성향이 '돈만 생각하는 한 쪽 방향으로 되어있다.'라고 하니 이해가 가능하다.
- ○ **Syn.** You became mercenary.
- ○ **Grs.** '... oriented'는 '... 지향적인, ... 좋아하는, ... 본위의, ... 중심으로 한'의 뜻의 결합사다.
- ○ **Ex.** land-oriented: 토지 지향의 a male-oriented world: 남성 지향[우위]의 세계 profit-oriented: 이익 추구형의 diploma-oriented: 학력 편중의

## 돈 13

### 돈 버는 재주가 있어.
He's got the Midas touch.

- **Rf.** 이 표현은 그리스신화에서 유래한 것으로 Phrygia(프리지아: 소아시아[아시아의 서쪽 끝에 있는 흑해]·에게 해·지중해에 둘러싸인 반도-지금의 터키 일대)에 있었던 고대 국가의 왕(Midas)은 손에 닿는 '모든 것을 황금으로 변하게 했다.'라고 전해진다.
- **Syn.** He has a tremendous earning capacity.: 그는 엄청난 돈 버는 능력을 가지고 있지.

## 돈 14

### 누가 돈 벌어 오나요?
Who is the bread winner in your family?

- **Sit.** 위의 표현은 결국 '가장이 누구냐?'라는 뜻이다.
- **Rf.** 우리의 쌀(rice)처럼 bread와 bacon은 서양 문화에서는 매일 먹어야 하는 주식(staple food)을 상징했다.
- **Syn.** Who brings home the bacon?=Who makes money for your family?

## 돈 15

### 돈이 그렇게 중요해?
Is money all you think about?

- **Sit.** "돈이 네가 생각하는 **모든 것**(all)이냐?"라는 뜻은 '매일 돈만 생각한다.'라는 뜻이므로 결국 '돈만이 가장 중요한 것이라고 생각한다.'라고 볼 수 있다.
- **Grs.** Is (A) all you think about?: (A)가 네가 생각하는 모든 것이냐? all과 you 사이에는 목적격 관계대명사 that이 생략되었다.
- **Ex.** All (that) you need now is to study very very hard.: 네가 지금 필요로 하는 것은 전부 매우 열심히 공부하는 일 뿐이다.
- **Syn.** 간단히 'Does money only matter[count]?'이다.

## 🔵 16

### 돈이 다 떨어졌어.
I am broke. ..................

- **O Rf.** break의 과거분사형(broken)을 안 쓰고, 과거형인 broke를 쓴 것이 이채롭다(과거에는 과거분사였다).
- **O Cf.** 과거분사 broken을 쓰면 '고장 난(out of order=messed up)'의 뜻이다. 또한 broke는 동물이 '잘 길들여진'의 뜻도 있다.
- **O Ex.** This washing machine was broken.: 이 세탁기 고장났다.
- **O Rf.** go bankrupt: 파산하다

## 🔵 17

### 그들은 돈이 두둑해.
They have a deep pocket. ..................

- **O Sit.** 돈을 넣을 '주머니가 깊다'라는 말이 결국은 '돈이 많다'라는 뜻이므로 흥미롭다.
- **O Rf.** have **plenty of**[lots of=a great sum of=a great amount of] money=be flush of money=have a plump purse: 돈이 두둑하다 flush: 풍부한 plump: 통통한, 두둑한

## 🔵 18

### 돈이 많이 부족해.
I am hard up. ..................

- **O Sit.** hard라는 단어를 상기하면 이해가 되고, up은 이러한 뜻을 더해 주는 강의어(amplifier)다. hard up: 돈이 궁핍한
- **O Ant.** I have a deep pocket.=I have a fat[a long, a heavy, a plump] purse.: 난 주머니가 두둑하다.
- **O Rf.** 흔한 표현은 'I have little money.'이다.
- **O Cf.** I am broke.: 난 돈이 다 떨어졌다.

**돈 19**

## 돈 이리 내!
Hand over the cabbage!

- **Sit.** 우리말에도 '지폐'를 '배추잎'이라고 하는데 재미있는 우연이다.
  cabbage: 〈속어〉 돈
- **Rf.** 이밖에도 속어로 dough(밀가루)를 돈으로 부르기도 한다.
- **Cf.** buck: 1달러 돈 grand: 1천 달러 돈 nickel: 5센트짜리 동전, 속어로 5달러 지폐로 쓰기도 함 dime: 10센트짜리 돈(동전) guater: 25센트짜리 동전

**돈 20**

## 돈이 문제가 아니에요.
Money is no object.

- **Sit.** 어떤 일을 돈과 연관시키거나 돈을 가지고 해결하려고 하는데 사실은 돈과는 무관하다는 뜻을 강조할 때 쓰는 표현이다.
- **Grs.** ...no object[issue]: ...이 문제가 아니다[문제가 되는 것은 다른 데에 있다]
- **Syn.** Money is not the important matter.=Money does not count.=Money doesn't matter.=What is important is not money.=What matters is not money.

**동 21**

## 동감입니다.
That goes for me, too.

- **Sit.** 원래의 뜻이 "그것은 또한 나를 위해 간다."이므로 '상대방의 의견이나 생각과 같다고 생각할 때 맞장구치며 같은 의견을 표시' 하는 표현이다.
- **Syn.** Same here.=The same thing goes for me.=That makes two of us.=I am of your mind.
- **Cf.** I'm in[of] two minds: 난 지금 마음의 결정을 하지 못하고 있다.

## 🔵동 22

### 그는 **동물 다룰 줄 알아요**.

He really has a way with animals.

- **Sit.** 원래의 뜻이 "그는 정말로 동물들과 관련된 한 가지 방법을 가지고 있다."이므로, 다른 사람들과 비교해 더 나은 고유의 비법이나 방법을 누군가 가지고 있을 때 표현한다. 여기에서는 'a'가 여러 가지 방법들 중에 하나가 아니라 대표 단수를 의미하여 모든 것을 아우르는 것을 의미한다.
- **Ex.** A whale is a mammal.: 고래는 포유동물이다.
- **Rf.** have a way with...: ...잘 다루다

## 🔵동 23

### Smith는 아무 **동요 없이** 프러포즈를 받아들였다.

Smith accepted the proposal **without batting an eye.**

- **Sit.** 동요할 때 그 영향이 표정에 나타나기 마련이다. 그 중에 '마음의 창'인 '눈'은 가장 먼저 신호가 오는데 '눈에 깜박거림이 없다'는 것은 '마음의 동요가 없다'는 뜻이다.
- **Rf.** without agitation[unconditionally]: 동요 없이 bat: 깜박거리다, 박쥐, (야구)방망이
- **Ex.** don't bat an eye: 한숨도 못 자다

## 🔵두 24

### 열쇠를 방안에 **두고 나왔다**.

I was locked out of my room.

- **Sit.** 방 밖에서 내가 잠겨져 들어가지 못하는 맥락이므로 열쇠를 안에 두었다는 의미다.
- **Cf.** lock oneself out of one's room: 방 안에 열쇠를 두고 나오다
- **Rf.** combination lock: 숫자 조합으로 여는 자물쇠 lock up: 잠그다 lock out: 공장 폐쇄(파업으로 인해 사용자가 공장 문을 닫는 방책)

**두 25**

### 두 번째 잔은 내가 살게요.
I'll buy the second round.

- **Sit.** 일반적으로 우리의 술 문화와 다르지만 서양도 간혹 몇 회[번]에 걸쳐 술을 먹을 때가 있다. 이 경우 본인이 '다음 회[번] 술값을 낸다.'라고 할 때 쓰는 표현이다.
- **Rf.** 여기서 'round'는 '순회, 돌아가는 술잔'의 뜻이다.
- **Oths.** fifth: 다섯째 five times: 다섯 번 fifth time: 다섯 번째

**둘 26**

### 둘 다 할 수는 없잖아.
You can't have it both ways.

- **Sit.** '월명성희'라는 사자성어가 있다. '달이 밝으면 별은 어두워진다.'라는 뜻이다. '한 번에 두 가지 이득을 모두 갖는다.'라는 것은 탐욕이다.
- **Syn.** You cannot eat your cake and have it.: 너는 케익을 먹거나 남겨두거나 한 가지만 가능하다. (2마리 토끼를 잡을 수는 없다.)

**뒤 27**

### 그는 뒤로 호박씨 깐다.
He does something in people's back.

- **Sit.** 우리말에 '뒷구멍으로 호박씨 깐다.'라는 표현이 있는데 영어표현은 좀 점잖다. '사람들의 등(back) 뒤에서 무언가(something)를 한다는 뜻이기 때문에 이해가 가능하다.
- **Syn.** He does so mean thing in people's back.
- **Rf.** stab in the back: 배신하다(betray)

뒤에서 욕하지 마라[배신하지 말라].
Don't stab me in the back.

- **Sit.** 등(back) 뒤에서 '칼로 찌르는 것(stab)'은 정말로 결투(duel)에서 비열한 행동이다. 비열하게 등(back)을 몰래 찌르기 때문에 이해가 가능하다.
- **Syn.** Don't betray me.
- **Rf.** Smith does something behind people's back.: Smith는 뒤에서 호박씨 간다.

**해보라, 뒷일은 내가 책임질게!**
Just do it, I'll smoothen everything over!

- **Sit.** 어떤 일이 있을 때 성격상 그 일이 크게 번지지 않도록 '... 미연에 방지한다(nip ... in the bud)'라고 할 때 표현하는 말이다. nip: 싹둑 자르다 bud: 꽃봉오리 nipper: 철사 자르는 연장 smooth(en) over: 〈말썽 등을〉 가라앉히다[무마시키다], 탈 안 나게 하다
- **Rf.** let ... slide: ...을 눈감아 주다(let ... go)

Mary에 대한 **뒷조사를 하고 있는** 중이야.
I'm digging up something on Mary.

- **Sit.** 누군가의 비리나 비밀을 알아볼 때 쓰는 표현이다. dig: 파헤치다, 파다
- **Rf.** '무언가를 파헤치는 것(digging up)'이므로 이해가 된다
- **Cf.** dig in: ...파다, ...먹다 dig out: ...캐내다 dig-dug-dug
- **Syn.** spy into: ...(몰래) 조사하다 be (on) a spy on...

## 31

회의시간에 쓸데없이 **들락날락[왔다갔다]하지 마.**

Don't be **in and out** at the meeting session without any reason.

- ○ in and out: 들어갔다 나왔다 하는, 보였다 안 보였다 하는, 들락날락, 안팎으로, 속속들이
- ○ **Syn.** come and go incessantly=go in and out frequently= come in and out incessantly: 들락날락하다
- ○ **Rf.** to and fro: 왔다갔다, 이리 저리 back and forth=backward(s) and forward(s): 앞뒤로 왔다갔다 up and down: 위아래로 왔다갔다

## 32

너 **들으라고** 한 소리 아니야.

Don't take it personally.

- ○ **Sit.** '그것을 개인적으로[사적으로] 받아들이지 말라'라는 것은 상대방이 오해를 하거나, 오해를 할 것 같을 때 쓰는 표현으로 '진심은 그게 아니다'라는 뜻이다.
- ○ **Rf.** Don't get me wrong.=I didn't mean to do it.: 오해하지 마. My intentions were good, Teachers.: 선생님들, 이러려고 한 것이 아닙니다(오해하지 마세요).

## 🔊 33

### 들이대지 마.
Don't get nosy.

- **○ Sit.** 원래의 뜻은 "코를 갖다 대지 말라."다. 일반적으로 일부 동물들은 냄새를 맡거나 먹이를 찾을 때 주둥이(snout)를 댄다. 이를 달리 표현하면 남의 일에 '참견하다'라는 뜻이다.
- **○ Cf.** 실제로 '어떤 물건을 들이대다'는 'thrust ... before=put ... under nose' 등의 표현들이 있다.
- **○ Ex.** Smith thrust his gloves before me and told me to take it.: Smith는 그의 장갑을 나한테 들이밀고 그것을 가지라고 말했어.

## 🔊 34

### 등 떠밀려서 할 수 없이 그렇게 됐어.
I was dragged into doing it.

- **○ Sit.** 원래의 뜻은 "나는 (하는 수 없이) 끌려가져 그것을 하게 되었다."이다.
- **○ Grs.** drag는 '...질질 끌다'의 뜻으로, into는 '결과적'으로 해석하는 것이 일반적인 방법이다. '질질 끌리어 결국 ...하게 되었다'이므로 이해가 가능하다.
- **○ Rf.** can not help ...ing=can not but 원형=have no choice but to 원형 =be forced to+동.원=be compelled to 원형: ...하지 않을 수가 없다

## 따 01

**최선을 다하자 그러면 성공은 따 놓은 당상이다.**
Let's do our best and have it made.

- **○ Sit.** 이때의 'it'은 '관련된 상황'을 나타내는 대명사이며, 위의 문장에서는 성공을 의미한다. 'have it made'는 '그것[성공]이 이루어지게 하다'이므로 결국 '성공하다'라는 뜻이다.
- **○ Syn.** It's as good as success.=It's on a level with success.=It's on par with success.
- **○ Rf.** get on in life=rise in the world=have done well: 출세하다

## 따 02

**따라올 테면 따라 와봐.**
Catch me if you can.

- **○ Sit.** '숨바꼭질[술래잡기](play hide-and-seek)' 놀이나 '수건 돌리기(drop the handkerchief)' 놀이를 연상하면 이해가 가능하다.
- **○ Rf.** Catch me (at it again)!: 다시 한 번 덤벼 봐!
- **○ Oths.** Catch all: 잡동사니 주머니[그릇], 포괄적인 것, 일체를 포함하는, 다목적용의
- **○ Ex.** a Catch all term: 포괄적인 말[구]

## 따 03

**그거 정말 따분한 일이야.**
It's a **total drag.**

- **Sit.** 우리가 어떤 일을 하기 싫어할 때 온몸을 경쾌하게 이동시키기 보
  다는 귀찮음[게으름]을 갖고 질질 끄는(drag) 경향이 있다. boring
  job=dreary task: 따분한 일
- **Rf.** What a drag!: 시간 진짜 안가는구나[진짜 따분하고 지루하다]!
- **Cf.** I was dragged into doing the hiking.: 나는 마지못해 하이킹을
  하였다.

## 딱 04

**그렇게 하면 딱 좋겠군요.**
That's **the** ticket.

- **Sit.** ticket은 어떤 일을 정당하게 하기 위해 또는 자격을 얻기 위한 것
  으로 돈으로 구입한 보증수표가 될 것이다. 뭔가 고민하며 해결할
  방법을 찾다가 해결책이 나왔을 경우 하는 말이다.
- **Grs.** 이때는 정관사 the를 써주는 것이 중요하다.
- **Syn.** That's perfect.

## 때 05

**때가 되었어요.**
The time is ripe.

- **Sit.** 어떤 일을 하기 위해 '시간이 잘 무르익었다'라는 말이므로 이해가
  가능하다.
- **Rf.** It's high time to do it.: 그것을 하기 위한 최적기다.
- **Cf.** They are ripe in the desk job.: 그들은 사무적인 일에는 숙련되
  어 있다. ripe: 익은 ripen: 익다, 익게 하다

## 06

### 알맞은 때가 왔군!
None too soon.

- **Sit.** 위의 원문을 축어적으로 해석하면 '어떤 것도 너무 이르지 않다 (None is too soon./ (There is) none (that is) too soon.)'이므로 '지금이야 말로 최적기다'라는 뜻이 된다.
- **Syn.** The time is ripe.=It is high time.
- **Oths.** Time and tide waits for no man.: 시간은 사람을 기다리지 않는다.

## 07

### 모든 일엔 다 때가 있다.
There is a time for everything.

- **Sit.** 해야 할 일에는 선후 순서가 있어서 급하게 한다고 전부 되는 일이 아니다.
- **Rf.** The time is ripe.: 때가 되었다. Time is brewing=Time is picking up: 기다리던 시간이 다가오고 있다
- **Cf.** There is an order to[in] do[doing] everything.: 모든 것을 하기 위한[하는 데는] 순서가 있다.
- **Grs.** there is (A): (A)가 있다.

## 08

### 떠난 뒤에 손 흔들어 봤자야.
That ship **has** already **sailed** out.

- **Sit.** 원래의 뜻은 "배가 이미 항해해 나갔다[그 결과 더 이상 항구에는 없다]."이므로, 이해가 가능하다. 영어표현은 ship을 썼다는 것이 이채롭다.
- **Syn.** It is water under the bridge.: 다리 아래로 (벌써) 지나간 물이야.
- **Oths.** It is no use ...ing=There is no use to 동원...: ... 해봤자 소용 없다
- **Ex.** It is no use worrying about grades.: 성적에 대해 걱정해봤자 소용 없다.

## 떠 09

너의 잘못을 남에게 **떠넘기지** 마.
Don't try to **put** your mistakes **on** others.

- **Sit.** 무언가가 그릇되었을 때 본인의 탓은 하지 않고 남의 탓을 하는 사람이 있다.
- **Syn.** Don't try to **blame** your mistakes **on** others. 흔한 표현은 "You are responsible for your mistakes.: 너가 너의 잘못들[실수들]에 대해 책임을 져야만 한다."이다.
- **Rf.** put on:입(히)다, 떠넘기다

## 똥 10

그 사람 **똥배**가 나왔어.
He has a big belly.

- **Sit.** 우리말에 비하면 영어표현은 '그냥 배가 크다'라고 하니 얌전한 표현인 것 같다.
- **Rf.** big belly=pot belly(올챙이 배)=protruding belly(앞으로 나온 배)=bay window(건물 밖으로 내민 창: 똥배)
- **Cf.** love handle: 뱃살
- **Oths.** lie on one's belly[stomach]: 배 깔고 엎드려 있다 The belly has no ears.: 〈속담〉 금강산도 식후경, 수염이 대 자라도 먹어야 양반. lie (heavy) on one's stomach: (음식이) 얹히다, 체(滯)하다

## 똥이 나오려고 그래.

I feel a motion.=I feel like defecating.=I feel my bowels urge.

- **Rf.** shit=poop=poo: 대변 move bowels: 대변을 보다 piss=pee=urine: 소변 make water: 소변을 보다 Nature calls (me).= 화장실에 가고 싶다. have to poop{pee}: 대변{소변}이 마렵다

- **Ex.** feel an urge to defecate{urinate}=have a call of nature=want to relieve oneself: 대변{소변}이 마렵다 number one: 소변 number two: 대변

## 레 01

### 그 가수는 **레퍼토리가 폭넓어.**
She has a large repertoire.

- **O Sit.** 어떤 가수가 다양한 장르의 노래를 많이 소지하고 있어서 멋지게 부를 수 있을 때 쓰는 표현이다. repertoire: (상연) 목록, 연주곡목
- **O Rf.** large 대신에 wide를 쓸 수 있다.
- **O Syn.** repertory: 저장, 창고, 저장소, (지식·정보 등의) 보고
- **O Oths.** tune: 노래, 가락 tone: 음정 tone-deaf: 음치

## 토 02

### 로마에 가면 로마법을 따르라.
When in Rome, do as the Romans do.

- **O Grs.** 문법적으로 완전한 문장은 "When (you are) in Rome, do as the Romans do.(로마에 있을 때 로마인들이 하는 것처럼 하라.)"이다.
- **O Syn.** When you are at Rome, do as Rome does.=Do as they do at[in] Rome.
- **O Grs.** 접속사(when) 다음에 '주어와 be동사'를 종종 생략한다.

## 로 03

사람들과 건물들이 **로맨틱한 분위기를 자아낸다.**
People and the buildings evoke a romantic atmosphere.

- **Sit.** 비단 사람뿐만 아니라 외형적인 물건, 또는 이 둘이 합쳐져 멋진 분위기를 연출할 수 있다.
- **Rf.** evoke=create=arouse: 일깨우다, 자아내다
- **Oths.** Our team was defeated in the preliminary competition for the next World Cup, so the atmosphere in the team is heavy.: 축구 대표팀이 월드컵 예선시합에서 졌다, 그러므로 팀 분위기가 무겁다.
- **Cf.** You are the life of the party.: 당신은 분위기 메이커다.

## 로 04

베트남에서 **휴대폰 로밍이 된다.**
International roaming service is offered in Vietnam.

- **Sit.** 외국에 가서 가장 먼저 할 일이 휴대폰 로밍일 것이다.
- **Rf.** roaming(로밍): 일반적인 계약 지역 이외에서의 휴대 전화의 사용. 다시 말해, 계약하지 않은 통신회사의 통신 서비스도 받을 수 있는 것 wi-fi=wireless fidelity: 무선으로 인터넷을 할 수 있는 서비스, roam은 원래 '이리저리 돌아다니다, 어슬렁거리다'의 뜻이다.

## 🔵 05

**Mary는 우리의 롤 모델이야.**

Mary is a role model for us. ...............

- **Sit.** 누군가가 정신적, 물리적[외형적]으로 본인이 본받고자 하는 이상형이 될 때의 표현이다. role model: 모범이 되는 사람
- **Syn.** Mary is an example for us.
- **Rf.** make a model of…: …을 본보기로 하다[삼다] set … a model for…: …위한 모델로 … 삼다
- **Ex.** We set Mary a model for us.: 우리는 Mary를 우리의 모델로 삼았다.


## 🔵 06

**나는 링거주사를 맞았다.**

I got an injection of Ringer's solution. ...............

- **Sit.** 흔히 우리말 표현인 '링게르[링게] 주사를 맞다.'라는 표현의 올바른 영어표현이다.
- **Syn.** I got **saline drip**.
- **Rf.** '주사 맞는 것'을 injection이라고 하지만 구어체에서는 shot도 많이 쓴다.
- **Ex.** I got a flu shot.: 나는 유행성 감기 주사를 맞았다.

## 마 01

**마음껏 하세요.**
Suit yourself.

- **Sit.** 원래의 뜻은 "너 자신에게 마음에 들게 하다."이므로, 어떤 일을 본인이 원하는 만큼 또는 보는 사람이 원하지 않더라도 부담 없이 하도록 권유할 때 쓰는 표현이다.
- **Rf.** 여기서 'suit'는 '...의 마음에 들다'의 뜻이다.
- **Syn.** Do[Act] as you please.=Help yourself.=Be my guest.

## 마 02

**Mary의 연설은 Smith의 마음을 사로잡았다.**
Mary's speech **swept off Smith's feet.**

- **Sit.** 의미적으로 '누군가의 발들을 (떨어지도록) 쓸어내다'라는 것은 결국 '그로 하여금 가만히 있지 못하게[마음에 큰 동요가 있게] 하는 것이다'라고 볼 때 이는 '누군가의 마음을 사로잡다'라는 뜻과 같은 뜻이 된다고 볼 수밖에 없을 것이다.
- **Rf.** sweep off one's feet=captivate one's mind: ...의 마음을 사로잡다
- **Cf.** have a crush on...=be hung up on...: ...굉장히 좋아하다
- **Oths.** Mary turned Joe on.: Mary는 Joe의 마음을 사로잡았다.

## 마 03

**마음이 좀 편치 않아.**
I don't feel well about it.

- **Sit.** 어떤 일에 있어 공감(sympathy)이 되거나 동정(compassion)이 될 때 쓰는 표현이다.
- **Syn.** I don't feel comfortable[at home] about it.
- **Rf.** I feel refreshed.: 나는 마음이 개운하다. a weight off one's shoulders: 마음의 짐[걱정]으로부터 벗어난

## 마 04

**마음이 탁 놓인다!**
It was such a weight off my shoulders!

- **Sit.** 어떤 조마조마했던 일이 아무일 없이 잘 해결되었을 때 쓰는 표현이다.
- **Rf.** a weight off one's shoulders: 어깨로부터 내려놓은 짐 be[feel] quite relieved: 마음이 탁 놓이다 burden on one's mind: 마음의 부담
- **Ant.** load off one's mind: 마음의 부담이 없어짐

## 마 05

**그녀는 마음 주지 않고 튕겨.**
She's playing hard to get.

- **Sit.** 우리말에 어떤 제의나 청혼 등을 바로 받아들이지 않을 때 "그녀 비싸게 굴어."라는 표현이 있다.
- **Rf.** He is a provokingly uppish fellow.: 그는 아니꼬울 만큼 도도한 녀석이다.
- **Cf.** play hard(ball): (목적을 이루기 위해) 수단 방법을 안 가리다

## 마 06

### 마음 한 구석이 좀 불편하다.
### It doesn't **settle well with** me.

- **Sit.** 어떤 일에 대해 완전히 해결되지 않아 조금 찜찜한 상태에 있을 때 쓰는 표현이다.
- **Rf.** settle well with...: ...와 잘 해결하다 settle: 해결하다, 결제하다, 불순물들이 침전하다, 정주하다
- **Cf.** I feel discomfort in my heart.: 나는 마음속이 불편하다. It's kind of icky.: 다소 찜찜하다.

## 막 07

### 언제 막간[여흥] 프로그램이 시작되는가?
### When does a star turn begin?

- **Rf.** 'star turn'은 어떤 쇼나 프로그램이 진행되는 과정에서 주요 상영물 (the principal feature, staple at the theater, the highlight on the program) 사이나 막간(intermission, interval)을 이용해 제공하는 '관중의 흥미를 끌기 위한 여흥 프로그램'을 지칭한다.
- **Cf.** <한 무리 속에서> 가장 잘 알려져 있는 사람[짓]을 지칭하기도 한다.

## 막 08

### 막상막하예요.
### It was **nip and tuck.**

- **Sit.** 경쟁자 간에 우열을 가리기가 힘들거나 경쟁이 치열할 때 쓰는 표현이다.
- **Syn.** It's neck and neck.=It is fiercely competitive.=It is so close.
- **Rf.** 이외에도 nip and tuck은 미용외과수술(face-lifting)이라는 뜻도 있다. nip and tuck에서 'nip'은 '물건을 집어잡다' 또는 '싹둑 자르다'의 뜻이 있고, 'tuck'은 '안으로 구부려 말아 넣다', '주름을 내다'의 뜻이 있다. 이 두 단어를 합하면 '미용수술'의 이미지가 떠오른다.

**막 09**

모든 일이 **막연할 따름**이야.
Everything is still up in the air.

- **Sit.** 축어적 의미로 '모든 것이 여전히 허공 속 위에 있다.'이므로 이해가 가능하다. 우리말에도 '뜬구름 잡는 격이다'라는 말이 있다. still up in the air: 막연한
- **Cf.** in the air: ...기운이 감도는, ...하려 하는
- **Ex.** Spring is in the air.: 봄기운이 돈다.

**만 10**

**만능** 스포츠맨인 것 같아요.
I think you're **really** athletic.

- **Sit.** 운동신경(psychomotor nerve)이 발달해 모든 스포츠를 잘 하는 사람을 칭찬할 때 쓰는 표현이다. 진짜 운동적(really athletic)이라는 말은 만능 스포츠맨이 되어야 하기 때문이다.
- **Rf.** Joe looks really Korean.: Joe는 정말 한국인 같다. athletic: 운동가의[와 같은], 운동을 잘하는, 운동가용의, 강건한, 체력이 있는

**만 11**

너도 **만만치 않아.**
You're just the same as me.

- **Sit.** 본인의 허물이나 능력을 아랑곳하지 않고 상대방을 얕잡아 볼 때 반박으로 쓰는 표현이다.
- **Rf.** The same goes for me: 나도 마찬가지야, 나도 너와 동감이다
- **Cf.** Who do you think you're talking to?: 누구에게 말하고 있다고 생각해?(날 물로 보지마.) Look who is talking: 사돈 남말하고 있네

## 만 12

**나를 만만하게 보지 마.**
Don't you think I am **that easy.**

- **Sit.** 원래의 뜻이 "내가 그렇게 쉽다고 생각하지 말라."이므로 이해가 가능하다.
- **Grs.** 'you'에 강세를 주어 말할 때 위와 같은 뜻이 된다. 이때 'that'은 지시부사이며 '그 정도[그렇게]'의 뜻을 갖고 뒤에 나오는 형용사 'easy'를 꾸며준다. 'easy'는 '(상대하기) 쉬운'의 뜻이므로 이해가 가능하다.

## 만 13

**Smith는 일이 없다 그리고 늘 만취한 상태에 있다.**
Smith is between jobs and all the time **plastered.**

- **Sit.** 우리말에도 많이 취하면 '떡이 되었다'는 표현이 있는 것처럼 영어에서는 '석고반죽처럼 덕지덕지 된다(plastered)'라는 표현이 이채롭다.
- **Rf.** be plastered=black out=blank out=pass out=be wasted: 필름이 끊기다
- **Oths.** tipsy: 취기가 도는 ❸ high: 얼근하게 취한 ❸ drunk: 술 취한 ❸ plastered: 정신이 혼미할 정도 술 취한

## 만 14

**너 많이 컸다!**
You've **come a long way!**

- **Sit.** 모처럼 연락이 되어 만나서 상대방이 생각보다 어떤 면에서 '뛰어나거나 큰 발전이 있을 때' 감탄조로 하는 표현이다.
- **Grs.** 이때 현재완료(have come ...)를 써야 의미가 잘 전달된다. come a long way: 많이 발전하다, 출세하다(get on in life=rise in the world)

## 말 15

**말꼬리 잡지 마.**
Quit **twisting my words around.**

- **Sit.** 원래의 뜻은 "나의 말들을 이리저리 뒤틀지 말라."이므로 이해가 가능하다.
- **Syn.** nibble at a person's words.: 남의 말꼬리를 잡다 catch ... in one's own words: ...자신의 말로[말꼬리를 잡아] ...에게 트집 부리다
- **Ex.** Don't catch me in your own words: 말꼬리 잡아 나에게 트집 부리지 마라

## 말 16

**말도 안 되는 소리!**
It doesn't make any sense.

- **Sit.** 원래의 의미는 "그것은 어떠한 의미로 만들지 못한다."이므로 이해가 가능하다. 어떤 사실에 대한 '강한 부정'을 할 때 쓰는 표현이다. make sense: 의미를 만들다, 말이 되다
- **Cf.** make sense of...: ...을 이해하다
- **Syn.** It doesn't make any sense.=It's outrageous.=It's illogical.=It is in a pig's eye.

## 말 17

**그 말 들으니 알겠군요.**
That explains it.

- **Sit.** "그것이 그것을 설명해준다"이므로 오해하고 있거나 의중을 잘 모르고 있을 때 어떤 해명의 말을 통해 후에 그 내막을 깨닫게 될 때 하는 표현이다.
- **Rf.** I know how you feel it.: 그 심정 충분히 이해해. That explains that...: 그 말은[그것은] ...라는 것이군요

**말 18**

### 그걸 꼭 **말로 해야 되니?**
### Do I have to make it explicit?

- **Sit.** "내가 그것을 **명시적으로 보이게 해야만**[밝혀야만] 하는가?"이므로 이해가 가능하다. explicit: 명시적인[외연적인] ↔ implicit: 암시적인[내포적인], 절대적인
- **Ex.** implicit trust: 절대적 신뢰 implicit consent with smile: 미소와 함께 무언의 동의
- **Rf.** state: 겉으로 진술하다 ↔ imply: 속으로 의미하다[내포하다]

**말 19**

### **말만 하세요.**
### Just name it.

- **Sit.** 어떤 고민이나 어려운 문제, 의문 사항도 해결해줄 수 있다는 강한 자신감을 표출할 때 쓰는 표현이다.
- **Syn.** Just say the word.=Say what you want to say.=Just tell me anything.
- **Cf.** Shoot: 말을 꺼내다, <명령형> 어서 말해, 빨리 털어놔
- **Rf.** the name of the game: 어떤 일[것]의 본질

**말 20**

### Smith는 **말을 안 한다**[입을 다물고 있다].
### Smith loses his tongue.

- **Sit.** 말을 할 때는 입속에 있는 혀(tongue)가 조음 형성(articulation)에 많은 도움을 준다. 그런데 그러한 '혀가 사라졌다'라고 하니 이해가 가능하다.
- **Syn.** Smith clams up.
- **Rf.** clam up: 입을 다물다
- **Cf.** Smith, (Have a) cat got your tongue?: Smith, 왜 꿀 먹은 벙어리야?

## 말 21

### 말이 청산유수군.
### He's a good talker.

- **Sit.** 우리말에서는 말을 잘 할 때 '청산유수[푸른 산의 흐르는 물]'라는 위의 표현을 쓰는데, 이에 비해 영어표현은 '훌륭히 말하는 사람 (good talker)'이라니 그저 소박하다.
- **Syn.** He has a silver tongue.
- **Cf.** a good listener: 잘 들어주는 사람 (too much) talkative: 말이 많은

## 말 22

### 말 잘 들어라[너 착하지(... 해주지 않을래)]?
### Be a good chap[boy, girl] and ...

- **Sit.** 옛날부터 인간이 말 잘 듣느냐 아니냐는 가정교육을 받는 어린 시절로부터 시작되었을 것이다.
- **Rf.** This child obeys his parents.: 이 아이는 양친들의 말을 잘 따른다. Please note[mind=mark] my words.: 내 말 잘 들으세요. The children are as good as gold.: 이 어린아이들은 매우 말을 잘 든는다. (예로부터 '금'은 녹슬지 않고, 견고하기 때문에 귀중한 금속으로 알려져 왔다. 또한 '금석맹약(쇠와 돌처럼 군건한 약속)'이라는 표현이 있다). 아이들이 약속을 잘 지켜 말을 잘 듣는다니 이해가 가능하다.

## 말 23

### 말장난 그만 합시다.
### Let's stop playing word games.

- **Sit.** 진지한 상황으로 들어가거나 진술한 의사소통이 필요할 때 소모적으로 농담 섞인 말을 가지고 시간을 허비할 때 하는 표현이다.
- **Syn.** Let's stop playing upon words.=Let's quit fooling around.: 말장난 그만하자. play of words: 말장난
- **Rf.** an artful pun: 기교 있는 말장난

## 🗣 24

### 맘 편안히 가져.
### Loosen up!

- **Sit.** 마음을 편히 가지면 신경이나 몸의 근육이 이완되게(loosen) 마련이다.
- **Syn.** take it easy.
- **Rf.** loosen up on...=be easy on...: ... 완화하다 ↔ be hard on...: ...을 가혹하게 대하다
- **Ex.** loosen up **on** taxation: 과세를 완화하다
- **Cf.** Keep on your toes: 긴장의 끈을 놓지마.

## 🗣 25

### 너 꼭 쓰레기 같구나. 너 **맛이 갔구나.**
### You look trashed!

- **Sit.** 축어적인 의미는 "너는 쓰레기된 것처럼 보인다"이다. 이 표현은 우리말 표현과 비슷하지만 좀 센 표현인 것 같다.
- **Rf.** You look pale(faced).: 넌 얼굴이 홀쭉하구나.
- **Cf.** Your face was drawn and haggard.: 얼굴이 초췌하구나. haggard=gaunt: 초췌한, 말라빠진, 핼쑥한

## 🗣 26

### Smith가 냉장고를 **망쳐놓았지.**
### Smith **botched** the freezer.

- **Sit.** 어떤 물건을 '못 쓰게 되다'라는 자동사적인 표준적 표현은 be out of order 또는 be broken을 쓰지만 위의 표현(botch)은 좀 더 타동사적인 구어체다.
- **Rf.** botch=mess up: 엉망으로 만들다 fridge=freezer=refrigerator: 냉장고
- **Cf.** chilling cabinet: 냉동실

**망 27**

## 기말 시험을 망쳤어.
I bombed my final exam.

- **Sit.** 우리말에도 '폭탄 맞았다', 또는 '폭탄이다'라는 표현이 있는데 이를 생각하면 이해가 가능하다. 'do terrible in test'가 흔한 표현이다.
- **Ant.** do well in test: 시험을 잘 보다
- **Ex.** You are a ticking bomb.: 당신은 금방 폭발할 것 같은 폭탄이다.
- **Rf.** finals=final exams: 기말 시험 mid-term exam: 중간 시험

**맞 28**

## 맞장구 좀 쳐 줘.
**Back** me **up** here.

- **Sit.** 우리말에는 남에게 동조할 때 추임새로 '맞장구 쳐준다.'라고 표현하지만 영어에서는 '뒤에서 지지한다.'라고 소박하게 표현한다.
- **Syn.** chime in: 맞장구치다 back up: 후원하다, 지지하다
- **Rf.** 위의 표현 중에 'here'라는 단어가 중요하다.
- **Oths.** It takes two to tango.: 탱고를 출 때는 두 사람이 필요하다. (손뼉도 마주 때려야 소리가 난다)

**매 29**

## 땅에 엎질러진 유해가스는 매우 적다.
The poisonous gas spilled on the ground is very **itsy-bitsy**.

- **Sit.** 영어에서는 이처럼 작거나 귀여운 표현에는 기존의 단어를 압운형식(rhyming)과 함께 반복적으로 약간 변형시킨 반복어(reiterative)' 표현이 관례적으로 많다.
- **Ex.** itsy-bitsy: 매우 작은[적은] a itsy-bitsy spider: 매우 작은 거미
- **Rf.** tautology(유사 의미 반복어)
- **Ex.** very excellent(excellent만으로도 충분하지만 반복함으로써 의미를 강조함)
- **Rf.** reiterative(유사 음운 반복어)
- **Ex.** dilly-dally: 빈둥[꾸물]거리다, willy-nilly: 좋든 싫든(간에), itsy bitsy tweny weeny yellow polka dot bikini: 아주 조그만, 작은 노란색 물방울 비키니 (이상에서 볼 수 있듯이 반복적인 압운(rhyming)으로 시적 효과를 통해 의미를 강조함)

## 🍺 30

### 맥주병이야[수영을 잘 못해].
**I swim like a brick.**

- **Sit.** "벽돌(brick)처럼 수영을 한다."라는 것은 '당연히 가라앉을 만큼 수영을 못한다'라는 뜻이다. 일반적으로 'I am poor at swimming.'이라고 할 수 있지만, 위 문장처럼 하는 것이 더욱 실감난다.
- **Ant.** I am good at swimming.: 난 수영을 잘해.
- **Syn.** I swim to the bottom.=I sink like a rock.

## 맨 31

### 넌 왜 **맨날** 그 모양이니?
**Why are you always like that?**

- **Sit.** 누군가가 하는 일이나 행동거지가 기대에 부응하지 못하고 마음에 드는 일이 없을 때 쓰는 표현이다.
- **Rf.** 위의 문장에서는 always가 중요하다. 때문에 의사소통을 할 때 강조하여 표현한다.
- **Cf.** Don't get cute!: 수작 부리지마! Get real: 현실을 바로 보라구! Grow up!: 철 좀 들라고! Act you age!: 나이 값 좀 하라구!

## 맨 32

### 네 **맨** 얼굴을 보고 싶어!
**I wanna see the real you!**

- **Sit.** 이 표현인 경우 정관사 'the'는 필수다. 우리나라도 외모지상주의(lookism) 열풍이다. 때문에 이전의 자연 상태의 얼굴(natural look)에 대해 알고 싶어 하는 경우가 많다.
- **Rf.** a nakcd facc: 민낯 a natural bcauty: 자연미인 facc-lifting: 안면 성형 plastic surgery: 성형 수술

## 난 <u>맹세를 할 거야</u>.

I'll cross my heart.

- **Sit.** 서양에서는 어떤 것을 굳게 맹세하거나 약속할 때 성호로 가슴 (heart)에 십자(cross)를 그린다.
- **Cf.** I'll cross my fingers for you.: 행운을 빌게(I wish you good luck).
- **Rf.** swear (an oath)=vow[make a vow]=take an oath: 맹세하다 swear by...: ...에 맹세하다
- **Cf.** swear at...: 욕하다

## <u>머리에 쏙쏙 들어옵니다</u>.

That's catchy.

- **Ex.** catchy tune: 기억하기 쉬운 멜로디 catchy slogan: 재미있고 외우기 쉬운 슬로건
- **Cf.** readable은 글의 구조나 표현이 수월해 '읽기 쉬운'의 뜻이고, catchy는 '재미있어 외우기 쉬운'이라는 뜻이다. catchy phrase: 남들에게 어필하는 문구
- **Syn.** That's very easy to understand.

## 나의 이름에 <u>먹칠</u>을 할 것이다[나의 평판이 땅에 떨어질 것이다].

My name will be mud.

- **Sit.** 우리말은 더럽혀진 체면이나 명예를 벼루(inkstone)와 먹(inkstick)에 의해 만들어진 먹물(ink)을 비유해 '먹칠'이라고 표현하는 데 비해, 영어표현은 우리가 흔히 볼 수 있는 흙(mud)으로 표현한다.
- **Rf.** mud: 하찮은 것, 싸구려 경품, 더럽히다 Mary **gave** her family **bad name** because of love scandal with a married man.: Mary는 유부남과의 스캔들 때문에 가문에 먹칠(불명예)을 했다.

**먼** 36

## 네가 **먼저** 시작했잖아.
You started it first. ...............

- **Sit.** 이때의 대명사 it은 해당 상황이나 관련 내용을 의미하는 대명사이며, 둘 사이는 잘 알고 있으므로 군이 해석할 필요가 없다.
- **Ex.** What are you talking about? That guy started it first.: 무슨 소리야? 저 사람이 먼저 시작했잖아.
- **Rf.** Let's get started.: 시작합시다.

**먼** 37

## 제때에 목적지에 도달하기 위해, 우리 **먼저 출발합시다.**
To arrive our destination in time, let's **get a head start.** ...............

- **Sit.** 경마에서 말이 결승테이프를 먼저 끊을 때는 우선 말의 머리가 먼저 들어오기 마련이다. 이것을 연상하면 이해가 가능하다.
- **Cf.** I'll follow right behind them.: 내가 바로 그들을 뒤따를 것이다.
  take the lead: 선수치다(steal one's thunder)
- **Syn.** get the drop on: 기선을 제압하다, 선수를 치다

**멋** 38

## 더 **멋있어졌어.**
She became much classier. ...............

- **Sit.** 오랜만에 누군가를 만났을 때 칭찬의 말(compliment)로 하는 표현이다. 우리말에도 "야, 너 더 예뻐졌는데, 더 멋있어졌는데." 같은 표현이 있다.
- **Syn.** She had much more class.
- **Rf.** much, even, a lot, far 등은 비교급을 강조하여 더욱 더[훨씬 더]의 뜻이 된다.

**멋 39**

## 그녀는 **멋쟁이야.**
She has class.

- **Sit.** 우리말에도 '그녀는 (계)급이 달라(She is a different class.)'라는 표현이 있듯이, 영어에서는 위의 문장처럼 '(계)급을 지니고 있다'라고 표현한다.
- **Syn.** She is classy.
- **Rf.** classy: 귀족적인, 귀품나는, 상류층의, 멋진 dandy: (남성이) 멋진
- **Cf.** man-about-town: 한량

**멋 40**

## Jack은 정말 **멋진 남자**다.
Jack is really a **diamond geezer.**

- **Sit.** 모든 금속 중의 최고의 금속이라는 '금강석(diamond)'을 빗대었으니 이해가 가능하다.
- **Syn.** Jack is really dandy.
- **Rf.** geezer: 남자(guy), (특히 좀 이상한) 영감[노인] sugar daddy: 돈으로 뭇 여성을 꼬시려는 중년남자 fortune hunter: 돈을 목적으로 남성을 꼬시는 젊은 여성

**멍 41**

## 그 선수는 온몸에 온통 **멍이 들었다.**
The player is black and blue all over.

- **Sit.** 우리말에서 '온몸이 시퍼렇게 멍들다'라고 표현하는 것처럼, 영어에서는 하나 더 붙여 '검은'이라는 표현을 쓴다. 유사한 말을 씀으로써 강조를 하는 표현이라고 할 수 있다.
- **Syn.** The player is bruised all over.
- **Rf.** sprain: 삠 cramp: 쥐남(charley horse) athlete's foot: 무좀 muscle tears=muscle rupture: 근육 파열 tingle=prick=sting: 따끔거림 sinew=string=tendon: 힘줄

**명 42**

Mary의 친구, Susan은 **멍청이다.**
Mary's friend Susan is **bean brain[bonehead].**

- **Sit.** 우리말에도 '멍청이'라는 뜻의 '비어' 내지 '속어'가 많이 있는 것처럼 영어에도 매우 다양한 표현들이 있다.
- **Rf.** blockhead=fool=idiot=dorky=ass: 바보 천치, 멍청이
- **Syn.** Mary's friend Susan is bonehead. bozo=imbecile=sap: 멍청이
  (bloke=fellow=guy: 사내, 녀석, 놈)

**메 43**

속이 **메스꺼워요.**
My stomach is sick.

- **Sit.** 우리말에는 상황과 형상에 따라 아픈 상태를 다양하게 표현하지만, 영어는 'sick'이라는 단어가 문맥에 따라 다양하게 쓰인다.
- **Ex.** sick: 메스꺼운, 아픈, 멀미가 나는, 생리통이 있는
- **Syn.** My stomach is nauseous.
- **Cf.** My stomach is funny.: 속이 더부룩하다.

**면 44**

면목 없습니다.
Sorry, I have no excuse.

- **Sit.** 축어적 의미로 "미안합니다, 나는 어떤 변명도 가지고 있지 않다." 이므로, 어떤 일의 결과에 대해 상대방을 만나기에 미안하거나 볼 낯이 없을 때의 표현이다.
- **Cf.** Sorry, I am ashamed[disgraceful, shameful].: 남부끄럽습니다.
- **Rf.** No excuses.: 변명 안 됩니다. excuse: 용서하다, 변명하다 excuse me: 1)(끝을 올릴 때) 다시 한 번 말씀해주시겠어요? (끝을 내일 때) 실례합니다. 죄송합니다.

**몇 45**

## 몇 줄 써서 연락해주세요.
## Drop me a line.

- **Sit.** drop a line: 한줄 쓰다[짧은 글을 쓰다]
- **Rf.** 우리말에도 비유적으로 '몇 자(또는 몇 줄) 써서 보내요.'라는 표현이 있듯이 영어에서의 표현도 비슷하다. line: 줄[선]이라는 뜻 외에도, 간단한 말(한마디), 대사 등의 뜻이 있다. pick-up line: 꼬드기는 말 bottom line: 본론, 총계
- **Oths.** Out of line: 건방진

**몇 46**

## 이 식당은 **몇 시간 동안** 문을 여니?
## What are the hours of the restaurants in this hotel?

- **Sit.** 흔히 '몇 시간 동안'을 'how many hours'처럼만 생각하기 쉬우나 영어에서는 가격(price)이나 시간(time) 등 수량과 관련하여 표현할 때 '의문사(what)'를 활용한다.
- **Ex.** How much are these bags?=What is the price of these bags?
- **Syn.** How long does the restaurants in this hotel open?=What are the opening hours of the restaurants in this hotel?=How many hours do the restaurants in this hotel open?

**모 47**

## 내 **모든 걸 걸었어.**
## I put everything into it.

- **Sit.** 축어적 의미로 "모든 것을 어떤 대상(it) 안에 놓았다"라는 것은 '모든 것을 걸었다'라는 뜻이 된다. 다시 말해, 어떤 일에 대한 분명한 소신을 가지고 관철시키고자 할 때 쓰는 표현이다.
- **Syn.** 'I put everything on the line'으로 쓸 수 있다.
- **Rf.** I bet everything on it.: 나는 그것에 전부 내기를 하겠다.
- **Cf.** I gotta go all out.: 난 모든 것을 걸어야 해.

**모 48**

### 하지만 또 **모르지.**
But then again you never know.

- **Grs.** But then again이라는 뜻이 '하지만 그러면 다시'라는 뜻이므로 잘 음미하면 이해가 가능하다. 뭔가를 포기하지 않고 은근히 기대할 때 쓰는 표현이다.
- **Syn.** But who knows?
- **Rf.** She was early, but then again she always is.: 그녀는 일찍 왔다, 하긴 그녀는 항상 그렇다[일찍 온다].

**모 49**

### 나를 **모함**하려고 해.
He's trying to frame me.

- **Sit.** 나름의 어떤 틀(frame)에 가두어 상대방의 의중을 무시하고 제어하고 있으니 이해가 가능하다.
- **Cf.** They were framed.: 그들은 누명을 썼다.
- **Rf.** '모함하다'라는 뜻에는 'slander, entrap, set up' 등이 있다 back stab: 뒤에서 찌르다, 모함하다 belie: 모략하다

**몰 50**

### 수업 중에 **몰래 빠져나왔다.**
I just sneaked out of the class.

- **Sit.** '몰래[슬며시] ...하다'의 영어 표현은 'sneak'라고 한다.
- **Ex.** sneaky boy: 좀도둑
- **Rf.** sneakers: 실내운동선수들의 신발(소리가 안 나고 미끌어질 듯이 부드러움) 때문에 기본적으로 영어표현에 sneak가 나오면 '남몰래[슬며시] 무엇을 한다.'라는 의미가 포함되어 있다.
- **Syn.** I just slided out of the class.=I just slipped out of the class.

## 몸 51

**단지 몸만 와.**
Just bring yourself.

- **Sit.** 축어적 의미는 "너 자신만 데려와라"이므로 이해가 가능하다. 어떤 모임이나 파티에 초대받아 가게 될 때 주인이 방문하는 손님에게 아무것도 가져오지 말라고 **미리 말하는**[부담을 주지 않는] 표현이다.
- **Rf.** No (full) dress.: 정장 필요 없음. Stand no ceremony.: 의식 필요 없음. BYOB=Bring Your Own Booze: 주류는 각자 지참 할 것

## 몸 52

**몸매가 엉망이에요.**
I am out of shape.

- **Cf.** She is constructed.: 그녀는 몸매가 좋다.
- **Rf.** well-made person: 몸매가 좋은 사람 have a good figure=be fair of form: 몸매가 좋다 I am in good shape.: 나는 몸매가 좋다. in tip-top condition: 몸 상태가 좋은 watch one's figure: 몸매관리를 하다

## 몸 53

**가서 몸소 확인해 보자.**
Let's go and have a look-see.

- **Sit.** 영어에서 어떤 환경[상황]을 강조할 때 '의미 중첩어(tautology)'나 '유음 반복어(reiterative)'를 쓴다. 위의 표현도 비슷한 의미의 'look'과 'see'를 같이 써서 뜻을 강조하고 있다.
- **Rf.** a look-see: 대충검사, 시찰
- **Syn.** 보통은 'Let's go and check it out'이다.

## 몸 54

### 몸이 가뿐해.
I feel light.

- **Sit.** 병이 나거나 호전될 때, 또는 심적으로 고민하거나 힘들었던 일이 잘 해결되어 기분이 업그레이드 된 상태일 때 쓰면 좋다.
- **Syn.** I am on an up.: 나 지금 기분이 좋아.
- **Ant.** I feel heavy.
- **Rf.** I am under the weather.: 나는 몸이 찌뿌둥하다.

## 못 55

### 어휴! 넌 아무도 못 말린다니까.
Ah, nobody can stop you.

- **Sit.** 축어적 의미는 "어휴, 어떤 사람도 너를 멈추게 할 수는 없다."이므로 이해가 가능하다. 누군가가 어떤 일에 대해 굉장히 능동적이고 열정적일 때 그 사람을 제어하지 못해 핀잔하거나 또는 은근히 칭찬하며 하는 말이다.
- **Rf.** nobody.=not ... any body

## 못 56

### 야, 네가 못하는 게 뭐니?
What is it (that) you can't do?

- **Sit.** 축어적 의미는 "네가 할 수 없는 그것은 (도대체) 무엇이냐?"이므로, 상대방이 모든 면에서 능력이 있고 어떤 것을 잘 해낼 때 칭찬 반 부러움 반으로 표현할 때 쓰는 말이다. 수사 의문문이라고 보면 그 반대의 뜻이 아니겠는가?
- **Syn.** You are all around.=You are a utility man.=You are a jack-of-all trades.: 너는 팔방미인이다.

## 무게 잡지 마.
Don't try to act tough.

- **Sit.** 우리말은 '무게를 잡는다.'라고 표현하는 데 반면, 영어는 'tough'를 쓴다는 것이 이채롭다.
- **Cf.** 'Show dignity: 위엄[품위]을 보여주다 실제로, 근엄하게 무게를 잡을 때 표현하면 제격이다.
- **Rf.** act+형용사: ...처럼 행동하다[연기하다]
- **Ex.** act big: 거들먹거리다

## 맥주는 무료입니다.
Beer is on the house.

- **Sit.** on the house: 주체 집에서 내는 한턱으로, 무료로, 경영자[가게] 부담으로
- **Ex.** Here is a salad for you. It's on the house.: 당신을 위한 샐러드가 있어요. 그것은 무료입니다.
- **Rf.** All you can eat[AYCE]: 무한 리필(Unlimited food)
- **Cf.** 일반적인 식당에서 무료는 free(of charge)이다.

## 그는 무서움을 잘 타요.
He's afraid of his own shadow.

- **Sit.** 어렸을 적에 밤에 혼자 걷다 보면 누가 뒤에서 따라오는 것처럼 자기의 발소리에 스스로 놀라 무서움을 느낄 때가 있다. 위의 문장을 축어적 의미로 보면 "그는 그 자신의 그림자에 무서워한다."이므로 이해가 가능하다. 그렇다면 그림자가 비추어지지 않는 깜깜한 밤에는 어떨까?
- **Sit.** own-은 소유격 강조할 때 쓰이므로 강조하여 말한다.

### 무슨 말을 하는 거야?[내가 잘 듣고 있는 거야?]
Did I hear you right?

- **Sit.** 상대방이 말하는 뜻[의미]을 본인이 잘 이해하고 있는지 또는 상대방이 말하는 뜻[의미]이 판단하건데 분명히 미심쩍어 보일 때 되묻는 표현이다.
- **Syn.** Did I follow you well?
- **Cf.** Smith, are you with me?: Smith, 내 말 알아듣고 있는 거니? Am I clear?=All is clear?: 잘 이해하지?

### 나의 친구 한명이 **무심코 비밀을 누설하고 있어.**
One of my friends is **spilling the beans.**

- **Sit.** 어떤 일화에서 비롯된 표현인 것 같다. 둘 사이에 약속했던 표시로 자연스러운 듯이 콩을 의도적으로 흘림으로써 상호간에 어떤 사전 약속의 비밀을 여는 무언의 의사소통을 하고 있다.
- **Rf.** spill the beans: 무심코 비밀을 누설하다, 입을 잘못 놀리다, 자백하다
- **Syn.** let the cat out of the bag: 비밀을 누설하다

### 무엇하고 있어요?
What are you **up to?**

- **Sit.** 지금 하는 일을 묻는 표현이다.
- **Syn.** What are you doing now?
- **Rf.** be up to...: ...종사하다, ...하려고 하다
- **Cf.** up to+명사: ...까지
- **Ex.** The water came up to my neck.: 물이 나의 목까지 올라왔다.
  up to 60kg: 최고 60kg까지(스포츠의 체중에 따른 출전 자격을 언급)
- **Ant.** down to 60kg: 최하 60kg까지

## 무효입니다.

It's null and void.

- O **Sit.** 비슷한 의미의 두 개의 단어(null and void)를 중첩적으로 씀으로써 강조하고 있다.
- O **Rf.** These votes are invalid.: 이 투표들은 (법적으로) 무효입니다.
- O **Cf.** valid: 유효한 spoiled vote: 무효표
- O **Rf.** tautology(유의어 반복 어구: 중첩어): 뜻이 비슷하거나 같은 표현을 반복하여 씀으로써 의미를 강조하는 것

**문 64**

## 문제가 점점 커지고 있습니다.

We're getting deeper into this.

- O **Sit.** 축어적 의미로 "우리는 이것 속으로 더욱 깊이 들어가고 있다."이 므로 어떤 사태에서 빠져나오지 못하고 오히려 빠져들고 있으니 이 해가 가능하다.
- O **Rf.** Things start to go wrong.=Things are getting complicated.: 일 이 꼬이기 시작했다.
- O **Grs.** It is bright.: 날씨가 밝다. It gets bright.: 날씨가 밝아진다. It's getting bright.: 날씨가 밝아지고 있다.

**문 65**

## 문제는 바로잡되 비난은 하지 말라.

Fix the problem, not the blame.

- O **Sit.** 어떤 일을 좋은 방향으로 나가고자 할 때 좀 더 거시적으로 관대 하게 일을 처리할 때 쓸 수 있는 표현이다. 일을 잘 해결하려면 상 대방에 대한 비난(blame)보다는 합리적 비판(criticism)이나 토론 (discussion) 또는 협의(negotiation)를 거쳐 문제를 합의하거나 해결 하는 것이 낫다.

## 66

**날 물로 보지 마.**

**Who** do you think **you're talking to?**

- ○ **Sit.** 축어적으로 해석하면 "너는 (감히) 누구에게 말하고 있다고 생각하니?" 다시 말해 "네가 지금 말하고 있는 사람이 다름 아닌 나란 말이야."이므로 이해가 가능하다.
- ○ **Grs.** 위의 표현을 'Do you **think** who **you're talking to?**' 하면 틀린다. 'Do you **know** who is talking?'은 맞다. 판별법: Yes/No로 응답할 수가 없으면 의문사(예시문 속 who처럼)가 문장 앞에 온다.

## 67

**나 회사에서 물 먹었다.**

I got canned.

- ○ **Sit.** '누군가를 해고하다' 할 때 'can'이라는 단어를 쓴다는 것이 이채롭다.
- ○ **Rf.** be dismissed=be fired=be cut=get a pink slip: 짤리다, 해고되다
- ○ **Cf.** lay off: 일시적으로 해고하다
- ○ **Oths.** I can can fruit.: 나는 과일을 통조림 할 수가 있다. hire or fire: 고용이냐 해고냐 I'm between jobs at the moment.: 나는 지금 놀고 있다.

## 68

**Smith는 물불 안 가려.**

Smith goes through fire and water.

- ○ **Sit.** 축어적 의미로 "Smith는 불과 물을 통과한다[체험한다]."이므로 이해가 가능하다. 우리말 표현에도 있는 것처럼 '성격이 다혈질이라 불같아서 본인이 할 마음이 있는 것은 앞뒤 안 가리고 처리할 때' 쓰는 표현이다.
- ○ **Rf.** play hardball: 엄한 조치를 취하다, 무턱대고 하다, 물불 안 가리다

## 🔲 69

### 물 좋다.
That place rocks!

- **Sit.** 파티장이나 공연장 같은 곳에서 원하는 파트너가 많을 때 속어적으로 사용하는 표현이다. 우리말에도 있다.
- **Syn.** That place kicks.
- **Rf.** rock: (흥분·감격 따위로) 동요하다, 감동하다
- **Ex.** The hall rocked with laughter.: 홀은 웃음소리로 떠들썩했다.

## 🔲 70

### 물 흐리고 있네!
You're ruining our image!

- **Sit.** 축어적 의미로 "너는 우리의 이미지를 망치고 있어."이므로 이해가 가능하다. 어떤 모임에서 분위기를 망치거나 진행 과정을 방해할 때 적절한 표현이다.
- **Syn.** Stop dirtying our image.
- **Rf.** That place kicks.: 물 좋다.
- **Cf.** 그림이나 인쇄된 이미지가 흐릴 경우는 blurry를 쓴다.
- **Ex.** This copy is so blurry.: 이 복사본은 흐릿하다.

## 🔲 71

### 뭐가 어떻게 됐다고?
How'd[How did] what go?

- **Sit.** 축어적 의미는 "무엇이(what) 어떻게(How) 되어갔니(go)?"이므로 이해가 가능하다. 상대방에게 그가 말하는 내막에 대해 잘 알지 못해 던지는 말이다.
- **Rf.** Tell me the whole story.: 자초지종을 말하라.
- **Grs.** How do (A) go?: (A)가 어떻게 돼가니?
- **Ex.** How does your presentation preparation go?: 너의 발표 준비는 어떻게 돼가니?

**뭐 72**

## 뭐라고 감사를 드려야 할지 모르겠습니다.
I can't thank you enough.

- **Sit.** 너무나 감사한 나머지 몸 둘 바를 모를 때 쓰는 표현이다. '아무리 감사해도 충분히(enough) 감사를 할 수 없다'니 이해가 가능하다.
- **Syn.** Thanks a million.=I can not appreciate enough.
- **Cf.** I don't know how to apologize to you.: 나는 당신께 뭐라고 죄송하다고 (말)할 수가 없네요.

**뭘 73**

## 그냥 그렇다고 해, **뭘 자꾸 따져?**
Just say it, don't argue.

- **Sit.** 누군가를 지도하거나 타이를 때 다소곳이 듣지 않고 자꾸 말대꾸 (talking -back)할 때 쓰는 표현이다.
- **Cf.** No excuse. **Don't answer back**[Don't talk back].: 변명하지 마. 말대꾸하지 마.
- **Rf.** discuss: 어떤 주제에 대해 자유롭게 토론하다 debate: 어떤 주제에 대해 찬반으로 나누어 토론하다 argue: 논쟁하다, 주장하다

**미 74**

## 미안해 할 것까지는 할 필요 없어.
There's nothing to be sorry about.

- **Sit.** 상대방이 가벼운 실수를 했을 때 상대방이 미안하다고 표현하는 과정에서 배려하는 뜻에서 대꾸하는 표현이다.
- **Syn.** There is no need to say sorry.
- **Grs.** There is nothing+to+동.원...=There is no need+to+동.원...: ...할 필요는 없다.
- **Cf.** It is of no use+to+동.원...=It is useless to+동.원: ...하는 것은 소용 없다 It is impossible to+동.원=There is no+동명사: ...하는 것은 불가능하다

**미 75**

## <u>미운 정</u> 고운 정 다 들었다.
I've got mixed feelings for her.

- ○ **Sit.** 축어적 의미는 "나는 그녀에 대해 (여러 가지) 뒤섞인 감정들을 가져 왔다."이므로 이해가 가능하다.
- ○ **Rf.** become familiar with...=get intimate with...=grow fond of...=become attached to...: ...에 정들다
- ○ **Cf.** be familiar to...=be known to...: ...에게 알려져 있다
- ○ **Cf.** be famous for: ...유명하다

**미 76**

## 너 때문에 <u>미치겠어.</u>
I'm (dehydrated and) drained because of you.

- ○ **Sit.** 우리말은 '기운[맥]이 빠진다.'라고 하지만, 위의 영어표현에서 '몸이 탈수가 된다.'라고 하니 이채롭다. drained=exhausted=worn out=burnt out: 녹초가 된
- ○ **Rf.** dehydrated: 탈수가 된 burn out: (심신의) 소모, (스트레스에 의한) 정신·신경의 쇠약
- ○ **Syn.** I was mad at you.=I was pissed off because of you.: 나 너 때 문에 뿔났어.

**민 77**

## 당신은 <u>민박집 있어요?</u>
Do you have a private residence temporarily taking lodgers?

- ○ **Sit.** 과거에 서양에서는 개인의 집은 마치 성(castle)처럼 외부에 공개를 하지 않는 것이 통례였다. 하지만 요즘은 외부에서 온 관광인들에 게 우리나라처럼 스스럼없이 비워주는 있는 이른 바 '민박(take lodgings)'이라는 문화가 자리 잡는 모습이 많이 늘어난다.
- ○ **Rf.** a home-stay: 민박 take lodgings at a private house: 민박하다

## 📖 78

뭔가 **믿는 구석이** 있어, 그렇지?

You've got somebody behind you, huh? ................

- **Sit.** 누군가 어떤 일이나 말을 할 때 거침없이 하거나 상대방을 의식하지 않아 반감을 살지도 모르는 상황을 빗대어 어느 정도 이해할 때를 말한다. '뒤에 누군가를 가지고 있다'를 보면 이해가 가능하다.
- **Rf.** somebody: 의문문[부가 의문문 포함]에 쓰일 때는 말하는 사람이 상대방에 긍정적인 대답을 기대할 때 쓰인다.
- **Cf.** anybody: 긍정문에 쓰일 때는 '양보'의 뜻(...일지라도, ...든지)이 있다
- **Ex.** Anybody can solve this math problem.: 어떤 사람이라도 이 수학 문제는 풀 수가 있다.
- **Rf.** I have many[lots of] strings to pull.=I have connections.: 나는 많은 연줄을 가지고 있다구.

## 📖 79

**밑져봐야 본전이다.**

It doesn't hurt to try. I've have nothing to lose. ................

- **Sit.** 어떤 일을 했을 때나 할 때 실제적으로 손해 보는 일이 없다고 생각할 때 충언하는 말이다.
- **Grs.** It doesn't hurt to...: ...하는 것은 해롭지 않다[덧나지 않는다]
- **Ex.** It doesn't hurt to double-check your room in case it is stolen when you go out.: 외출할 때 도난을 대비하여 방들을 다시 꼼꼼히 체크한다고 해서 전혀 해로운 것이 아니야.

**바 01**

Smith는 **바가지 썼다.**
Smith paid through the nose.

- **Sit.** 얼굴의 전체를 대표하는 코를 사용하면서 지불했다니 잘 생각하면 이해가 가능하다.
- **Syn.** Smith was charged high.=That's rip-off for Smith.
- **Cf.** That's much more than the usual.: 생각보다 가격이 더 나왔어.
- **Ant.** 그거 잘 샀어.: That's good buy.
- **Rf.** clip-joint[tourist trap]: 관광지에서 손님들에게 바가지 씌우는 가게

**바 02**

날 **바람맞혔어요.**
She stood me up.

- **Sit.** 만나기로 한 나를 그녀가 나타나지 않고 계속 서있게 했으니 이해가 가능하다.
- **Syn.** She jilted me.=She bailed on me.=She blew me off.
- **Grs.** keep ... waiting in vain: ...를 헛되이 기다리게 하다
- **Cf.** She is two-timing me.=She is cheating on me.: 그녀는 나 몰래 바람피우고 있어요.

**반 03**

아니야, 그 **반대야[반대방식으로 하는 것이야].**
No, it is **the other way round.**

- **Sit.** 어떤 일을 할 때 반대형식으로 해야 한다는 것을 일러줄 때 하는 말이다.
- **Cf.** to put (it) the other way=stated reversely: 뒤집어 말하면 on the opposite way[side]: 반대 방향에[으로][쪽에[으로]] inversely=conversely=upside down: 거꾸로 inside out: 안쪽을 밖으로

## 반 04

**반말하지** 마.
Watch the way you're speaking.

- **Sit.** 누군가가 반말을 하고 있을 때 "네가 말하는 방식(어떻게 말하는지)을 스스로 관찰해 보라"라는 뜻이므로 이해가 가능하다.
- **Syn.** Don't talk roughly.=Don't speak impolitely.
- **Oths.** Don't talk down to me: 깔보지 말아요(Don't hold me so cheap)
- **Rf.** honorific: 존칭어, 경칭의 You have no respect.: 넌 예의[싸가지] 없구나.

## 반 05

누구라도 그녀에게 **반할 거야.**
Anyone would fall for her.

- **Sit.** 누구를 보고[누구 때문에] 스스로 무너진다는 말은 얼마나 멋이 있으면 그렇겠는가? fall for...: ...매우 좋아하다[반하다](have crush on), ... 속다
- **Ex.** Don't fall for his tricks.: 그의 계략에 속지 마라.
- **Syn.** be nuts about...: 홀딱 반하다
- **Rf.** be hung up on...: ...를 사랑하여 생각이 마음속에서 떠나지 않다

## 밤 06

Smith는 **밤새 공부하고 있다.**
Smith is **burning the midnight oil.**

- **Sit.** 우리나라처럼 서양도 과거에는 공부할 때 호롱불을 사용했을 것이다. 한밤의 등불기름을 태우고 있으니 이해가 가능하다.
- **Syn.** study all night long=study all night through=study all through the night: 밤새워 공부하다
- **Rf.** I'm cramming for the test.: 시험을 위해 벼락공부하고 있다.

### 너는 **밥만 축낸다.**
You are not worth feeding.

- **○ Sit.** 일한 자만이 음식을 먹을 자격이 있는데 음식을 먹을 가치가 없다니 얼마나 일을 안 했으면 그렇게 말했을까 생각해보라.
- **○ Rf.** live an idle life=eat the bread of idleness=idle one's time away: 무위도식하다
- **○ Grs.** worth while to+동.원=worth 동명사: ...할 가치가 있다
- **○ Cf.** worth while 동명사(x)

### 그는 정말 **밥맛이야!**
He is **such a wet noodle!**

- **○ Sit.** 축어적 의미는 "그는 대단한 젖은 국수야!"이다. 국수가 물에 불어서 축 늘어진(flaccid) 상태를 상상해보라.
- **○ Rf.** wet noodle: 멍청이, 호인, 계집애 같은 남자(sissy boy)
- **○ Cf.** 'wet noodle(물에 젖은 부드럽고 늘어진 국수)'은 '건조할 때 길고 곧게 뽑은 스파게티 국수(spaghetti noodle)'와 비교가 된다.

### 넌 내 **밥이야.**
You are my food!

- **○ Sit.** 나에게는 항상 모든 면에서 대적이 안 되니 나의 밥일 수밖에...
- **○ Syn.** You are my dupe.=You are my fair game.
- **○ Rf.** fair game: 금렵이 해제된 새[봉] ↔ forbidden game: 금렵조
- **○ Cf.** You are no match[rival] for me.=You are no game with me.: 너는 나의 적수가 안 돼.

## 방 10

**너는 네 방식으로 해라, 나는 내 방식으로 하련다.**
You go your way, I'll go mine.

- **Sit.** 상대방과 의견이 안 맞거나, 자기가 판단하기에 매우 중요하다고 생각하는 것을 끝까지 포기하고 싶지 않을 때 하는 말이다. go one's way: 자기의 고집을 부리다(have one's way)
- **Cf.** I am what I am, (so) I do what I do.: 나는 나야 (그러므로) 나는 내가 하는 것을 한다.

## 방 11

**그녀는 방향에 대한 감각이 굉장히 뛰어나.**
She has a sixth sense for directions.

- **Sit.** 5가지 감각인 '시각(a sense of sight), 청각(a sense of hearing), 후각(a sense of smell), 미각(a sense of taste), 촉각(a sense of touch)'만을 가지고 있는 것이 일반 사람들인데 그 외에도 여섯 번째인 '육감(a sixth sense)'을 한 가지 더 가지고 있으니 대단한 감각의 소유자다.

## 버 12

**과연 얼마나 버틸 수 있을까?**
How long could it last?

- **Sit.** 축어적 의미가 "그것은 얼마나 오랫동안 지속될 수 있을까?"이므로, 이는 어떤 어려운 일을 참고 견디어 낼 때 그 과정을 의심하면서 하는 말이다. 물론 의심하지 않고 순수한 뜻으로 버틸 수 있는 시간을 표현할 때 쓰일 수 있다.
- **Grs.** 이때 it은 막연한 관련 상황을 지칭하며 해석하지 않는다.
- **Rf.** resist=hold one's ground=endure: 버티다

## 별 13

**벌써 다 끝내다니!**
You can't be done already!

- **Sit.** 축어적 의미는 "네가 이미 끝냈을 리가 없다[만무하다]."이므로, 이는 '생각보다 그렇게 빨리 끝나다니 이해할 수가 없다.'라는 놀라움의 표현이 된다.
- **Syn.** How fast you finished! I can't believe.
- **Rf.** cannot+동.원=...할 수가 없다, ...일리가 없다
- **Grs.** could[can] not have pp: ...했을 리가[...였을 리가] 없다.

## 벼 14

**나는 기말시험을 위해 벼락공부를 해야만 한다.**
I have to cram for my finals.

- **Sit.** 우리나라나 서양이나 공부를 꾸준히 매일매일 하는 학생들은 거의 없나 보다.
- **Rf.** finals: 기말시험(final exams) mid-term exam: 중간시험 cram: 벼락공부 하다, (단기간에 지식 따위를) 채우다[쑤셔 넣다] a private institute=a private cram school: 사설 학원

## 벼 15

**벼룩의 간을 내먹어라[무리한 짓[요구]을 하는구나].**
You're trying to get blood from[out of] a stone.

- **Sit.** 무생물인 돌에는 혈류가 흐르지 않는데, 전혀 얼토당토한 것을 무리하게 요구할 때 쓰는 표현이다.
- **Syn.** skin a flea for its hide (and tallow): 〈축어적 표현〉 가죽(hide)과 수지(tallow)를 위해 벼룩의 가죽을 벗기다, 〈소통적 의미〉 벼룩의 간을 먹다
- **Ex.** Why don't you skin a flea for its hide and tallow?: 벼룩의 간을 먹지 그래?

## 변 16

### 그 사람 변태야.
He is a pervert.

- **Sit.** 서양이나 동양이나 고금을 막론하고 변태성욕자는 있기 마련이다. 원래 pervert는 '타락자, 배교자, 변절자'란 뜻이다. 원래 '변태성욕자'는 'sexual pervert'이다.
- **Rf.** sexual perversion=abnormal sexuality[sexual desire]: 변태성욕
- **Oths.** groping: 손으로 더듬는 것 grooming: 친절함을 가지고 누구에게 성적으로 다가가는 것 (원래는 동물이 진드기 등을 제거하는 일이나 사람들이 외모에 신경쓰는 일이었음)
- **Cf.** 흔히 성폭력은 sexual violence라고 쓰지 않고 sexual harassment[misconduct, assult]라고 표현한다.

## 별 17

### 그게 뭐 대수냐[별것도 아니구먼]
Bully for you, etc.

- **Sit.** 어떤 일이 소문이나 누군가에 의해 대단하다고 생각하고 있다가 막상 알아보니 그다지 별것이 아닐 때 약간 속았다는 느낌과 안도의 심정으로 하는 말이다.
- **Cf.** Bully for you.: 잘한다(=Good for you).
- **Rf.** Well, bully for you!: 아휴, 장하기도 하시지! play the bully: 약한 자를 괴롭히다 bully: 멋진, 괴롭히는 사람 harassment=hazing: 괴롭힘

## 별 18

### Smith는 별난 사람이다.
Smith is a wacko.

- **Sit.** wacko[wacky guy]: 행동이나 생각이 남과 색다른 사람으로 괴기한 짓을 하는 사람을 칭한다.
- **Syn.** freak=flake=geek=real oddball
- **Cf.** weird person: 괴상한 녀석
- **Rf.** 한 때 마이클 잭슨의 아동 성추행을 Jackko(Jackson+wacko의 준말)라고 표현한 적이 있다.

## 보 19

### 그저 <u>보면 아는 정도</u>죠.

I know only myself by sight.

- **Sit.** 만나면 고개 정도만 끄덕거리는, 다시 말해서 '가볍게 인사만 하는 정도'이므로 깊게 교분을 쌓은 관계는 아니다.
- **Cf.** nodding acquaintance: 인사 나누는 정도의 안면, 피상적인 지식
  kissing cousin: 만나면 가벼운 키스 정도만 할 수 있는 친척
- **Rf.** I don't know him by sight and know just him by name.: 나는 그를 보지는 못했고 단지 이름으로만 알고 있다.

## 보 20

### 그는 <u>보이는 게 다가 아니</u>야.

There's more to him than meets the eye.

- **Sit.** "눈을 만족시키는 것보다 그에게는 더 많은 것이 있다."라는 말은 결국 "보이는 게 다 아니야."라는 뜻이 된다.
- **Rf.** Don't judge the book by its cover.=Appearance(s) is(are) deceptive.=Never judge from appearance.=It is not the beard that makes the philosophers(철학자를 만드는 것은 그의 턱수염이 아니다).: 외모 갖고 판단하지 말라.

## 보 21

### <u>보자 (보자) 하니</u> 해도 너무한다.

I let it go, but this is too far.

- **Sit.** 처음에는 그냥 지나치게 했으나(I let it go), 그것으로 끝나는 것이 아니라 필요 없는 짓을 계속하므로 '너무했다(this is too far)'라는 소리가 나온다.
- **Rf.** let it go=let it slide=pull any punches: 지나가게 하다, 봐주다
  Smith, apologized to her wife. And she will **pull any punches,** this time.: Smith, 아내한테 잘못을 사과했다. 그리고 이번에 그녀는 **봐줄 것이다.**

124

**보 22**

### Smith는 <u>보잘 것 없는 남자야.</u>
Smith is a shrimp. ................

- **Sit.** 등이 굽은 새우의 외형을 보면 왜 이렇게 표현하는지 충분히 의미가 있다.
- **Rf.** shrimp: 작은 새우, 꼬마, 난쟁이, 보잘것없는 사람 prawn: 참새우, lobster: 닭새우[바다가재], (크기의 순으로 따지면) shrimp ❸ prawn ❸ lobster이다.
- **Cf.** cray fish: 가재
- **Ant.** Smith is something.: Smith는 대단한 존재야. ↔ Smith is nothing.: Smith는 별 볼 일 없는 존재야.

**복 23**

### 복수를 하고 말거야.
I'll get you for this. ................

- **Cf.** I'll get you.: 가만두지 않을 거야.
- **Syn.** I'll revenge you for this.=I'll get even with you for this.=I'll get back at you for this.
- **Rf.** Get you[him, her, them]!: (상대방 또는 제3자의 자만하는 말에 대해 경멸적으로)그래 장하다, 잘났다!

**본 24**

### 상대방의 <u>본능적으로 첫 번째 나오는 반응</u>에 유의하라.
Watch the opposite's **gut reaction**. ................

- **Sit.** 'love at first sight(첫눈에 반하는 사랑)'처럼 처음에 대한 것들이 진실하고 본질적일 수가 있다. gut reaction: 본능적인 반응
- **Cf.** gut: 내장, 용기, 마음속 본능적인 느낌
- **Ex.** He has (a lot of) guts.: 그는 (두둑한) 배짱이 있다.
- **Oths.** action and reaction: 작용과 반작용

**본 25**

자, **본론 얘기나**[사업 얘기나] 해봅시다.
Now, let's talk shop.

- **Sit.** 남들과의 모임에서 주제와 동떨어진 이야기(잡담이나 정담 등)를 하다가 본 주제로 다시 들어가게 될 때 하는 표현이다.
- **Cf.** Don't get sidetracked.: 엉뚱한 얘기로 빠지지 말라. talk shop: 입씨름, 자기만의 일(전문적인 이야기)을 하다 talking shop: 잡담 장소
- **Oths.** Let's get down to business.: 본론 얘기를 합시다.

**본 26**

본때를 보여주겠다.
I'll teach you a lesson.

- **Sit.** "본때를 보여주겠다."라는 말을 수업, 교훈의 뜻을 가진 'lesson'이라는 말로 에둘러 표현하기(periphrasing)를 했다.
- **Rf.** a talking-to=a piece of one's mind: 따끔한 충고
- **Syn.** I am ready to kick some ass!: 정말 본때를 보여주고 말 거야.

**본 27**

사랑의 **본질**은 무언인가?
What is **meat and potatoes** of love?

- **Sit.** 축어적 의미는 "사랑의 고기와 감자는 무엇입니까?"이다. '고기'와 '감자'는 영어권에서 매일 먹는 주식의 가장 기본이 되고 중요한 음식이다. 다시 말해, 매일 먹는 음식의 본질(the name of the game)이 된다. meat and potatoes: 중심부, 기초, 근본
- **Rf.** somebody's meat and potatoes: ...가 좋아하는[잘하는] 것, 기쁨

## 28

시내에 좀 **볼 일이** 있어요.
I've got **a few errands to do** in town.

- ◯ errand: 심부름 go on errands: 심부름 가다 go on errands for...:
  ...의 심부름 가다 send ... for errands: ...를 심부름 보내다 personal
  errands: 개인 용무 go on a fool's errand: 헛수고하다
- ◯ **Rf.** What's on your mind?: 용건이 뭐야? personal affairs: 개인 사정

## 29

Harry Potter는 꼭 **봐야만 하는 것**[작품]이지.
Harry potter is a **must-see.**

- ◯ **Grs.** 'must see' 하면 "... 보아야 한다."라는 2개의 단어로 된 뜻이지만,
  중간에 하이픈(hyphen)으로 이어지면 '보아야만 하는 것'이라는
  하나의 단어가 된다.
- ◯ **Ex.** must-have: 꼭 가져야만 하는 물건
- ◯ **Rf.** must: (a)필수적인, (n)필수물
- ◯ **Ex.** must subject: 필수 과목 a sightseeing must: 반드시 구경해야 할
  관광 물(관광 필수물)

## 30

좀 **봐 주면서 해라**[불쌍하다].
Be a little gentle with him.

- ◯ **Sit.** 상대방을 인정사정없이 강하게 밀어붙이다(won't pull the punches)
  가 아니라 상대방을 이해하면서 부드럽게 대하라는 뜻이다. be
  gentle with...=go easy on...=be soft on...: ...편하게 대해주다,
  ...봐주다
- ◯ **Rf.** be hard on...: ...심하게 대하다 have clemency: 아량[선처]을 베풀다

**어머, 부끄러워.**

Oh, I'm so embarrassed.

- **Sit.** 뭔가 어떤 일에 대해 민망하거나 수줍은 태도를 가지고 반응할 때 쓸 수 있는 좋은 표현이다.
- **Rf.** hide one's face for shame: 부끄러워 낯을 가리다 blush with shame: 부끄러워 얼굴이 붉어지다 be ashamed to face: 부끄러워 낯을 들지 못하다
- **Syn.** I felt so awkward[ashamed=disconcerting].

**너무 부담 갖지 마.**

Don't be so burdensome.

- **Rf.** 물건을 팔 때 주인은 'Please take a look' 같이 표현하는 때가 많다. Don't feel pressured.: 부담 갖지 말고 보세요.
- **Cf.** troublesome man: 귀찮은 사람 bothersome side effect: 성가신 부작용 burdensome: 부담이 되는, 짐이 되는 burden: 부담, 짐

**내가 부담할게.**

I'll foot the bill.

- **Syn.** I'll pick up the tab.=It's on me.=I'll ring it up for you.
- **Rf.** foot the bill.: 금액을 지불하다.
- **Cf.** This meal really **fills the bill.**: 이 식사는 나무랄 데 없다[욕구를 충족시키다].
- **Rf.** fill the bill: 기대를 충족시키다(meet the satisfaction)

## 부 34

### 부대조건은 없네.
**No strings attached.**

- **Sit.** 다음의 질문에 대한 대답이다.: What's the angle[catch]?=What's on your mind?: 조건[속셈]이 뭐야?, 꿍꿍이가 뭐야?
- **Rf.** "He pulled strings to get a promotion." "Really?": "그는 승진하기 위해 빽을 썼어." "정말이야?"
- **Syn.** additional conditions: 부대조건

## 분 35

### 그 사람 항상 **분위기를 띄우는** 것 같아.
**He's always good at keeping things lively.**

- **Rf.** break the ice: 딱딱한 분위기를 누그러뜨리다, 서먹서먹한 침묵을 깨다
- **Ex.** I'm always the life of the party.: 저는 항상 파티의 분위기 메이커입니다.
- **Cf.** Smith is a wet blank.: Smith는 분위기 깨는 사람이다.
- **Syn.** Lighten the mood: 분위기를 띄우다

## 분 36

### 분위기 망치지 마.
**Don't rain on the day.**

- **Sit.** 어떤 이벤트 날에 비가 온다는 말은 그 이벤트를 망칠 수가 있다.
- **Syn.** Don't rain on my parade.=Don't spoil[ruin] the atmosphere[mood].
- **Cf.** Don't be such a spoilsport[wet blanket, party pooper]!: 흥을 깨지 마라! party pooper: 파티(흥)를 깨는 사람

## 분 37

분위기 삭막하다.
The environment here is very heavy.

- **Rf.** The environment here is very hostile.: 분위기가 엄청 살벌하다.
- **Cf.** liven[brighten] up the mood[atmosphere]: 분위기를 띄우다
- **Ex.** He seems like **a bit of an ice breaker**[the life of the party].: 그는 분위기 메이커[분위기를 띄우는 사람]처럼 보인다.

## 분 38

난 **분위기에 맞춰** 한잔 한다.
I am **a social drinker.**

- **Sit.** 평소 때는 술을 안 먹지만 사교상 어쩔 수 없이 한 잔 할 때 요긴한 표현이다.
- **Rf.** I am a people person.: 나는 누구와도 친할 수 있는 사람이야.
- **Cf.** I am a teetotaller[abstainer].: 나는 술을 안 마시는 사람이야. I am temperance.: 나는 술을 자제한다. I drink in moderation.: 나는 술을 절제하여 마신다.

## 분 39

그 사람 참 **분위기 있더라.**
He has something of a atmosphere.

- **Rf.** **give off**[evoke, arouse] romantic atmosphere: 낭만적 분위기를 자아내다 have something of a ...: ...와 같은 그 뭔가 있다
- **Cf.** Something is wanting[lacking, missing].: 뭔가 좀 부족하다[빠진 것 같다].
- **Grs.** much of a ...: 대단한 ... less of a...: 변변치 않는 ...

## 🔵 40

분위기 좀 파악 좀 해라, 인간아.
Consider your **surroundings,** you fool.

- **Syn.** Grasp[Understand] your environment, you fool.
- **Rf.** surroundings: 분위기, 환경
- **Ex.** Be aware of your surroundings.: 주변을 잘 살펴라.
- **Cf.** spoil[break] one's mood[atmosphere]: ... 분위기를 깨다 ↔ liven up[brighten up, freshen up] one's mood[atmosphere]: ... 분위기를 쇄신하다[띄우다].

## 🔵 41

Smith는 늘 **불만거리**를 가지고 있어.
Smith has always **a bone to pick with.**

- have a bone to pick with...: ...에게 불평이 있다, **할 말**[따질 일]이 있다
- **Rf.** bone=dissatisfaction=discontent(ment)=complaint=grievance: (부당한 취급에 대한) 불만
- **Syn.** 흔한 표현은 'Smith all the time complains.'이다.
- **Cf.** blunt: 퉁명스러운
- **Oths.** Smith is so grumpy these days.: Smith는 요즘 심술투성이야.

## 🔵 42

불쑥 말하지 마!
Please, don't blurt out!

- blurt out: 불쑥 말하다, 아무 생각 없이 말하다, 무심코 말하다
- **Cf.** shoot from the hip: 성급하게 반응하다 speak without much thought: 생각없이 말하다 let oneself loosen one's thoughts: 거리낌 없이 말하다 pop-off: 불쑥 말하는 자
- **Rf.** blunt: 퉁명스러운, 무뚝뚝한
- **Ex.** a blunt refusal: 쌀쌀맞은 거절

## 🔵배 43

배 째[그렇다면 마음대로 해봐]!
Sue me!

- **Sit.** 상대방과 어떤 일을 해결하고자 할 때 막무가내로 나오는 심경을 표현한 말이다. '소송하라(sue)'고 할 만큼 나오니 강력할 수밖에 없다.
- **Syn.** I have nothing to hide!: 나는 숨길 것이 없다! 마음대로 해봐!
- **Oths.** Smith said to Mary, "Suit yourself=Please yourself".: Smith가 Mary에게 말했다. "마음껏 드세요[마음껏 하세요]."

## 🔵비 44

그건 **비겁한 거죠**, 그렇죠?
It's just cold feet, isn't it?

- **Sit.** 축어적 의미는 "그것은 단지 꽁무니 빼는 태도에 불과해요, 그렇지 않아요?"이다. 우리말에 '꽁무니를 빼다'라는 표현이 있는데 영어는 '차가운 발'이라고 하니 재미있다. 결국 '비겁하다'라는 말은 급기야는 '살짝 꽁무니를 내리는 경향이 있다'라는 뜻이다.
- **Rf.** cold feet: 겁먹음, 불안, 꽁무니 빼는 태도, 도망칠 태도 cold shoulder: 냉대

## 🔵비 45

그 사람 **비범한 통솔력[남을 끌어당기는 강한 개성]**이 있더라.
He has a lot of charisma.

- **Rf.** magnet: 〈고유한 매력으로〉 마음을 끄는 사람[것, 동물, 장소]
- **Ex.** She is magnet.=She has something attractive about her.=She has the power to charm.: 그녀는 끄는 무언가[매력]가 있다.
- **Cf.** She is full of charm.: 그녀는 매력 덩어리다.

## 비 46

비위 맞추려고 그에게 알랑거리지 마.
Don't try to **curry favor with** him.

- **Sit.** 'curry'는 음식재료 중의 하나도 되지만, 동물의 털을 빗질하다[쓰다듬다]라는 뜻도 있다. 때문에 호의(favor)를 가지고 빗질하는 것인지 알만하다.
- **Syn.** Don't butter him up.=Don't apple polish to him=Don't suck up to him.=Don't shine up up to him.
- **Rf.** curry favor with ...: ...에게 알랑거리다, 빌붙다

## 비 47

좀 비켜줘.
Give me some elbow room.

- **Sit.** 축어적 의미는 "나에게 팔꿈치(elbow) 공간(room)을 주어라."이므로 이해가 가능하다. 어떤 곳을 통과할 때 몸이 빠져나가려면 최소한 팔꿈치만큼의 공간이 필요할 것이다.
- **Syn.** Make way for me.=Step aside.=Move over.
- **Rf.** Can I get by[go through]?: 내가 지나가도 될까요?

## 비 48

비행기 태우지 마!
Don't flatter me!

- **Rf.** flatter oneself=perk up one's shoulders: 자만하다, 으쓱거리다
- **Cf.** Don't sweat it.: (상대방에게 하는 말로) 속 태우지마.
- **Ex.** Don't sweat the small stuff.: 별 거 아닌 걸 두고 속 태우지마.
  flatter: 아첨하다(brown-nose=apple polish)
- **Cf.** shrug (one's shoulders): (불쾌, 의심 따위로 보통 손바닥을 보이며) 어깨를 으쓱하다

**빈 49**

Smith는 **빈대야.**
Smith is a freeloader.

- **Sit.** 우리나라에서는 무료로 어떤 일이나 먹는 것에 동참하는 사람을 '곤충, 빈대(flea)'에 빗대어 말하는데 반하여 영어는 'freeloader'라고 하는 것 같다. 다시 말해 '남한테 노력 없이 또는 아무 대가 없이 신세를 지는 경우'를 말한다.
- **Rf.** sponger=hanger-on=parasite: 기식자

**빈 50**

Smith는 하는 일없이 **빈둥빈둥거린다.**
Smith is **at a loose end.**

- **Sit.** "'끝(end)'이 어디에 고정되어 있지 않고 '느슨하게(loose)' 이리저리 돌아다닌다."라는 것을 음미하면 이해가 가능하다. 또한 end는 '목적'이라는 뜻이 있으므로 이해가 된다. be at a loose end=linger around
- **Rf.** 일반적으로 '무위도식하다'라는 뜻은 live an idle life이다.

**빗 51**

아주 **빗나갔습니다**[어긋났습니다].
It was way **off the beam.**

- **Sit.** 물리적으로 표적(target)에서 완전히 빗나가거나, 또는 어떤 결말이나 결과가 예상과 많이 어긋날 때 쓰는 표현이다.
- **Syn.** off the mark=beside the mark=wide of the mark: 표적에 빗나간 You are all wet.: 완전히 틀렸습니다[빗나갔습니다].
- **Rf.** beam: 레이저 또는 빛(을 쏘다), 대들보
- **Ex.** Beam projector: 투사기[투영기]

## 빠 01

**나 그런 쪽으로 빠삭해[잘 알아].**
I've been down that road before.

- **Sit.** 축어적 의미로 "나는 그 쪽 방향으로 쭉 있어왔다."이므로 이해가
  가능하다.
- **Rf.** have been around: 세상을 잘 알다, 세상 경험이 많다, 바람둥이다
- **Ex.** Smith has not been around much.: Smith는 세상물정을 모른다.
- **Oths.** stay in one's bubble: 세상물정을 모르다(be a babe in the
  woods)

## 빠 02

**빠져나가려고 생각 마.**
Don't try to get out of it.

- **Sit.** 축어적 의미는 "그것으로부터 빠져 나가려 하고자 하지 말라."이므
  로 이해가 가능하다.
- **Grs.** it은 '관련된 상황'을 의미하며 굳이 해석할 필요가 없다.
- **Cf.** Don't get cute with me!: 나한테 약삭빠르게 굴 생각하지마!
- **Rf.** get away with nothing.: 아무일 없이 빠져나가다.

## 빠 03

**이번에 빠지겠어[이번에는 가만히 있을 거야].**
I'll sit this one out.

- **Sit.** 축어적 의미는 "나는 이것[이번 일] 밖에서 앉아 있을 것이다."이다.
  어느 모임이나 대열에서 본인의 위치를 그러한 대열 '밖으로 이동
  해 앉아 있겠다(sit out)'라는 것은 '합류하지 않겠다.'라는 뜻이다.
- **Syn.** I am off the case.
- **Rf.** I'll go with the flow.: 대세에 따르겠다.

## 🔴 04

Mary는 너무 **뻔뻔해.**
Mary is very **nervy.**

- **○ Sit.** 상대방의 행동거지에 대해 양심의 가책이나 반성의 기미가 없을 때 나무라는 어조로 말할 때 쓰는 표현이다.
- **○ Rf.** nervy는 nerve의 형용사이며 '용기 있는, 대담한, 뻔뻔스러운, 신경을 건드리는'이라는 뜻이 있다.
- **○ Syn.** be nervy[cheeky=brassy]=have a thick skin ↔ have a thin skin
- **○ Ex.** have no sense of shame: 수치심이 없다

## 🔵 05

이 사진 좀 **뽀샵해** 줄 수 있어요?[예쁘게 고쳐 주실 수 있어요?]
Can you touch up this photo?

- **○ Cf.** 우리말의 뽀샵(photoshop)은 Adobe system사의 '화상 처리 소프트웨어'를 의미하는 콩글리쉬이며, 영어식 옳은 표현은 'touch up: 잔손질, 첨가에 의한 처리[마무리, 수정, 가필]'이다.
- **○ Ex.** I can touch up the photo and add special effects.: 난 사진을 손보고 특수효과를 넣을 수 있어.

## 🔴 06

Jack은 고고하게 **뽐내는** 것처럼 보여.
Jack look **artsy-fartsy.**

- **○** artsy-fartsy[smartsy]: 예술가인 척하는, 고상한 척하는
- **○ Cf.** stuck up: 우쭐 대는, 거드름 피우는
- **○ Ex.** Jack looks snobbish[arrogant, stuck up].= Jack은 거만하게 보여.
- **○ Rf.** nice-nelly: 점잔빼는 sage: 〈비꼼〉 현자인 체하는, 점잔빼는, niminy-piminy: 얌전빼는, 새침한 assume airs of importance[superiority]: 잘난 체하다

## 나는 그녀에게 **뽕갔어.**
**I got a crush on** her.

- **Sit.** 누군가에게 외적인 면이나 마음에 완전히 반했을 때 나오는 표현이다.
- **Syn.** She was hooked by me.=She swept off my feet.=I am totally into her.
- **Rf.** have[get] a crash on...=be hung up on...: ...에 뽕가다, 완전 반하다 swagger: 뽐내며 걷다

## 사 01

**사각거리는** 신선한 사과 먹고 싶어.
I'd love to eat a **fresh crunch** apple.

- ○ crunch는 과일을 한 입 벨 때 나오는 '의성어(아삭거리는 소리)'다.
- ○ **Cf.** crisp cookie: 아삭한 쿠키 brittle: 파삭거리는 crackly: 오득오득한 sticky: 쫀득거리는 dry and tough: 팍팍한 slimy: 미끈거리는 dry and hard: 물기가 없이 빡빡한 crumbly[crumbling]: 부서지기 쉬운, 무른
- ○ **Rf.** Chinese lemon: 유자 trifoliate orange: 탱자 tangerine: 감귤 apricot: 살구 prune: 말린 자두 cherry: 앵두 plum: 매실, 오얏, 자두

## 사 02

개는 정말 **사교적이야.**
She is a real **people person.**

- ○ **Sit.** 축어적 의미로 "그녀는 진짜 사람들 사람이다."라는 말은 '사람들 과 함께 있는 사람'을 뜻하므로 이해가 가능하다.
- ○ **Rf.** people person=social person
- ○ **Ant.** She is a real unsocial person.: 그녀는 비사교적인 사람이다. sociable: 사교적인
- ○ **Cf.** exchange the pleasantries: 가벼운 친교의 말을 나누다

## 사 03

**사람을** 잘못 보신 것 같군요.
I think you've got the wrong person.

- ○ **Sit.** 축어적 의미는 "누군가가 상대방을 (외모나 소문으로) 다른 사람으 로 착각했다"라는 뜻이다.
- ○ **Cf.** This is not like that.: 전 그런 사람은 아닙니다(성격이나 태도 면에서).
- ○ **Rf.** I am not the person you think I am.: 나는 당신이 생각하는 그 런 사람이 아니다.

**사 04**

Smith는 Mary와 **사랑에 빠졌다.**
Smith **fell head over heels for** Mary.

- **Sit.** 논리의 비약인지 모르지만 위의 표현은 두 남녀가 연애할 때 한 쪽이 상대방을 흠모하여 돌아서 볼 때의 애정 어린 포즈를 연상하면 이해가 될지 모른다.
- **Syn.** fall in love with...: ...와 사랑에 빠지다 (=be into love with...)
- **Rf.** fall for: 사랑에 빠지다, ... 속다

**사 05**

사랑은 움직이는 거야.
Love is always **on the move.**

- **Sit.** 축어적 의미는 "사랑은 늘 이동 상태[이동 중]에 있다"이므로 이해가 가능하다. on the move: 매우 바빠, 분주하여, 자꾸만 이동하여
- **Rf.** on the go: 분주한, 쉴 새 없이 활동하여, 일만하여
- **Grs.** on+(the)+명사...: ...하는 중
- **Ex.** on leave: 휴가 중

**사 06**

왜 **사서 고생하니?**
Why **all the troubles?**

- **Sit.** 누군가 안 해도 될 고생을 괜히 하게 될 때 안쓰러운 마음에서 발설하는 표현이다.
- **Rf.** look for trouble: 사서 고생하다
- **Cf.** give oneself trouble=take trouble=have a hard[tough] job: 수고하다
- **Grs.** 위의 문장은 원래 'Why (are you) all the troubles?'이며 구어체에서는 접속사(why) 다음에 '주어(you)와 be 동사(are)를 생략하기도 한다.

**사 07**

사소한 일로 다투지 말라[시시콜콜 따지지 마].
Don't split hairs.

- **Sit.** '헤어(hair)를 한 가닥 한 가닥 분리하여 센다(split)'라는 말은 지나치게 세심한 상태가 아닐까? split hairs: (사소한 것을 가지고) 시시콜콜 따지다
- **Rf.** Don't be too nitpicky: 사소한 일로 트집을 잡지 말라.
- **Cf.** pick up the fight with...: ...시비를 걸다
- **Oths.** Mark is way too picky.: Mark는 너무 눈이 높아.

**사 08**

사실대로[똑바로] 얘기해 주세요.
Give it to me straight.

- **Sit.** '더함이나 덜함이 없이 사실을 말해 달라'라고 할 때 하는 말이다.
- **Rf.** state the fact as it is=give one's honest opinion: 에누리 없이 말하다 receive[take] with a grain of salt: 에누리하여[가감하여] 듣다
- **Ant.** take something at face value: 액면 그대로 믿다

**사 09**

Smith는 Mary와 **사이가 벌어져 있는** 상태야.
Smith is **at loggerheads with** Mary.

- **Sit.** 둘의 관계가 어떤 연유로 안 좋거나 소원할 때 쓰는 표현이다.
- **Rf.** at loggerheads: (...의 일로) 논쟁하여, 다투어[싸워]
- **Ex.** fall[get, go] to loggerhead: 서로 때리기 시작하다 join[lay] loggerheads together: 이마를 모으고 협의하다.
- **Syn.** on the outs with...: ...와 사이가 벌어져 있는

**사 10**

### 우리 **사이가 애매하다**.
I don't know what kind of relationship we have.

- ○ **Sit.** 축어적 의미가 "우리는 어떤 유형의 관계를 가지고 있는지 모르겠다."이므로 이해가 가능하다.
- ○ **Rf.** an unclear explanation: 애매한 설명 an ambiguous meaning: 애매한 의미 a noncommittal attitude: 애매한 태도
- ○ **Oths.** We still have a good relationship.: 우리는 좋은 관계를 가지고 있다.

**사 11**

### 사이즈가 잘 맛나요?
How does it fit?

- ○ **Sit.** 대답은 "It fits me well.: 잘 맞아요. It is a little big for me.: 나에게는 약간 큰 것 같아요."처럼 할 수 있다.
- ○ **Rf.** This dress looks my size.: 이 드레스는 나한테 맞는 사이즈인 것 같아요. You look fit.: 당신은 건강하게 보여요. fitting room: 구입할 옷이 맞는지 입어보는 작은 방

**사 12**

### 사회문제에 초월한 사람이다.
Smith is an ostrich.

- ○ ostrich: 타조, 현실도피, 무사안일주의자, 방관자
- ○ **Rf.** 타조는 위험에 몰리면 모래 속에 머리를 파묻고 안심한다고 한다.
- ○ **Ex.** ostrich belief[policy]: 눈 가리고 아웅하기, 자기 기만의 얕은 지혜
- ○ **Oths.** grundism: 인습에 얽매임, 남의 소문에 신경 씀, 체면차리기
  Mrs. Grundy: 〈Thomas Morton의 희극 중의 인물로부터〉 세상 평판
- ○ **Ex.** What will Mrs. Grundy say?: 세상에서는 뭐라고들 할까?

## 🔵 13

**난 살찌는 체질이다.**
I have an **inclination to grow fat.**

- **○ Grs.** inclination to 동원: …하는 체질(predisposition)
- **○ Cf.** I have an allergic constitution.: 나는 특이 체질을 가지고 있다.
- **○ Ant.** I have a hollow leg.: 1)나는 아무리 먹어도 살찌지 않는 체질이다 2)나는 주량이 엄청나다
- **○ Rf.** I have a good build.: 나는 좋은 체격을 가지고 있다.


## 🔵 14

**Mary는 아무리 먹어도 살찌지 않아.**
Mary has **hollow leg.**

- **○ Sit.** hollow leg: 술이나 음식을 먹어도 살찌지 않는 체질로 아무리 먹어도 '움푹 들어간 것처럼 다리가 홀쭉하다'이므로 이해가 가능하다.
- **○ Rf.** hollow는 '움푹 들어간, 뻔한, 공복의'의 뜻이다.
- **○ Ex.** hollow words: 빈말 hollow victory[race]: 싱거운 승리[경쟁] hollow compliments: 겉치레 말 hollow pretense: 뻔한 핑계


## 🔵 15

**삼 세 번이죠.**
Third time lucky.

- **○ Sit.** 상대방에게 기회를 몇 번[세 번] 더 준다는 너그러운 마음을 표현할 때 쓰는 표현이다. Third time lucky: 행운의 세 번째
- **○ Rf.** exactly three times: 정확히 세 번 best of five: 5판 3선승제 best of seven: 7전 4선승제 five times=다섯 번 fifth time: 다섯 번째 fifth: 다섯째

## 상 16

### 너하곤 **게임이 안 된다**[상대가 안 된다].
There is **no game with you.**

- **○ Sit.** 상대방이 자신과 비교해 수준이 낮다고 생각하게 될 때 상대방을 비아냥거리며 "너는 나의 게임이 안 돼."라고 하는 우리말 표현과 같다.
- **○ Syn.** You are no rival for me.=You are no match for me.=You are not a patch on me.
- **○ Rf.** rival=match=patch: 적수, 라이벌

## 상 17

### 상사병에 걸렸어요.
The love bug has bitten me.

- **○ Sit.** 사랑의 벌레(love bug)가 물었으니 그 영향은 가히 이해할 만하다.
- **○ Cf.** lovesick=lovelorn=love-smitten: 상사병에 걸린
- **○ Rf.** 상사병은 '(secret) crush, lovesickness'라고 표현한다.
- **○ Cf.** one-sided love(affair)=unrequited love: 짝사랑 bite-bit-bitten: 한입 물어뜯다, 한입 물어뜯은 음식의 양
- **○ Ex.** Let's get a bite.: 요기 좀 하자.

## 상 18

### 상황이 역전되고 있어.
The shoes is on the other foot.

- **○ Sit.** 다른 발에 신어졌으니 전세[상황]가 완전히 달라졌을 것이다.
- **○ Rf.** The situation is improving.=The situation is picking up.=Things are looking up.: 상황이 호전되고 있다.
- **○ Cf.** put[stick] one's foot in[into] one's mouth: 실언하다 jump[rise] to one's foot: 벌떡 일어서다

상황이 점점 나아지고 있어.

Things are looking up. ··················

- ○ **Syn.** Things are picking up.=The situation is improving.: 상황이 좋아질 겁니다. 위의 질문은 다음과 같이 할 수 있다: How is it going?: 요즘 (하는 일) 어때?
- ○ **Cf.** Everything is going to be alright.: 모든 것이 괜찮아질 것이다.
- ○ **Rf.** it=things=situation: 상황, 사태[사정], 일(들)

애완동물이 **새끼를 뱄어.**

My pet is knocked up. ··················

- ○ **Rf.** pet name: 애칭
- ○ **Ex.** William을 Bill, Thomas를 Tom, Katherine을 Kate로 Beth를 Elizabeth의 애칭으로 부르는 것[일] a pet opinion: 지론
- ○ **Cf.** bring ... forth: 새끼를 낳다(give birth to ...=have a baby)
- ○ **Oths.** Money begets money.: 돈이 돈을 낳는다.

그는 **생각이** 너무 **굳어졌어.**

He's too set in his ways. ··················

- ○ **Sit.** 축어적 의미는 "그는 그의 방법들에 있어 너무 정해져 있어."이므로 이해가 가능하다. 고정관념(stereotype, fixed idea)이나 기성 시대의 생각의 틀에 갇혀 진보적이고 융통성이 없을 때 쓰는 표현이다.
- ○ **Rf.** simple and honest=guileless: 고지식하다
- ○ **Syn.** He has no flexibility.: 그는 융통성이 없어.

## 생 22

생각 좀 해!
**Chew on** that for a while!

- **Sit.** 축어적 의미는 "잠깐 동안 그것에 대해 씹어보라."이다. 우리말에도 '...잘 생각하다'라는 표현을 할 때 '...대해 곱씹어보다'라고 표현하므로 재미있다.
- **Rf.** Time to put on your thinking-cap.: 잘 생각할 시간이야. thinking-cap: 숙고하고 있는 정신 상태

## 생 23

너는 여전히 내가 **생각한 그 모습이야.**
You're just like I thought you'd be.

- **Sit.** 평소 기대했던[생각했던] 모습과 실제로 보니 다르지 않을 때 쓰는 표현이다. 위 문장을 해석하면 "너는 내가 당신이 현재 존재할 것이라고 생각했던 것과 똑같다."이므로 이해가 가능하다.
- **Rf.** You've never changed at all.=You've never changed a bit.: 넌 전혀 안 변했네.
- **Grs.** be동사는 '...이다, ...있다, ...되다'의 뜻이 있다. like는 상황에 따라, 전치사, 접속사처럼 쓰인다. 위의 문장에서는 다음에 문장이 왔으므로 접속사처럼 쓰였다.

## 생 24

Mary는 늘 **생색낸다.**
Mary is all the time **patronizing.**

- **Cf.** do oneself proud=take credit to oneself: 본인이 잘 했다고 생색내다 condescending: 생색내는
- **Rf.** condescend+to+동원: 1)(권위의식을 버리고) 겸손하게 ...하다
- **Ex.** The king condescended to eat with the beggars.: 왕의 몸으로 거지들과 (권위의식을 버리고) 겸손하게 식사를 같이 하였다. 2)우월감을 갖고 젠 척 대하다 (+전치사)
- **Ex.** He always condescends to his inferiors.: 그는 늘 아랫사람들에게 (우월감을 갖고) 젠 척 대한다 (생색낸다). 3)(지조를 버리고) 비굴하게 ...하다
- **Ex.** condescend to accept bribes: (지조를 버리고) 비굴하게 뇌물을 받다

## 서 25

서둘러 좋을 게 없다.
Fools rush in.

- **Sit.** 축어적 의미가 "바보들은 어떤 일에 쇄도해 들어간다."이므로 이해가 가능하다.
- **Rf.** Fools rush in where angels fear to tread.: 하룻 강아지 범 무서운 줄 모른다.(=Boldness is blind.)
- **Cf.** Take it easy.=Take your time.: 시간적 여유를 갖고 서둘지 마.

## 서 26

서로 양해를 구하지요.
Let's **split the difference.**

- **Sit.** 축어적 의미가 "(서로) 다른 것을 쪼개자."이므로 이는 의견이 팽팽하게 맞서거나 충돌할 때 서로 한 발짝씩 물러나 합의하는 과정을 표현한 말이다.
- **Rf.** split the difference: 절충[타협, 등분]하다(compromise)
- **Cf.** ask for clemency: 선처를 부탁하다

## 서 27

왜 안가고 서성대고 있어?
Why are you lingering around?

- **Sit.** roam[linger] around: 이리 저리 돌아다니다
- **Cf.** What's keeping you? Hurry up, will ya?: 뭘 꾸물대?
- **Rf.** tarry: 늦장 부리다 tarry long: 오래 머물다
- **Oths.** Don't take your time!: 꾸물대지 마! Don't be hesistant.: 망설이지 말라. What took you?: 왜 늦게 왔어?

## 서 28

**Smith는 서툴다.**
**Smith is all thumbs.**

○ **Sit.** 축어적 의미는 "Smith는 모든 엄지손가락이다."이다. 손가락 중에 마디가 가장 적은 것은 엄지손가락이다. 때문에 실제로 어떤 일을 할 때 유용성이 떨어지는 것이 사실이다.

○ **Rf.** It is written in an irregular[awkward] hands.: 그것은 서투른 필체로 쓰였다.

## 섭 29

**섭섭하다.**
**I am disappointed.**

○ **Sit.** 일반적으로 '실망하다'라는 뜻으로 많이 쓰이지만, 위의 문장처럼 맥락에 따라 '섭섭하다'라는 뜻으로 쓰이기도 한다.

○ **Rf.** I am dissatisfied.: 난 불만족스러워요. sweet and bitter: 시원섭섭하다 Pleasant worry: 행복한 고민 pleasant[nice] surprise: 뜻밖의 선물[즐거움]

## 선 30

**Mary는 정말로 선정적이야[정열가야].**
**Mary is really (a) red-hot.**

○ **Sit.** 합성어 형식으로 뜻을 강조하기 위해 'very' 같은 부사들 대신에 강조되는 말과 의미적으로 연관된 말을 연결하여 쓰는 방법이다.

○ **Ex.** sky blue: 하늘처럼 푸른 sizzling hot: 찌는 듯이 더운 freezing cold: 얼 것처럼 추운

○ **Oths.** suggestive: 선정적인, 암시적인 provocative: 도발적인 sensational: 감흥적인, 선풍적인

**성 31**

모든 게 **성가셔[귀찮아]**.
Everything is bothersome.

- **Sit.** 만사가 귀찮고 의욕이 없을 때 쓰는 적절한 표현이다.
- **Rf.** bothersome(귀찮은), burdensome(짐[부담]이 되는), troublesome(성가신)
- **Grs.** 이처럼 '...some'은 1)위의 예문처럼 〈형용사 기능으로〉 ' ...을 낳는[가져오는]', '...하기 쉬운[하는 경향이 있는]' 2)〈명사 기능으로〉 언급된 수로 이뤄진 무리를 나타낸다.
- **Ex.** twosome: 2인조

**성 32**

휴 **성가신** 것!
What a pest!

- **Syn.** What a nuisance (it is)!
- **Grs.** 감탄조로 표현된 문장으로 'what+(관사)+명사!' 형식을 만들어 표현한다.
- **Ex.** What a girl (she is)!: 멋진 여자군요! What a game (it is)!: 흥미진진한 경기군요! pest: 해충, 성가신 것
- **Rf.** pain in the buttock: 짜증나게 하는 것, 신경질 나게 하는 것

**성 33**

성가 싫게[귀찮게] 굴지 마.
Don't bother me.

- **Syn.** Stop bothering me.
- **Grs.** bother to+동.원[동명사]=굳이[일부러] ...하려하다
- **Ex.** You are so busy doing your own work. So don't bother to help me.: 너는 네 할일 하느라 바쁘다. 그러니 굳이[일부러] 나를 도와주려고 하지 말이요. bother: 괴롭히다, 성가시게 굴다

## 성 34

### 그는 성격이 시원시원하다.
He has an open personality.

- **Sit.** 인성(personality)이 열려있으니(open) 그럴 수밖에 ...
- **Syn.** He has an outgoing[frank] personality.=He has an outspoken personality.
- **Cf.** He is a narrow-minded person.: 그는 속이 좁은 사람이다.
- **Oths.** have an easy-going personality: 성격이 털털하다

## 성 35

### Jack은 성공했어.
Jack got it made.

- **Sit.** 축어적 의미는 "Jack은 그것(it)을 이루어지게 했다."이다. 이 문장에서 it은 '성공'을 의미한다. 다르게 표현하면 "Jack made it."이다.
- **Rf.** get it made=have it made=make it (big): 무슨 일이나 잘되어 가다, 크게 성공을 이루다
- **Grs.** Jack got it made은 5형식 구문으로, '그것이(원하는 성공) 만들어지게 했다'라는 의미다.

## 성 36

### 그는 집을 떠난 후에 크게 성공했어.
He hit the jackpot after he had left home.

- **Sit.** 흔히 우리말로도 무언가를 크게 성공하거나 달성했을 때 '잭팟을 터뜨린다.'고 한다.
- **Rf.** jackpot: (포커에서) 계속해서 태우는(한 쌍 또는 그 이상의 jack 패가 나올 때까지 적립하는) 돈을 말하며, 여기에서 유래하여 '(뜻밖의) 대성공, 히트치기'로 쓰인다. Boom at a Night Market!: 대박 난 야시장

## 🟣 37

작은 **성의**다.
It's **a token of** my appreciation.

- ○ **Sit.** 어떤 은혜를 입게 되었을 때 그에 대한 보답으로 어떤 것을 줄 때 하는 표현이다. 축어적 의미는 "그것은 나의 감사(appreciation)에 대한 하나의 증거[표시](token)"이다.
- ○ **Syn.** This is a little something for you.: 작은 성의지만 받아줘. (선물을 누군가에게 줄 때 하는 표현이다.)
- ○ **Rf.** a token of ...: ...의 증거 sincerity=good faith=a true heart: 성의

## 🟣 38

당신은 **성적 매력이 담긴 눈빛을 가지고 있어.**
You **have bedroom eyes.**

- ○ **Sit.** '침대 눈(bedroom eyes)'을 가지고 있다면 생각을 깊이 안 해도 이해가 된다.
- ○ **Syn.** Your eye has a sex appeal.
- ○ **Cf.** He gives you the glad eye.: 그는 너에게 추파를 보내고 있다. He makes a pass at me.: 그는 나에게 수작을 벌이고 있다.

## 🟣 39

저것이 **세 번째가 되는 셈입니다.**
That's makes number three.

- ○ **Sit.** 축어적 의미는 "저것은[그것은] 세번**을 만든다**[이 된다]."이다. 어떤 일을 원치 않지만 반복하거나 기대 이상으로 반복할 때 쓰는 표현이다.
- ○ **Syn.** That would be a third time.
- ○ **Cf.** three times=thrice: 세 번
- ○ **Rf.** '79쪽'은 'page seventy nine' 또는 'the sevent-ieth nine page'처럼 읽는다.

## 세 40

세상에 공짜가 어딨어?

There's no such thing as a free lunch!

- **Sit.** 축어적 의미가 "무료 오찬과 같은 어떤 일도 없다!"이므로, 어떤 호의에 답하거나 또는 본인이 호의를 베풀고 대가를 바랄 때 쓰는 표현이다.
- **Syn.** There is no such thing as free ticket[free lunch].
- **Grs.** such ... as=such as...: (가령)...같은

## 세 41

세상을 다 가져라.

The world is at your door's step.

- **Sit.** 축어적 의미는 "세상이 너의 현관 계단에 있다."이다. 이는 '넓은 세상이 네가 첫발을 내딛는 너의 집 현관 계단(door's step)에 있다'이므로 가히 수긍이 간다. door step: 호별로 방문하다
- **Rf.** The world awaits you with an open arms.: 세상이 양팔을 열어 여러분을 기다리고 있다.

## 소 42

좋은 사람 있으면 **소개시켜** 줘.

Hook me up if there is a good person.

- **Sit.** 마음에 드는 사람을 '고리로 연결해준다(hook up)'라는 말은 '소개시켜준다'라는 뜻으로 'fix up'과 같은 표현이 된다.
- **Syn.** Introduce me to him[her], if there is a good person.=Fix me up if there is a good person.
- **Oths.** arrranged marriage: 중매 결혼- Match made in heaven: 천생연분

## 소 43

모차르트의 음악을 들으면 **소름이 끼친다**[닭살 돋는다].
I get goose bumps when Mozart is playing.

- **Sit.** '감정이 생겨 소름이 끼치는 것'과 자율신경에 의해 '생리적으로 소름이 돋는 것'은 다를 수가 있다. goose flesh=goose bumps=goose pimples 날씨 등에 의한 닭살 돋음
- **Cf.** schmoop=lovey-dovey stuff: 애정행각으로 닭살 돋음
- **Rf.** goose는 거위이고, 실제 닭살은 chicken skin이다.

## 소 44

음악 소리 좀 크게 키웁시다!
Crank up the tunes!

- **Rf.** crank는 '(노력, 생산을) 늘리다, (정도를) 높이다'라는 뜻도 있다.
- **Syn.** Take the tunes[volume] up! (간단하게 'Volume up!' 할 수도 있다.) 물론 반대말은 'Take the tunes[volume] down.'이다.
- **Rf.** crank(ing): 이상한 전화 짓거리
- **Rf.** tune: 곡조, 멜로디

## 소 45

소문을 통해 들었어.
I heard it **through the grapevine.**

- **Sit.** 자연 식물이면서 전화선처럼 생긴 포도덩굴(grapevine)은 '출처가 불분명한 소문의 통로'라고 볼 수 있으며 'from the horse's mouth'는 사람과 늘 곁에 있는 동물인 말(horse)은 주인 주위의 상황을 알 수 있으므로 '확실한 소식통으로부터'라는 뜻이 된다. reportedly: 발표된 사실에 따르면, allegedly: 들리는 바[소문]에 따르면

**소 46**

**날 소유하려 하지 마**[난 누구한테든 갈 수가 있어]!
**I could be with anyone!**

- **Cf.** I am available but I am not desperate.: 나는 임자가 없다 하지 만 절박하지 않아요.
- **Rf.** Sorry guys, I am already spoken for.: 미안해요 사내들, 저는 임 자가 있는 몸이에요.
- **Oths.** She plays hard to get.: 그 여자는 굉장히 눈이 높아서 쟁취하 기[상대하기] 힘들어.

**소 47**

**그 배우 그 역할 잘 소화해냈어?**
**The actor really had the character come to life?**

- **Sit.** 축어적 의미가 "그 배우는 정말로 그 등장인물을 박진감 있게 했 다[활기있게 했다]."이므로 이해가 가능하다. come to life: 박진감 있다, 의식을 찾다, 소생하다
- **Cf.** bring ... to life: (vt)...소생시키다 come to one's senses: 의식을 찾다 come to oneself: 자기 자신으로 돌아오다. 본래의 모습으로 돌아오다

**속 48**

**속단하지 마.**
**Don't jump to the conclusion.**

- **Sit.** 축어적 의미는 "결론(쪽)으로 뛰어넘어가지 말라."이므로 일이나 어 떤 과업을 달성하기 위해 시간적인 여유와 순서에 의해 어떤 과정 을 거쳐야 한다. 과정이나 시간을 무시하고 어떤 결과를 미리 판 단하지 말라고 할 때 쓰는 표현이다.
- **Syn.** Don't conclude hastily.

Mary는 매우 활동적이기 때문에 **속마음[감정]을 숨기지 않고 드러낸다.**
Mary is very active and she **wears her heart on her sleeve.**

- **O Sit.** 누군가의 '마음(heart)을 자신의 소매(sleeve)위에 입힌다.'라는 말은 '자신의 마음을 숨기지 않는다.'라는 뜻이다.
- **O Rf.** wear one's heart on[upon] one's sleeve: 자기의 심중[개인적인 일]을 모두에게 털어놓다(speak one's mind): 더할 나위 없이 진솔하다
- **O Syn.** 흔한 표현은 'Mary is very frank.=Mary is very candid.'이다.

그녀는 **속물근성이 많아.**
She's too **snobby.**

- **O Sit.** '속물근성(snobbism)'이란 '금전이나 명예를 제일로 치고 눈앞의 이익에만 관심을 가지는 생각이나 성질을 갖거나, 고상한 체하거나 상류층을 동경하는 태도'를 말한다.
- **O Rf.** snobbery: 속물근성
- **O Ex.** inverted snobbery: 상류사회에 대한 이유 없이 갖는 반감 latent snobbery: 잠재적인 속물근성

다른 **속셈은 없어요.**
No catch.

- **O Sit.** 상대방에 어떤 것[일]을 제시하거나 협의하기를 원할 때 상대방이 이유를 묻는 경향이 있다. 이때 별다른 이유나 조건이 없다고 할 때의 표현이다 catch: 함정, 계략
- **O Con.** What's the catch?: 조건이 뭐예요? What's the angle?: 속셈이 뭐예요? No catch (attached to it).: 부대조건은 없어요(No strings attached).

## 속 52

### 그런 말로 **속아 넘어가지 마.**
### Don't **fall for** that kind of talk.

- **Sit.** 감언이설(sweet talk=blarney)에 넘어가지 말라는 충고다. fall for...:
  ...빠지다[사랑하다], 속다
- **Ex.** They fell for each other at first sight.: 그들은 처음 보자마자 사
  랑에 빠졌다. Smith snowed Mary.: Smith는 Mary를 감언이설로
  꼬셨다. fair words: 감언

## 속 53

### 속이 거북하다.
### My stomach is funny.

- **Sit.** 이때의 'funny'는 '속이 메스꺼운'이라는 뜻이다. 흔히 'funny' 하
  면 '우스운, 재미있는'의 뜻이 있지만, '별스러운'이라는 뜻도 있다.
- **Syn.** My stomach is sick.
- **Rf.** a funny fellow: 기이한 놈 That's funny.: 이건 이상한데.
- **Oths.** have a sour[upset] stomach.: 속이 쓰리다.

## 속 54

### 속이 울렁거린다.
### I'm feeling a little queasy!

a little: 다소, 약간 queasy=nauseous=funny=sick: 메스꺼운
- **Rf.** have food regurgitate: 생목이 오르다 feel bloated=feel heavy
  in the stomach: 속이 거북하다 stomach ache=stomach upset:
  위통 digestive: 소화가 잘되는 intestines: 내장들 kidney: 신장
  lung: 폐 liver: 간 pancreas: 지라 heart: 심장 gall(bladder): 쓸게
  cecum=blind gut=appendix: 맹장 gullet=esophagus: 식도

## 속 55

그러한 말도 안 되는 것을 가지고 나를 **속이지** 마.
Don't **palm off** me with such a nonsense.

- ○ palm: 1)손바닥(가로는 7.5cm~10cm, 세로는 17.5cm~25cm)
- ○ **Ex.** palmtop: 손바닥에 놓는 작은 컴퓨터 2)야자 3)종려나무
- ○ **Rf.** 'palm' 자체가 '...속이다[숨기다]'라는 뜻이 있다.
- ○ **Ex.** palm off=deceive=trick: 속이다
- ○ **Oths.** Don't make a big deal out of it.: 얄팍한 수작으로 속이려 하지마.

## 속 56

그건 다 **속임수[감쪽같이 속이기, 놀리기]**입니다.
It's all a **put-on.**

- ○ **Grs.** 이때 하이픈(hyphen)으로 연결하여 하나의 품사가 된다. 위 문장
  에서는 명사가 된 것이다. 이때 all은 '완전히(completely)'라는 뜻
  의 강조를 의미하는 부사이다.
- ○ **Rf.** a put-on artist: 속이는[놀리는] 명수 a put-on smile: 억지웃음, 선
  웃음
- ○ **Oths.** We are all interconnected in the wildness.=All of us are
  interconnected in the wildness.: 우리 모두는 야생에서 서로
  연결되어 있다. 이때의 'all'은 주어와 동격(we=all)이다.

## 손 57

대부분은 **손 놓고 있습니다.**
Most of them just **sat on their hands.**

- ○ **Sit.** 축어적 의미는 "그들 중의 많은 사람들이 그들의 손들을 대고 앉
  아 있었다."이므로, 이는 '어떤 일을 하지 않고 있다'라는 뜻이다.
- ○ **Rf.** Most of them just sat on the fence.: 그들 대부분은 단지 형세를 관
  망했다. assume a wait-and-see attitude.: 관망하는 태도를 갖다.

## 손 58

### Kimchi산업에 **손대봐.**
### Try your hand at Kimchi business.

- **Sit.** 우리말에서도 '...(예를 들어, 사업을) 시작하다'라는 뜻으로 구어적으로 '...손대다'라는 표현을 자주 쓴다.
- **Rf.** put[turn] one's hand to...: ... 손대다, 시작하다 have[take] a hand in[at, on]...: ...에 관여하다
- **Cf.** 일반적으로 '물리적인 손을 ... 대다'라는 표현은 'put one's hands on ...'이다.

## 손 59

### Jack에 **손들었어[대단해].**
### Hand it to Jack.

- **Grs.** hand it to은 보통 'have (got) to, must와 함께', '남을 칭찬하다, 남의 승리를 인정하다, 남에게 항복했다고 말하다'의 뜻으로 일반적으로 '...에게 공적[능력]을 인정하다'의 뜻으로 쓰인다.
- **Ex.** Yeah, you won. I hand it to you.: 그래 네가 이겼어. 항복이야.
- **Rf.** 이때의 'hand'는 '...에게 주다(give)'의 뜻이다.

## 손 60

### Smith는 **손버릇이 안 좋아.**
### Smith is sticky-fingered.

- **Sit.** '손이 끈적끈적하다(sticky)'라는 것은 '무엇이 붙으면 떨어지지 않는다.'라는 뜻이므로 이해가 가능하다. sticky-fingered=thievish: 도벽이 있는
- **Rf.** k[c]leptomaniac: 도벽성 (있는 인간)
- **Oths.** thumb: 엄지손가락 index finger: 검지손가락 middle finger: 중지손가락 ring finger: 약지손가락 little finger: 새끼손가락

**손 61**

Smith는 **손재주가 없는 사람[얼간이]**이다.
Smith is a **klutz**.

- ○ klutz=an awkward, uncoordinated person: 뭔가 어색하고 서툰 사람
- ○ **Rf.** I am all thumbs in gardening.: 나는 정원 일에는 손재주가 없다.
- ○ **Cf.** I have **a green thumb[green fingers]**: 나는 원예 일[정원 가꾸기]을 잘한다. be good with one's hands: 손재주가 좋다

**손 62**

**쟤 손 좀 봐줘야겠다.**
He needs a lesson.

- ○ **Sit.** 흔히 'lesson'은 '학과, 교훈'의 뜻이 있다. '교훈이 필요하다'는 말은 에둘러 말하면 '누군가를 (따끔하게) 교육시키겠다.'라는 뜻이 아닌가?
- ○ **Rf.** He needs a piece of my mind.: 그에게 한마디 해야겠다.
- ○ **Oths.** a lesson=a talking-to=a piece of one's mind: 쓴소리 tell ...off: ...을 꾸중하다

**수 63**

수고하세요.
Have a nice day.

- ○ **Sit.** 단순히 헤어질 때 하는 의례적인 인사말이지만, 누군가와 열심히 일하고 있다가 자리를 뜰 때의 인사말로도 쓰인다.
- ○ **Rf.** (I) thank you for your trouble.: 수고 하셨습니다. give oneself trouble=have a hard[tough] job=take trouble: 수고하다, 애쓰다
- ○ **Syn.** Keep up the good work.: 그럼 수고하세요.

## ⊕ 64

Smith는 **수다쟁이다.** 그리고 연신 입을 낼신거린다.
Smith is a **big mouth** and runs off at the mouth.

- **Sit.** '말이 많은 사람'을 '큰 입을 가졌다'라고 표현하는 것이 이채롭다.
  be talkative=be all mouth=have a big mouth: 말이 많다
- **Rf.** run off at the mouth=wag one's tongue: 쉬지 않고 말을 하다
- **Oths.** by word of mouth: 구전으로 in the mouth of ...: ...의 입을 빌
  리자면 make a mouth[mouths] at...: ...에게 입을 삐죽거리다
  useless mouth: 식충이
- **Cf.** a silver tongue: 달변, 언변 good talker: 달변가

## ⊕ 65

**그거 수상한 냄새가 나는데.**
There's something fishy about it.

- **Sit.** 비린내가 날 때 'fishy'라는 형용사를 쓴다. 수상한 냄새 또한 냄새
  가 아닌가?
- **Rf.** smell a rat: 수상하게 여기다, ...이상하다는 느낌을 가지다 get
  wind of...: ...을 눈치 채다 get wise to...: ...에 눈치 채지다[현명해
  지다]
- **Cf.** get wise with...: ...에게 까불다, 건방떨다

## ⊕ 66

**나는 수석으로 합격할 것이다.**
I'll pass the exam with the flying colors.

- **Sit.** 과거에도 뭔가를 가장 잘한 사람에게 나부끼는 다양한 색깔로 칭
  찬해주었을 것이다. 이는 가문의 자랑거리(a feather in one's cap)가
  아닐 수가 없다.
- **Rf.** go first=rank first=take first place: 수석하다
- **Oths.** summa cum laude(=with highest praise): 최우등[수석]으로
  magna cum laude: 2위 그룹 우등으로 cum laude: 우등으로

**숙 67**

Smith는 **숙련된 사람**이다.
Smith is a dab hand in his job.  ⋯⋯⋯⋯⋯⋯

- **Sit.** 어떤 일을 능수능란하게 잘하는 사람을 부르는 표현이다. 원래 'dab'이라는 말은 '뭔가에 가볍게 힘 안 들이고 가볍게 두드리는 것 (pat)'을 의미한다.
- **Ex.** dab one's cheeks with a brush.: 솔로 볼을 톡톡치다
- **Rf.** dab hand=old hand: 노련가, 숙련가

**술 68**

Mary는 항상 **술에 취해있다.**
Mary is all the time stinko.  ⋯⋯⋯⋯⋯⋯

- 구어체로 많이 쓰는 표현이다.
- **Rf.** stinko: 술 취한(drunk), 고약한 냄새가 나는, 싫은, 불쾌한, 시시한, 지겨운 놈
- **Cf.** Mary drinks in moderation.=Mary is temperate in drinking.: Mary는 술을 절제하고 있다. Mary is a social drinker.: Mary는 사교적으로만 간단히 술을 먹는다.

**술 69**

술 한 잔씩 좌중에 돌리자.
Let's have a round of drinks.  ⋯⋯⋯⋯⋯⋯

- a round of drinks: 한 잔씩 돌린 술
- **Rf.** 예를 들어 '다섯 번 돌린 술을 다 먹다'라는 표현은 'have five rounds of drinks'이다.
- **Cf.** '다섯 번째 돌린 술값을 내가 지불 하겠다' 하면, 'I'll pay for the fifth round of drinks.'이다.
- **Oths.** have one too many: 만취한 puke: 술 때문에 토해내다

## 숨 70

**숨 돌릴 시간 좀 줘.**
Just cut me some slack.

- **Sit.** slack은 '한가로이 쉼' 또는 무언가를 동여매고 있는 '밧줄의 늘어 진[느슨한] 부분'을 지칭한다. '그 부분을 잘라준다'는 말은 '자유로 움을 준다'는 것이다.
- **Rf.** 이 외에도 "한 번 봐주세요[닦달하지 말아요].=Give me a break."의 뜻이 있다.
- **Syn.** Relax and get off my back.=Stop giving me such a hard time.
- **Cf.** take a breather: 잠깐 쉬다

## 쉴 71

**Mary는 수다쟁이다. 그리고 쉴 사이 없이 말한다.**
Mary has a big mouth and she **runs off at the mouth.**

- **Syn.** 'Mary wags her tongue. (혀(tongue)를 연신 흔든다(wag)'이므로 이 해가 가능하다.)
- **Cf.** He is usually a man of few words.=He's a quiet person.=He is reserved[taciturn, reticent].: 그는 과묵하다.
- **Rf.** 흔한 표현은 'Mary is too much talkative.'이다.

## 스 72

**그는 스스로를 꼼짝 못하게 하는군.**
He nailed himself.

- **Sit.** 축어적 의미가 "그는 자기 자신을 못 박았다."이므로 이해가 가능 하다. 스스로 자기모순이나 자가당착에 빠졌을 때 쓰는 표현이다.
- **Rf.** embog oneself: 자기 자신을 꼼짝 못하게 하다 embog: 진구렁에 빠뜨리다(mire), 꼼짝[움쭉] 못하게 하다 self-abuse: 자기 학대하다

시간이 없어요.

Time is running short to us. ......................

- **Sit.** 어떤 일을 하는데 시간이 조급할 때 쓰는 표현이다.
- **Syn.** We are running out of time.
- **Rf.** have no time to waste: 시간이 없다
- **Ant.** There is a lot of[enough] time to use.: 충분한 시간이 있다.
- **Oths.** buy time: 시간을 벌다 make time: 시간을 내다, 서두르다

이 김치는 시금털털하다.

This kimchi is sour and puckery. ......................

- **Syn.** (be) sour and puckery=sourish and astringent: 맛이 시큼털털하다
- **Rf.** puckery=astringent: 맛이 떫은
- **Cf.** sourish: 시큼하다 sweet and sour: 달콤새콤하다 slightly bitter: 쌉쌀하다 salty: 맛이 짠 crunch: 아삭거리는 greasy: 느끼한 a little bland: 맛이 밋밋하다 doughy: 말랑말랑하다 stringy: 면이 쫄깃하다 light: 담백한 savory: 감칠맛 나는

나에게 **시비 걸지** 마.

Don't **pick a fight** with me. ......................

- pick up the fight=cut up nasty=futz (around) with: 시비를 걸다
- **Sit.** 우리말에도 가만히 있다고 생각하는데 상대방이 먼저 싸울 기미를 보일 때가 많다.
- **Rf.** make a false charge[accusation]: 까닭 없이 시비 걸다 tease: 치근거리다, 놀리다 a chip on one's shoulders: 시비조로

**시 76**

## 시시합니다.
### They're (strictly) **for the birds.**

- O **Sit.** '시시하거나 소량'을 의미할 때 영어에서는 'bird'를 쓴다.
- O **Rf.** They are trifling[trivial, petty].: 그들은 시시하다. My salary is just chicken feed.: 내 월급은 그저 쥐꼬리만해요.
- O **Oths.** A little bird told me.: 누군가 귀띔해줬지. Birds of a feather flock together: =Like draws like: 유유상종

**시 77**

## 시원섭섭합니다.
### It's bitter sweet.

- O **Rf.** He is a good sport.: 그는 성격이 시원시원하다.
- O **Ant.** a poor-sport: 째째한 사람
- O **Oths.** I can take a load off my mind.: 나는 마음의 짐을 덜 수가 있다. These are a weight off my shoulder.: 이 일들은 나의 마음의 짐을 던 것이다.

**시 78**

## 시작은 요란했죠.
### It started out big.

- O **Sit.** 대부분 하는 일이 처음에는 큰 밑그림을 갖고 열의를 다해 시작하지만, 시간이 지날수록 작아지고 포기하게 된다.
- O **Syn.** It had a huge[enormous] start.
- O **Cf.** It's petering.=It's growing to point.: 조금씩 가늘어지고 있다.
- O **Oths.** '실제로[음향적으로] 시작이 요란했다'는 'The beginning was noisy'이다.

## 너 <u>시치미 떼지 마.</u>
Don't you try to lie.

- **Sit.** 아닌 것[모르는 것]처럼 태도를 보일 때 쓰는 표현이다.
- **Rf.** '시치미'란 매(hawk)의 주인을 밝히기 위하여 주소를 적어 매의 꽁지털 속에다 매어 둔 네모꼴의 뿔을 의미한다. 이때 'you'에 강세를 주어 말해야 한다. you는 생략이 가능하다.
- **Syn.** Don't keep a straight face.: 모르는 척하지 말라.
- **Oths.** Don't play innocent.: 순진한 척 하지마.

## 시험 잘 봤어요.
I did well on my test.

- **Grs.** do well+전치사+명사(A): (A)를 잘하다
- **Ex.** I do well in school.: 나는 학교생활을 잘한다[공부를 잘한다]. I did well in class.: 나는 공부를 잘했다.
- **Ant.** I bombed the test.: 나 시험 망쳤어요.
- **Oths.** tough grader: 박한 평가자 ↔ easy grader: 후한 평가자 grade on a curve=relative evaluation: 상대평가 ↔ absolute evaluation: 절대평가

## 맘 편히 하시고 드세요[<u>식사하세요</u>].
Make yourself at home and **put on the feed bag.**

- **Sit.** 'put on the feed bag'의 축어적 의미는 "여물 주머니를 착용하세요."이므로 소통적 의미는 '식사하다'라는 뜻이 된다.
- **Rf.** 'feed bag: 가축에 주는 여물[그릇]'에서 비롯되었다는 것이 흥미롭다.
- **Syn.** dig in: 드세요. 'Enjoy your food'가 흔한 표현이다.

## 🔵 82

### 신경 꺼!
### Butt out!

- **Syn.** Mind your own job.: 너의 일이나 신경 써.
- **Ant.** butt in: 참견하다
- **Ex.** Butt out of our conversation!: 우리 대화에 너는 참견하지 마! 'butt'라는 단어는 많은 의미가 있다. 기본적으로 '담배꽁초, 엉덩이 (buttock), 치받다 ...' 등이다.
- **Oths.** a pain in the neck: 싫은 사람, 성가신 사람 a thorn in one's side: 눈엣 가시 a pain in the buttock: 말썽꾸러기

## 🔵 83

### 그는 늘 나의 신경을 건드려요.
### He always **gets in my hair.**

- **Sit.** 헤어(hair)는 예민하게 느껴지는 부분이다. 그런데 '나의 헤어 속으로 들어간다(gets in my hair)'라니 신경이 쓰일 수밖에 없다.
- **Syn.** He always makes me jittery.=He always gets to me.
- **Rf.** get on one's nerves=grate one's nerves: 신경을 거슬리게 하다.

## 🔵 84

### 그녀는 **신경이 날카로워요.**
### He is a little edgy.

- **Sit.** 뭔가의 '날카로운 가장자리에 있는(edgy)' 상태는 (예를 들어, 낭떠러지로 떨어질 위험에 처해져 있는 상태처럼) 긴박한 상태일 것이다. 이를 생각하면 가히 짐작이 된다.
- **Rf.** become worked up: 신경이 날카로워지다 a little=somewhat=kind of=sort of: 다소, 약간
- **Ex.** It's kind of hot.: 날씨가 다소 덥다.

## 신 85

### 너무 <u>신경질 부리지</u> 마세요.
Don't be so up-tight.

- **Grs.** tight한 상태보다 더 심한 상태이므로 앞에 up이 붙었다.
- **Rf.** Take the edge off.: 신경 좀 누그려 뜨려.
- **Syn.** Don't throw of fit[a fit].=Don't have a tantrum.: 신경질 부리지 마세요.
- **Rf.** Don't be pretentious.: 허세부리지 마세요.

## 신 86

### 우리 오늘 디스코 장에서 **신나게 놀아볼까?**
Shall we **live it up** at the disco tonight?

- 'live it up'은 즐겁게[사치스럽게] 놀며 지내다, 크게 법석 떨다'라는 뜻이다.
- **Syn.** Let's go wild tonight.=Let's jive and juke tonight.=Let's have a ball tonight.=Let's have a lot of fun tonight.: 오늘 밤 신나게 놀아보자.
- **Rf.** 일반적 표현은 'Let's have a lot of fun(신나게 놀다).'이다.

## 신 87

### 이거 <u>신난다.</u>
This is so fun.

- Whee: (기쁨, 흥분의 표현) 우아, 신난다.
- **Syn.** Gee. That's nice.: 야. 신난다(This is so nice=This is so good=This is so amazing=This is so fantastic[fabulous, phenomenal]).
- **Oths.** Goody-goody gumdrop! Can I play now?: (아이들의 표현) 신난다! 이제 놀아도 돼요?

**십 88**

### 내 **십팔 번[18번]**이 아냐.

### That's **not my trade.**

- **Sit.** 우리나라에서는 무언가를 가장 잘하거나 좋아하는 것[경우]을 '18(십팔 번)'이라고 한다. (일본 가부끼 또는 유명한 서양음악가의 연주곡 이라는 설이 있다.)
- **Syn.** That's not my favorite.=This is not thing[stuff] I do best.
- **Rf.** trade: 본업, 잘하는 것(specialty)
- **Cf.** This is my to-go song.: 이것은 나의 18번 노래에요.

**실 89**

### 사진보다 **실물이 더 예뻐.**

### You look much better in person.

- **Ant.** The photo does not do her justice.: 그 사진은 그녀를 공평하 게 평가하지 않아[실물이 더 예뻐]. ↔ She looks better in the photo.: 그녀는 사진 속에서 더 멋지게 보여[사진이 더 예뻐]. The picture[photo] came out well.: 사진 잘 나왔다. She is photo-genic.: 그녀는 사진빨이 좋다.

**실 90**

### 약간의 **실수라도 실수는 실수다.**

### A miss is **as good as** a mile.

- **Sit.** 축어적 의미로 "한 번의 실수는 1마일과 같다."이다. 예를 들어, 사 격(shooting)에서 목표물(target)을 향해 약간 잘못 겨누어 쏘아도 그 총알이 가는 최종 목표는 목표물로부터 광장히 멀어질 수 있 다.
- **Rf.** as good as: 1)...만큼 그렇게 좋은 2)...와 같은
- **Cf.** A bargain is a bargain.: 약속은 약속이다.

**실 91**

괜히 나만 **실없는** 사람 되었잖아.
It just made me look **irresponsible.**

- **Sit.** 축어적 의미로 "그것은 내가 책임을 질 수 없는 것처럼 보이도록 만들었다."이므로 이해가 가능하다. irresponsible: 무책임한
- **Rf.** He's a real flake.=He is a untrustworthy[unreliable, insincere] person.: 그는 정말 실없는 사람이다.

**싫 92**

싫어도 참아.
If you don't like it, lump it.

- **Sit.** 어떤 상황에서는 보다 나은 미래를 위해 어쩔 수 없이 견디어 내야 하는 경우가 있다.
- **Rf.** lump=endure=stand=put up with=tolerate=bear: 견디다, 참다
- **Cf.** lump: 덩어리
- **Ex.** a lump of sugar: 설탕 한 덩어리
- **Oths.** When good cheer is lacking, our friends will be packing.: 좋은 응원이 부족하면 우리 친구들은 짐을 싸야 할 것이다.('감탄 고토'와 비슷한 속담)

**싫 93**

그는 **싫은 내색을 보여주었다.**
He showed a dirty look.

- a dirty look: 보기 흉한 얼굴 'look'이라는 단어는 명사의 의미로 '얼굴, 표정'이라는 뜻이 있다.
- **Rf.** natural look: 자연스러운 얼굴[외모] a look[show] of anger: 화난 내색 pocket[suppress] one's feelings: 내색을 보여주지 않다 look-ism: 외모지상주의

청문회 중 Smith는 **질문[심문]**을 받고 있다.
In the public hearing, Smith is getting **the third degree.**

- the third degree: 질문 공세
- **Ex.** give ... the third degree: ...에게 질문을 퍼붓다, ...를 협박하여[폭력을 가해] 자백시키다
- **Rf.** a relation in the third degree: 삼등친의 친족 degree: 1)정도, 등급 2)지위, 학위
- **Ex.** differ in degree: 정도의 차가 있다 people of every degree: 모든 계급의 사람들 a man of high[low] degree: 신분이 높은[낮은] 사람

## 싸 01

### 이 **싸가지 없는** 녀석아.
### You have **no respect.**

- **Sit.** 우리말의 '싸가지'라는 말을 영어로 대입하기가 힘들다. '존중심[존경심]'이라고 해야 그나마 적절하다.
- **Syn.** You are so rude.
- **Cf.** You got a smart mouth.: 너의 말버릇은 싸가지가 없다.
- **Rf.** an honorific title[a title of honor]: 존칭  honorific: 존대말, 경어

## 싸 02

### 진짜 **싸게 사셨군요.**
### That's a **good buy**[good deal, real bargain].

- 이때의 'buy'는 명사다.
- **Rf.** A bargain is a bargain.: 약속은 약속이다.  No bargain: 인기 없는 결혼적령기 사람
- **Cf.** wall flower: 클럽에서 인기 없는 여자
- **Oths.** That's a rip-off.: 완전 바가지로군.  buy at a reasonable[affordable] price: 적절한 가격으로 구입하다

## 썩 03

### 그다지 **썩 내키지 않는데.**
### I don't feel right doing it.

- **Sit.** 뭔가 하고 싶은 마음이 없을 때 그러나 해야 하거나 또는 거부하지 못 할 때 하는 표현이다. 위 문장을 해석하면 "나는 그것을 하는 데 옳다고 느끼지[생각하지] 않는다."이므로 이해가 가능하다. 위의 문장에서 'feel right'를 'feel like'로 바꾸면 단순한 감정을 표현하는 문장이 된다.
- **Ex.** I don't feel like doing it.: (지금) 그거 하고 싶지 않아.

- **Rf.** I'll **be willing to fight** North Korea.: 나는 북한과 기꺼이 싸우고 싶다.
- **Cf.** I **am reluctant to join** the battle.: 나는 그 전투에 **마지못해 참가 한다.**
- **Grs.** feel like …ing: …하고 싶다.

## 04

### 쓰레기 버리는 사람이 되지 맙시다.
### Don't be **a litterbug.**

- **Sit.** 'bug'라는 말은 1)(반시류) 곤충 2)병원균(germ) 3)…광, 열광자 등의 뜻이 있다. 때문에 위의 문장이 축어적 의미가 되면 "쓰레기(litter) 버리는 광(bug) 또는 곤충(bug)이 되지 말라."이므로 이해가 가능 하다. litterbug: 쓰레기를 아무데나 버리는 사람
- **Rf.** No litter(ing)!: 쓰레기 버리지 마세요!

## 05

### 쓸데없는 소리 마세요[잠자코 있어요].
### Save your breath.

- **Sit.** 축어적 의미는 "너의 숨소리를 절약하라."이므로, 이는 말을 많이 할 때 숨 쉬는 소리가 많이 부각되기 마련이기 때문에 위처럼 소 통적 의미가 이해가 가능하다.
- **Syn.** Cut the crap.=That's nonsense.=Give me a break.
- **Rf.** pause to take a breather: 잠깐 쉬다 take a breath: 숨을 쉬다 catch one's wind: 한 숨 돌리다

## 아 01

**아까워라!**
What a waste!

- **Sit.** 축어적 의미는 "쓰레기라니[쓰레기가 되다니!]"이다. 이는 어떤 것이 충분히 유용할 수 있었는데 '쓰레기라니 아쉽다'라고 확장 해석이 가능하다.
- **Rf.** The game was neck and neck. The Korea team was defeated. That was close.: 그 경기는 막상막하였다. 한국 팀이 패했다. 그것은 참 아까웠다.

## 아 02

**그건 정말 아끼는 거야.**
It's love of my life.

- **Sit.** 축어적 의미로 "그것이 내 생명에 대한 사랑[생명과 같이 사랑하는 것]이다."이므로 이해가 가능하다. love of my life: 가장 아끼는 것 [좋아하는 것]
- **Rf.** my most prized[cherished] possessions: 내가 애지중지하는 물건 the apple of one's eye: 금지옥엽

## 아 03

**사람 보면 아는 척 좀 해봐라.**
Why don't you act like you know me?

- **Sit.** 축어적 의미는 "왜 너는 나를 아는 것처럼 행동하지 않니?"이므로 이해가 가능하다. 누군가가 상대방을 잘 알면서도 무뚝뚝하게 대하거나 친밀하게 대하지 않을 때 약간의 핀잔조로 하는 표현이다.
- **Rf.** act+명사[형용사]: ...처럼 연기하다
- **Ex.** Act your age.: 나이 값 좀 해라. act tough: 무게 잡다

## 아 04

아마추어 치고는 괜찮은 데.
Not bad for an amateur.

- ○ **Sit.** Not bad for...: 평소 기대하지 않았는데 생각보다 괜찮을 때 하는 표현이다.
- ○ **Con.** What's up? - Not bad.
- ○ **Cf.** Not good for a professional singer.: 프로 가수에 비해서는 별로 인 것처럼 생각된다.
- ○ **Grs.** 이때의 'for'는 '...에 비하여'의 뜻이다.
- ○ **Ex.** Smith is too good for his wife Mary.: Smith는 아내 Mary에게 과분하다.

## 아 05

영어 성적은 **아무것도 아냐**, 더 심한 것도[과목도] 있는데.
The English grade is nothing. I know worse than that subject.

- ○ **Sit.** 상대방이 추구하던 일의 결과가 생각보다 좋지 않아 실망할 때 위로해주는 표현이다. 위의 문장 표현은 예를 들어, 영어 성적에 대해 위로할 때 쓰는 표현이다. grade: 등급(을 매기다), 채점하다 scale: 구간 등급 point: 점(수) score: 득점, 점수를 내다 mark: 성적, 정답 표기

## 아 06

아무리 생각해봐도 안 되겠어.
By no stretch of the imagination.

- ○ **Sit.** 축어적 의미로 "(내) 상상력의 어떤 범위에 의해서도[상상력의 범위를 최대한 넓혀도] 아니다"이다. 이는 어떤 일로 오랫동안 고민하고 있다가 최종적으로 나름의 결론을 내리거나 판단할 때 쓰는 표현이다. stretch: 범위, 쫙 펼치다, 기지개 펴다

**아무리 애를 써도 안 돼.**

Not for the life of me. ···············

- **Sit.** 축어적 의미는 "나의 생명[삶]을 위해서라도[나의 삶을 바쳐서라도] 아니다."이므로 이해가 가능하다.
- **Ex.** I can not finish it for the life of me.: 나는 아무리 애를 써도 그것을 끝낼 수가 없다.
- **Syn.** Not by all means possible.: 모든 수단을 써도 아니다.

**정말 <u>아슬아슬했어요.</u>**

It's a real **cliffhanger.** ···············

- **Sit.** 어떤 일에 있어 스릴(thrill)이 있을 때 쓰는 표현이다. 'cliffhanger'는 '절벽[벼랑]에 맨손으로 매달린 사람'이라는 뜻이므로 이해가 가능하다. cliffhanger: (영화·텔레비전·소설 따위의) 손에 땀을 쥐게 하는 스릴러, 마지막 순간까지 손에 땀을 쥐게 하는 것[경쟁·시합], (선거에서) 당락선상에 있는 후보

**아주 비싸요.**

It costs a bomb. ···············

- **Sit.** 우리나라처럼 영어권에서도 어떤 일이 엄청날 때는 폭탄(bomb)의 표현을 쓴다. 그렇지만, 우리말에는 '폭탄세일'이라는 표현을 써서 오히려 '굉장히 가격을 낮춰 판매하는 것'을 말하는데 영어는 그 반대라서 흥미롭다.
- **Cf.** Smith bombed.: Smith는 낙방했어.
- **Syn.** It's very expensive.
- **Con.** How much does the notebook cost?: 이 노트북 얼마입니까? It costs me 3 dollars: 3달러예요.

## 아 10

**아직도 다 하려면 멀었어.**

I have still got a long way to go.

- **Sit.** "여전히 가야할 부분이 아주 길다[오랜 시간이 남아있다]."이므로 '어떤 일을 끝내기 위에서는 많은 것이 남아있다.'라는 뜻이다. 이때 'still(여전히)'을 강조하여 말하는 것이 중요하다.
- **Syn.** I still have many things[much work] to do[finish].
- **Grs.** 위의 문장 속 still은 빈도부사이므로 조동사 have와 일반동사 got 사이에 왔다.

## 아 11

**Smith는 아첨꾼이다.**

Smith is a brown-noser.

- **Sit.** brown-noser(아첨꾼): 좀 이상하게 들리지만 '엉덩이에 키스하다보면 분비물이 묻어 코가 갈색이 된다.'라고 비유한 것이다. shine up to=butter up=suck up to: 아첨하다
- **Rf.** I am against the creep type.: 나는 아첨꾼을 싫어한다.
- **Syn.** Smith is an apple-polisher[a flatterer=a yes man=a brown-noser=a toadeater].

## 안 12

**안되면 되게 하야지.**

I'll make it happen.

- **Sit.** 축어적 의미는 "나는 그것이 일어나도록 할 것이다."이다. 누군가 본인이 원하는 것을 최선을 다하여 이루도록 스스로를 다그칠 때 쓰는 표현이다. 'it'은 해당 상황이나 관련 내용을 말하므로 군이 해석할 필요가 없다.
- **Syn.** There is no such thing as impossible to me.

**대학생활이 그렇게 <u>안락한 삶</u>은 아닐 거야.**
University life won't be **a bed of roses.**

○ **Sit.** 축어적 의미는 "대학 생활은 장미꽃으로 된 침대가 되지 못할 것이 다."이다. 침대가 꽃 중의 꽃인 장미로 되어있으니 상상만 해도 이 해가 간다. 노력하여 본인이 원하는 대학에 가서 좋지만 막상 들어 가 보니 또 다른 경쟁이 있다.

○ **Rf.** a bed of roses[flowers, downs]: 안락한 신세[신분]

**날씨가 <u>안성맞춤이에요.</u>**
The weather was made of order.

○ **Sit.** 축어적 의미로 "날씨가 어떤 일을 위해 사전에 주문(order)한 것처 럼 만들어졌다."이므로 이해가 가능하다.

○ **Syn.** The weather was perfect for the thing.=The weather is so nice to do it.

○ **Cf.** be made of...: ...로 만들어지다 This tool is made of wood.: 이 연장은 나무로 만들어졌다.

**너랑 <u>안 어울려.</u>**
That doesn't go well with you.

○ **Sit.** '데이트 하는 두 연인의 모습을 제3자가 볼 때 어울려 보이지 않거 나, 어떤 일이나 대상이 서로 어울리지 않을 때' 쓰는 표현이다.

○ **Rf.** go well with...=...match...=...suit...=become...: ...와 어울리다

○ **Cf.** This dress looks good on you.: 이 옷 너에게 잘 어울린다.

알랑거리지 마.
Don't try to butter me up.

- **Sit.** 우리말에 '사탕발림'이라는 표현이 있다. 영어에서는 이를 미끈미끈한 버터에 비유하는 것이 흥미롭다.
- **Rf.** fawn upon...=toady...=curry favor with=flatter...=shine up to...=suck up to...=apple polish...=brown nose...: 알랑거리다
- **Oths.** '사탕발림하다'는 'sugar-coat'이다.
- **Ex.** At least I don't sugar-coat it.: 적어도 난 사탕발림은 하지 않는다.

미안합니다, **알아들을 수가 없습니다.**
I'm sorry, I can't follow you.

- **Sit.** "상대방이 말하는 내용을 잘 따라가지 못 하겠다."라는 말은 결국 '이해하지 못한다.'라는 뜻이다. 'follow'가 '...를 따라가다'의 뜻으로 많이 쓰인다.
- **Ex.** Follow me.: 나를 따라 오세요(Come with me).
- **Syn.** I can not catch your words.

이 책은 내용이 정말 **알차다.**
This book's got it all.

- **Sit.** 축어적 의미는 "이 책은 그것 모두를 가지고 있다."이다. 책이 가지고 있는 것은 그 책이 전하는 내용이 될 것이다. 당연히 이때의 it은 '책의 내용'이다.
- **Grs.** 이처럼 it은 비인칭 대명사이며 문맥이나 상황에 따라 적의 해석해야 하는 '해당 상황이나 관련 내용'을 지칭하는 대명사다. 물론 해석하지 않는다.
- **Rf.** The book's got=The book has got
- **Syn.** This book abounds in content = This book is abundant in content.

**앞 19**

## 그는 앞뒤가 꽉 막혔어요.

He is so stubborn.

- ○ **Sit.** 누군가가 융통성이 없거나 상대방을 배려하지 못할 때 이를 빗대어 하는 표현이다. 다시 말해 완고한 태도를 취할 때 쓰는 표현이다.
- ○ **Rf.** simple and honest=guileless: 고지식한
- ○ **Cf.** He is too set in many aspects.: 그는 여러 면에서 너무 생각이 고형화돼있어.

**앞 20**

## 앞뒤가 안 맞아요.

You're not making sense.

- ○ **Sit.** 축어적 의미가 "너는 의미를 만들지 못하고 있다[의미에 부합하지 않고 있다]."이므로 이해가 가능하다. 이전에 한 말과 나중에 하는 말이 일관성이 없거나 모순이 있을 때 쓰는 표현이다.
- ○ **Rf.** lack coherence=be inconsistent: 일관성이 없다

**야 21**

## 그를 몹시 야단쳤어요.

I really told him off.

- ○ tell off: 세어 나누다, 할당하다, 야단치다
- ○ **Rf.** get a talking-to.: 꾸지람을 듣다.
- ○ **Cf.** give ... a piece of one's mind: ...에게 잔소리하다, ...를 야단치다 (실제로는 '남에게 조언하는 것'을 뜻한다)
- ○ **Oths.** give an earful to...: ...에게 귀가 따갑게 잔소리하다.

**약 22**

약 오르지, Smith?
Eat your heart out, Smith?

- **Sit.** 상대방의 감정을 건드려 신경을 격화시킬 때 쓰는 표현으로 우리의 상황과 비슷한 표현이 있다는 것이 흥미롭다.
- **Rf.** eat one's heart out: 애타게 그리워하다, 부러워하다
- **Cf.** Are you very envious of me?: 당신은 내가 매우 부럽지?
- **Rf.** How do you like them apples?: 어떠냐 약오르지?

**약 23**

걔는 **얌전한 남자아이야.**
He is calm and reserved boy.

- **Sit.** 우리의 '마마보이'(mama's boy, mother's boy)'라는 표현과 비슷한 의미가 바로 위의 문장이 아닐까 생각한다.
- **Syn.** Sissy(=sister-like) boy.
- **Rf.** papa's girl: 자기 의지대로 행동하지 못하고 아버지에게 많이 의지하는 소녀를 뜻하는 신조어다.
- **Oths.** introvert: 내성적인 인간 ↔ extrovert: 외향적인 인간

**약 24**

그는 **얌체야!**
Doesn't he take the cake!

- **Syn.** He is selfish[sly, crafty] person.
- **Rf.** take the cake: 1)(<냉소적으로> 행위[말 따위]가 어리석거나 뻔뻔스럽거나 터무니없기로) 비길 데 없다 2)(실제적으로) 뛰어나다
- **Ex.** Boy, you really take the cake, don't you.: 와, 당신은 정말 압권이에요.
- **Rf.** 위의 문장을 보면 의문문 형식의 끝에 느낌표가 와서 감탄문 형식도 띄고 있다. 따라서 위의 문장을 축어적으로 해석하면 "그가 뻔뻔하지[얌체] 않다는 말인가요!"이므로 사실은 '그는 진짜 뻔뻔해[얌체야].'가 된다.

**어 25**

아주 <u>어긋났어요.</u>
It was way off the beam.

- O **Sit.** 빔(beam)은 '방향지시전파'로 이 빔이 쏘는 목표로부터 많이 떨어져 나간 상태(way off the beam)이므로 이해가 가능하다.
- O **Syn.** off the mark=wide of the mark
- O **Rf.** way는 부사일 때 '아주, 완전히'라는 뜻이다. wide of...: ...아주 먼
- O **Ex.** way back into love: 〈노래 제목〉 다시 완전히 사랑에 빠진
- O **Oths.** beam on one's eyes: 제 눈에 들보(본인이 모르는 큰 결함)

**어 26**

어떤 날로 잡을까?
What day suits you best?

- O **Sit.** 어떤 이벤트나 약속 등을 예약하기 위해 적절한 날짜를 고를 때 쓰는 표현이다. 축어적 의미가 "어떤 날이 가장 당신께 어울립니까?"이므로 이해가 가능하다.
- O **Rf.** fix a day=name[set up] a day: 날짜를 정하다 suit: 알맞다, 어울리다, 위아래가 한 세트로 된 복장

**어 27**

어떻게 될지 누가 알겠니?(=누가 어떻게 될지 알겠니?)
No one can say how it'll turn out.

- O **Sit.** (수사의문문 형식으로 표현하면) "Who can say how it'll turn out?: 누가 그것이 어떠한 결과를 가져올지 말할 수 있는가?이다. 이에 대한 답변이 "어느 누구도 그것이 어떠한 결과를 가져올지 아무도 말할 수가 없다."라는 뜻의 위의 문장이다. (희망을 줄 때 또는 실패하여 실의에 빠진 사람에게 어떤 일을 계속하게 되면 성공할 것이라고 격려할 때 쓰는 표현이다).
- O **Rf.** Who knows?=Nobody knows.=Heaven knows.
- O **Rf.** turn out: 좋은 결과가 나오다

**어 28**

### 그래서? 내가 **어떻게 하길 바라니?**
So? What do you want me to do?

> ○ **Sit.** 축어적 의미는 "그래서, 너는 내가 무엇을 하기를 원하니?"이므로
> 이는 어떤 일에 있어서 상대방이 적절한 대안책을 주지 못해 오히
> 려 반문할 때나, 상대방의 고집에 말대꾸할 때[강요에 저항할 때] 쓰
> 는 표현이 된다. 또는 상대방에게 자초지종을 설명하지만 아랑곳
> 하지 않을 때 답답함을 토로하는 표현이다. 이 때 앞의 'So(그래서,
> 그러면)'가 중요한 기능을 한다.
> ○ **Rf.** What do you want?: 원하는 게 뭐야?, 무슨 일이야?

**어 29**

### 당신이라면 어떻게 했겠어요?
What would you have done?

> ○ **Grs.** 위의 문장은 '가정법 과거완료'에서 조건절이 생략되고 '주절만 표
> 현된 것'이다. 올 수 있는 조건절은 다음과 같은 것이 될 수 있다.
> If you had been in my position: 그대가 내 입장이었다면
> ○ **Rf.** 조건절이 생략된 이유는 1)상황상 굳이 밝히지 않아도 맥락상으로
> 이해되고 2)중요하지 않다고 생각되거나 3)여러 가지 표현이 올 수
> 있기 때문에 구체적으로 한 가지 표현이 불가능하기 때문이다.

**어 30**

### 어리광 부리지 마.
Don't play the baby.

> ○ **Sit.** 축어적 의미가 "어린아이처럼 연기하지 말라."이므로 이해가 가능
> 하다.
> ○ **Syn.** Stop being such a little baby.
> ○ **Grs.** play+명사[형용사]... : ...인 체하다
> ○ **Ex.** She plays innocent.: 그녀는 순진한 척 한다.
> ○ **Grs.** act+명사[형용사]: ...처럼 연기하다, ...인 체하다
> ○ **Ex.** Don't act tough.: 무게 잡지마.

**어 31**

사장은 너무 **어리석어[얼빠졌어, 무능해].**
The boss **is** very **dorky.**

- ○ 전형적인 속어(slang) 표현이다.
- ○ **Rf.** '어리석은, 멍청한'의 뜻은 너무도 많다.
- ○ **Ex.** dorky idea: 어리석은 생각
- ○ **Oths.** 바보[얼간이]라는 뜻에는 다음과 같은 것이 있다: fool, idiot, moron, dummy, dimwit, half-wit, fathead, blockhead, doofus, dumbbell, dodo, gerk, nerd etc.

**어 32**

그들은 잘 **어울리지 못해.**
They were like fish out of water.

- ○ **Sit.** 물고기들은 당연히 물 안에 있어야 살맛이 나지만, 물 밖의 물고기이므로 이해가 가능하다. 우리말로 '꿔다 놓은 보릿자루'라는 표현과 같은 의미다.
- ○ **Syn.** They don't mix themselves among the people.
- ○ **Cf.** They have a good chemsty.: 그들은 잘 어울린다(뜻이 잘 맞는다)

**역 33**

Mary가 **억지로 시켰어요.**
Mary twisted my arms.

- ○ **Sit.** 축어적 의미는 "Mary가 나의 팔을 비틀었다."이다. 이는 어떤 일을 강요하기 위해 상대방의 양팔을 비틀고 있으니 하지 않을 수 없는 형국이다.
- ○ **Rf.** twist one's arms: ...에게 강요하다(force), 고집하다(insist)
- ○ **Oths.** I am dragged into cleaning this classroom.: 나는 이 교실을 청소하지 않을 수가 없었다.

## 언 34

언성 높이지 마세요.
Don't raise your voice to me.

- **Sit.** 축어적 의미는 "당신의 목소리를 나에게 들어 올리지 말라."이다. 화가 많이 나 있을 때나 잘 안 들릴 때 목소리가 높아지는 것은 당연한 일이다.
- **Rf.** in a rough voice: 언성을 높여
- **Syn.** 보통의 표현은 'Don't say[tell, talk, speak] in a loud voice.'이다.

## 언 35

그녀는 **언어에 소질이 있어.**
She has a good ear for language.

- **Sit.** 언어는 우선 먼저 듣는 것부터 출발한다. 좋은 귀를 가지고 있으니 언어를 잘할 수밖에...
- **Rf.** have a good ear for...: ...에 대해 음감[감상력]을 가지고 있다.
- **Oths.** A word in your ear.: 한 마디만 할게. My ear is burning.: 누가 내 말 하나 봐. turn a deaf ear to...: ...귀담아 듣지 않다 play it by ear: 감으로 처리하다.
- **Cf.** have a good eye for...: ...에 대해 눈썰미[안목]가 있다.

## 얼 36

얼굴이 많이 부었어요.
Your face is so puffy.

- **Sit.** 저녁에 음식물을 먹고 아침에 일어나면 얼굴이 붓게 마련이다.
- **Cf.** Your face is so swelled.: 너의 얼굴이 너무 부었다.
- **Rf.** 'swell'은 '생리적으로 붓다'도 되지만 어떤 '물리적인 힘을 받아 붓다'도 된다.
- **Ex.** The dough was swollen in the oven.: 밀가루 반죽이 오븐 속에서 부풀어 올랐다.

## 너 <u>얼굴 반쪽이 됐어.</u>
You look like you're about to drop.

- **Sit.** 지금 막 쓰러질 정도까지 보이니 얼마나 몸이 안 좋아졌는지 알
수 있다.
- **Grs.** be about to...: 막 ...하려하다 (be just going to+동.원=be on the
point of+...ing)
- **Rf.** look like+A(=구 또는 절): A처럼 보이다 drop: ...지쳐서 쓰러지다

## 얼마나 버틸 수 있을까?
How long could it last?

- **Sit.** 축어적 의미는 "그것은 얼마나 오랫동안 지속될 수 있니[견디어 낼
수 있니?"이다. 이는 어떤 것이 현 상태로 과연 유지될 수 있는지
의심이 가거나, 진정 알고 싶을 때 쓰는 표현이다.
- **Cf.** persist to the last=hold out to the end: 끝까지 버티다
- **Rf.** endure: 버티다
- **Oths.** You're the last person to clean this classroom.: 너는 이 교실
을 절대 청소하지 않는다.

## 엄살쟁이!
You baby!

- **Sit.** 축어적 의미는 "너는 어린 애야(You are a baby)"이다. 다분히 위의
표현은 친근한[애정적] 표현으로 말한 것 같다. 물론 진짜 '엄살쟁이'
일 때도 위처럼 표현할 수 있다.
- **Rf.** pretend to be in pain=exaggerate pain=make a big fuss: 엄살
떨다

## 엄 40

엄살 좀 피우지 마.
Don't overdo it!

- **Sit.** 이 문장은 진짜 엄살을 피울 때 쓰는 표현이다.
- **Syn.** Don't pretend to be in pain(아픈 것처럼 가장하지 말라).=Don't exaggerate pain(고통을 과장하지 말라).
- **Grs.** over+동원: 지나치게 ...하다
- **Ex.** overeat: 지나치게 먹다
- **Grs.** out+동원: 보다 ...하다
- **Ex.** outgrow: ...보다 더 자라다, 웃자라다, (상대적으로) 성숙하다

## 엄 41

그 제트기는 **엄청난 속도로 달리고** 있다.
The Jet is **burning the breeze.**

- **Sit.** 축어적 의미는 "그 제트기는 미풍[약한 바람]을 태우고 있다."이다. 마찰이 적은 breeze(약하게 부는 바람)까지도 태울 정도니 이해가 가능하다.
- **Rf.** shoot[bat] the breeze: 수다 떨다
- **Cf.** chill out: 바람 쐬며 잡담하다[휴식을 취하다]
- **Oths.** The wind is rolling.: 바람이 살랑살랑 불고 있다.

## 엄 42

그는 **엉뚱한 대답을 했어요.**
He was **wide of the mark.**

- **Sit.** 축어적 의미는 "그는 답으로[표기로]부터 넓게 벗어나 있다."이다.
- **Rf.** (시험)문제의 모범 답을 영어로 mark라고 한다. 그런데 그 모범 답으로부터 넓게 벗어났으니(wide of...) 이해가 된다. wide of the mark: 엉뚱한, 본론으로부터 먼
- **Oths.** get full[100] marks in English: 영어에서 만점을 받다. All Smith's answers were off the mark.: 모든 Smith의 답 표기는 정답에서 빗나갔다.

Smith는 매우 부유하다 그리고 **여성을 꾀려고 보석이나 돈을 쓴다.**
Smith is very rich and **a sugar daddy.**

○ **Sit.** 영어로 'sugar'는 '감언이설(fair words, sweet talk), 겉치레 말(candy floss)'을 언급하기도 한다. 'daddy'는 아빠라는 뜻이므로 곧 '중년 남자'를 의미한다. 이 둘을 조합하면 이해가 가능하다. a sugar daddy: 여성을 꾀려고 보석이나 돈을 쓰는 사람
○ **Rf.** fortune hunter: 재산을 노리고 결혼하려는 여성

마음에 여유가 있을 때 하겠어요.
I'll do it when I'm ready.

○ **Sit.** 어떤 일을 하고자 할 때 여러 가지 이유로 바빠서 당장 할 수 없을 때 좀 더 시간적으로나 심적으로 한가할 때 하겠다는 표현이다.
○ **Syn.** I'll do it when I'm available.=I'll do it when I am free.=I'll do it when I have time.
○ **Rf.** available: 시간 있는, 이용 가능한, 입수 가능한[손에 넣을 수 있는]

Smith는 지금 **여행 중이다.**
Smith is **on the road** now.

○ **Sit.** 축어적 의미가 "Smith는 지금 길 위에 있다."이므로 이해가 가능하다.
○ **Cf.** Smith is on the way to his country.: Smith는 본국으로 가는 중이다.
○ **Syn.** in one's travels: 여행 중인(on travel)
○ **Grs.** on+(관사[또는 소유격])+명사= ...하는 중
○ **Ex.** I am on duty.: 나는 근무중이다.

**연 46**

당신과 **연락하려면** 어떡해하죠?
How can I **get a hold of** you?

- **Sit.** 축어적 의미가 "어떻게 내가 당신(의 소재)을 잡을 수 있는가?"이므로 유추하면 이해가 가능하다.
- **Syn.** How can I contact you?=How can I get[keep] in touch with you?
- **Rf.** get a hold of...: ...을 (꽉) 잡다, 연락을 취하다(keep track of...)

**연 47**

연인 사이 인가요?
Are you two going steady.

- **Sit.** 축어적 의미가 "당신 둘은 꾸준한 상태가 지속되고 있나요?"이므로 이는 연인들이 지속적으로 연애하는 것을 빗대어 표현하는 것이 된다.
- **Rf.** That couple belongs together.: 그 커플은 연인 사이다. go steady with...: ...공식적으로 사귀다

**연 48**

연체료가 얼마입니까?
What is **hanging gale?**

- **Syn.** How much is hanging gale?
- **Rf.** gale: (집세나 이자 따위의) 정기 지급 hanging gale: 연체된 집세 late fee: 연체료
- **Grs.** 물건 값이나 시간을 말할 때 종종 'what'을 사용하기도 하는데, 이때 문법구조가 달라진다.
- **Ex.** How much is the notebook?=What is the price of the notebook?

## 열 49

Smith부부는 늘 매우 **열심히 일한다**.
The Smiths all the time **work their fingers to the bone.**　　　　⋯⋯⋯⋯

- **O Sit.** 축어적 의미는 "Smith부부는 늘 뼈 속까지 그들의 손가락을 작동
  시킨다."이다. 이는 일할 때 많이 사용하는 "손가락들을 철저하게
  썼다"라는 말이므로 이해가 가능하다.
- **O Rf.** work one's fingers to the bone.: 몸을 사리지 않고 뼈 빠지게 일
  하다(우리말에도 열심히 일할 때 '뼈 빠지게 일하다'라는 표현이 있다).

## 열 50

Smith는 늘 **열의가 있다**.
Smith is always can-do.　　　　⋯⋯⋯⋯

- **O Sit.** 축어적 의미는 "Smith는 늘 '할 수 있다(can-do)'이다."이므로 이해
  가 가능하다.
- **O Syn.** enthusiastic=ardent=zealous: 열의가 있는
- **O Oths.** can-do spirit: 할 수 있다는 정신
- **O Grs.** 어떤 단어들을 하이픈(hyphen)으로 연결하면 그것은 하나의 품사
  가 된다.
- **O Ex.** The Hawaiians are **take-it-easy** people.: 하와이인들은 성격이
  느긋하다. 'take it easy' 하면 '세 단어'가 되어 '느긋하게 대하다' 뜻
  이지만, 'take-it-easy'하면 '느긋하게 대하는'이라는 형용사가 되어
  people을 꾸며준다.

## 엽 51

엽기적이야
That's bizarre.　　　　⋯⋯⋯⋯

- **O** bizarre=bizarrerie[curiosity] seeking[hunting]: 괴기한 것을 쫓는
- **O Ex.** Throughout the movie, the couple get into many very bizarre
  but funny situations.: 이 영화 내내 이 커플은 많은 엽기적이지만
  웃기는[기묘한] 상황에 처하게 된다.
- **O Rf.** odd=eccentric=peculiar=weird=very strange: 별난

## 🔵 52

엿이나 먹으라고!
**Up your ass!**

- **Sit.** 영어권에서 이상한 손가락 모양이 연상된다. 'ass'는 엉덩이의 속어이며 'up'은 '위로'라는 전치사다. 이를 종합해보면 어느 정도 이해가 되지 않을까?
- **Syn.** Stuff it!=Up yours!
- **Cf.** Thumbs up!: 좋아! 잘했어! ↔ Thumb down
- **Rf.** 'ass'는 당나귀(donkey)이지만 이처럼 비속어로 많이 쓰이므로 조심해야 한다.

## 🔵 53

Mary는 모든 면에서 **영리한 사람이다.**
Mary is a **smart cookie** in everything.

- **Sit.** smart cookie: 똑똑하고 어려운 상황을 잘 극복하는 사람을 일컫는 말이다. 사람을 과자(cookie)에 비유한 것이 이채롭다.
- **Cf.** tough cookie: 자신감 있고 늠름한 사람
- **Rf.** 일반적으로 '똑똑하다'는 'be bright, be smart'이다.
- **Oths.** wise는 현명한 뜻도 있지만 다음처럼 부정적인 맥락에서 쓸 때도 있다. wise guy: 건방진 녀석, 현인인 체하는 사람 clever: 영리한, 꾀많은 as clever as a fox: 여우처럼 꾀 많은

## 🔵 54

아직 **옛날 실력 살아 있어.**
**I've still got it.**

- **Grs.** 'it'은 '주어진 어떤 상황'을 나타내는 비인칭이고, 'still'은 '여전히'라는 부사이며, 이 문장에서 매우 중요하다. 그리고 현재완료를 썼기 때문에 '과거부터 지금까지 계속적인 실력을 지녀왔다.'라는 것을 의미한다. 위 문장에서 'it'은 '옛날 실력'을 의미한다.
- **Ant.** I am a have-been.: 나는 한물갔다.

**옛 55**

옛날이 좋았지.
I've seen **better days.**

- **Sit.** (좀 나이든 어른들의 어투로) 축어적 의미로 "지금보다 더 나은 날들을 보아 왔다."라는 뜻이므로 이해가 가능하다.
- **Syn.** I've had better days and now this is **not so[as] much**[not good]
- **Cf.** good old days: 좋았던 시절[전성기]
- **Rf.** Smith loves Mary less than the past and Mary complains to Smith, "Those were the days.(아, 옛날이여)".

**완 56**

오늘 난 완전히 기분이 좋아.
Today I feel **as right as rain.**

- **Sit.** '(as) right as rain'이 어떤 과정으로부터 '매우 건강한[상태가 좋은]'의 뜻이 되었는지 이채롭다. 날씨가 가물거나 어떤 일을 하기 위해 꼭 필요한 때 오는 단비처럼 반갑고 기분 좋은 것은 없다.
- **Syn.** I am on an up.
- **Cf.** Today, I am in tip-top condition.: 나는 오늘 상태가 최고로 좋아.

**완 57**

너 완전히 오해했구나.
You really missed the point.

- **Sit.** 상대방한테 어떤 것을 설명하는데 '그 논지를 정말로 완전히 놓쳤다'라니 이해가 가능하다.
- **Syn.** You misunderstood me.=You are mistaken.=You got me wrong.
- **Cf.** That is downright misleading.: 그건 완전히 오해의 소지가 있다. My intentions were good.: 내 의도는 좋은 것이었다(불편을 줄 의도는 아니었다(오해하지 마라)).

## 오 58

오늘은 내가 쏜다.
Today, it's on me!

- O **Sit.** 위 문장에서 'it'은 술값의 계산서를 말하며 "오늘은 계산서가 나한 테 있다."라는 말은 '내가 사겠다.'라는 뜻이다.
- O **Syn.** Today, let me pick up the tab. ("오늘 나로 하여금 계산서(tab)를 뽑 도록 허락해주세요.")이므로 결국 본인이 계산한다는 뜻이다.
- O **Ex.** I'll ring it up for you.: 내가 계산할게요.

## 오 59

오리발 내밀지마.
Don't pretend not to know.

- O **Sit.** 축어적 의미가 "알고 있으면서 알고 있지 않은 척하지 말라."이므로 이해가 가능하다.
- O **Syn.** Don't try to tell a lie: 시치미 떼지 마
- O **Rf.** Don't play innocent.=Don't make believe to be innocent: 순진 한 척[모르는 척] 하지 마세요.

## 오 60

오버하지 마!
Don't **ham** it **up!**

- O **Sit.** 어떤 일에 대해 지나치게 말하거나 대하는 것을 말한다.
- O **Syn.** Don't **ham** the thing **up!**=Don't **ham** the part **up!**
- O **Rf.** ham: (연기를 과장하는) 엉터리[서투른] 배우, 연기가 지나치다, 과장 되게 연기하다, 넓적다리의 뒤쪽, 넓적다리와 궁둥이, 오금

## 오 61

오십보백보야.
Six of one and half a dozen of the other.

- **O Sit.** 여섯(six)이라는 말은 다른 말로 표현하면 열둘(dozen)의 반(half)과 같으므로 이해가 가능하다.
- **O Syn.** As broad as it's long.=A miss is as good as a mile.=There is little[not much] difference between the two.
- **O Cf.** You look the same to me.: 내가 볼 때는 너도 똑같아.

## 오 62

난 쓸데없는 **오해받기 싫어.**
I don't want to be accused unfairly.

- **O Sit.** 축어적 의미가 "나는 불공평하게(unfairly) 비난받는 것(accused)을 원하지 않는다."라는 뜻이므로 이해가 가능하다.
- **O Syn.** I don't want to be misunderstood unfairly.
- **O Rf.** Don't get me wrong.: 오해하지마(No offense).

## 오 63

오해하지 마.
Don't get me wrong.

- **O Syn.** I hope there is no misunderstanding.=Don't take me the wrong way.=Don't misunderstand me.
- **O Rf.** Don't take it personally.: 감정적으로[사적으로] 받아들이지 말라 [오해하지 말라]. This is not what I mean.: 이것은 내가 의도[의미] 하는 것이 아니다.

## 옷 64

옷깃만 스쳤다고!
We've passed in the night.

- **Sit.** 축어적 의미가 "주위가 보이지 않는 깜깜한 밤에 서로 지나쳐왔다" 이기 때문에 말은 상대방을 잘 알 수 없을 것이다.
- **Rf.** nodding acquaintance: 고개만 숙일 정도의 친분 사이
- **Cf.** kissing cousin: 만나면 가벼운 키스 정도 할 먼 친척

## 왜 65

왜 나한테 그래?
Why are you accusing me?

- **Sit.** 상관없는 본인에게 누군가 분풀이하거나 뭐라고 거칠게 대할 때 억울한 심정에서 말하는 표현이다.
- **Grs.** give (A) vent to (B)'s indignation: (B)가 (A)에게 분풀이하다
- **Cf.** Why are you only picking on me?: 왜 나를 갖고 그래? Give me a break! =Leave me alone!: 나 좀 내버려 둬!

## 왜 66

왜 사서 고생하냐?
Why all the troubles?

- **Sit.** '가만히 있어도 되는데 일부러 왜 모든 어려움(all the troubles)을 겪는지?' 그러니 사서 하는 고생일 수밖에...
- **Syn.** look[ask] for trouble: 사서 고생하다(invite trouble)
- **Rf.** skin trouble: 피부 트러블(피부에 나는 여러 가지 문제거리) prickly heat: 땀띠 rash: 발진 pimple: 여드름

**왜 67**

저 인간 **왜** 저래?
What's wrong with her?

- ○ **Sit.** 누군가가 평소와는 다른 행동이나 태도를 보일 때 약간의 의아함을 가지고 비판할 때 쓰는 표현이다.
- ○ **Syn.** What's the matter with her?=What's the problem with her?
- ○ **Cf.** What's she up to?: 저 여자 왜 저래?
- ○ **Con.** What's the deal with you, Smith?(너에게 무슨 일이야, Smith?) - No deal.(아무일도 아니야.)

**외 68**

외람된 말씀이지만,
I could be wrong but,

- ○ **Grs.** 'I could be wrong: 오해를 줄 수 있을지도 모른다'(일종의 가정법)라는 표현 다음에, 하고자 하는 말을 미리 양해를 구한다는 의미에서 'but ...'을 쓴다.
- ○ **Syn.** I dare[venture to] say ...[Allow me to tell you that .../Excuse me, but ...]

**외 69**

사람을 **외모로만 판단하지 마세요.**
Don't judge a book by its cover.

- ○ **Sit.** 축어적 의미는 "하나의 책을 그것의 표지에 의해 판단하지 말라." 이므로 이해가 가능하다. 책을 선택하거나 읽을 때 그 내용이 중요하지 겉표지가 중요한 것이 아니다.
- ○ **Syn.** Don't judge by appearance.=Appearance can be deceptive.
- ○ **Rf.** Beauty is but skin-deep.: 〈속담〉 미모도 따지고 보면 가죽 한 꺼풀[얼굴이 예쁘다고 마음도 예쁘다는 법은 없다.]

194

## 외 70

외유내강이야.

A steel hand in a velvet glove.

- **Sit.** 겉은 부드러운 천인 우단(velvet)으로 된 장갑을 끼고 있지만, 그 안에 있는 손은 강철(steel)로 단단한 손이다.
- **Ant.** being sturdy in appearance but gentle in spirit[at heart, inside]=a soft heart under a stern exterior(외강내유)
- **Rf.** sturdy=strong ↔ gentle=mild

## 요 71

요란한 색상이 유행이야.

Loud colors are the rage.

- 'loud'가 '음향적으로 시끄러운'이라는 뜻이 있는 것처럼 '색깔 면에서도 요란한', '야한'이라는 뜻이 있다. 또한 'rage'는 '분노'라는 뜻이 있지만, '대유행'이라는 뜻도 있다.
- **Ex.** vogue=fashion=rage
- **Rf.** showy=gaudy: 야한
- **Cf.** tawdry: 값싸고 번지르르한, 값싼, 비속한

## 요 72

걘 늘 **요리조리 빠져나간단** 말이야.

He always **gets away with stuff.**

- **Sit.** 'get away with...'는 '...을 잘 해내다, (벌 따위를) 교묘히 모면하다'라는 뜻이다. 다시 말해 '어떤 책임질 일을 이런저런 핑계를 들어 하지 않거나 변명할 때' 쓰는 표현이다.
- **Cf.** Get away[along] with you!: 꺼져!
- **Grs.** stuff는 '...것, ...일' 등 막연하게 지칭할 때 요긴한 단어다. 복수형이 없다.

## 요 73

요즘 같은 세상에.
In this day and age.

- ○ **Sit.** '오늘'은 'this day'이고 '오늘 같은 시대'는 'this age'이다. 이 둘을 집약했으니 '요즘 같은 세상'이 된다.
- ○ **Ex.** In this day and age, almost everyone is connected through social networking websites.: 현대에는, 거의 모든 사람이 소셜 네트워킹 웹사이트를 통해 연결됩니다.

## 용 74

용두사미가 되고 있어요.
It's kind of **petering.**

- ○ 축어적 의미는 "그것은 다소 끝이 가늘어지고 있어요."이다.
- ○ **Rf.** 'peter'는 원래는 '광산의 광맥이 서서히 없어지거나 약해지는 것'을 의미한다.
- ○ **Grs.** 'kind of'는 '다소(a little)'의 뜻이다.
- ○ **Syn.** It is growing to a point.
- ○ **Ant.** It started out big.: 처음에는 요란하게 시작했어.

## 우 75

Smith는 그의 또래 중 대장[우두머리]이다.
Smith is **a big cheese** among his friends.

- ○ **Sit.** 축어적 의미가 "Smith는 커다란 치즈이다."이지만 이것이 '우두머리[거물]'라는 뜻이 된 연유에 대해서는 문화적 고찰이 더 필요할 것 같다.
- ○ **Rf.** '거물'이라는 말이 'big cheese=big wig=big bug=tycoon= magnate=important figure=big shot'처럼 다양한 것을 보면 인간 세계의 권력본능은 대단한가 보다.

## 우 76

**나를 우습게 보지 마세요.**
Don't sell me short.

- ○ sell ... short: 경시하다
- ○ **Sit.** 무엇을 팔 때 좀 더 시간적으로 깊이 생각하여 팔아야 하는데 곧 바로 판다는 것은 그만큼 깊이 생각하지 않는다는 뜻이다. 또한 'sell'은 '설득시키다'의 뜻이 있으므로 누군가를 짧은 시간에 설득시킨다는 말은 그의 자존심을 꺾는 일이 아닐까?
- ○ **Rf.** think little of...=make little of...: ...경시하다 think nothing of...=ignore: ...무시하다 look down on=despise: ...멸시하다 ↔ look up to=respect: 존경하다

## 우 77

**잃어버렸던 라이터를 우연히 발견했어요.**
My lighter **turned up** yesterday.

- ○ **Sit.** 축어적 의미는 "내 라이터가 어제 위로 드러났다[나타났다]."이다. 이는 원하던 어떤 물건이 일부러 찾지 않았는데 '자연적으로 위로 나타났다(turned up)'라는 말이니 이해가 가능하다. turn up: 우연히 나타나다
- ○ **Cf.** show up: 나타나다 show off: 과시하다

## 우 78

**우유부단인 사람들은 질색이에요.**
I can't stand wishy-washy guys.

- ○ **Sit.** 무엇을 원하는 것인지(wishy) 아닌지 정확히 알 수 없다는 태도를 같은 말을 반복하는(wishy-washy) 압운(rhyming)을 이용해서 표현하고 있다.
- ○ **Syn.** shilly-shallying: 미적거리는
- ○ **Rf.** wishy-washy: 미온적인, 확고하지 못한, (색깔이) 선명하지 않은

**웃 79**

웃으면 복이 와요[소문만복래].
Laugh and grow fat.

- **Sit.** 축어적 의미는 "웃어라 그러면 살찌게 된다."이다.
- **Rf.** '웃으면 살이 찐다(grow fat)?' 과거에 못살 때는 살이 찌는[뚱뚱해지는] 것을 하나의 미덕으로 생각한 적이 있었다.
- **Syn.** Fortune comes to a merry home.
- **Oths.** We have some laughs.: 우린 즐거운 시간을 가지고 있지.

**원 80**

개 **원래 그런 애야.**
He's usually like that.

- **Sit.** "그 사람은 대체로[보통] 그와 같다"이므로 이해가 가능하다. '누군가 계속 눈에 거슬리거나 원치 않는 태도를 보일 때' 하는 표현이다.
- **Rf.** 이때 'usually(대체로[보통])'를 붙여 강조해주는 것이 중요하다.
- **Cf.** He is not what he was[what he used to be]: 그는 과거의 그가 아니야.

**원 81**

그게 바로 제가 **원하는 방법입니다.**
I wouldn't want it any other way.

- **Sit.** 축어적 의미가 "나는 그것을 어떤 다른 방법으로는 원하지 않는다."이므로 소통적 의미가 이해가 가능하다. (in) any other way: 어떤 다른 방법으로
- **Grs.** 원래는 전치사 'in'이 와야 하나 '시간이나 방법, 장소'를 나타내는 부사구에서는 종종 생략한다.
- **Ex.** (At) What time does this game start today?: 몇 시에 오늘 이 게임이 시작하죠?

## 웬 82

웬 떡이야!
What a windfall!

- ○ 'windfall'이란 바람이 불어 떨어진 낙과나 땔감 나무, 또는 우연히 주운 습득물 등을 의미한다.
- ○ **Syn.** What a unexpected piece of good luck[a windfall] it is!
- ○ **Rf.** It is serendipity.: 그건 우연한 행운이야. Nice[pleasant] surprise: 뜻밖의 즐거움

## 유 83

아름다운 여자가 무엇인가로 나를 **유혹하고 있다.**
The beautiful girl is **dangling a carrot** in front of me.

- ○ **Sit.** 말(horse)에게 어떻게 하라고 명령할 때 말을 잘 안 듣는 경우가 있다. 이 때 말 잘 듣도록 말의 입 앞에 당근(carrot)을 달랑거리면서 (dangling) 유혹할 수 있다. seduce=tempt=lure=entice=allure: 유혹하다
- ○ **Oths.** carrot and stick: 당근과 채찍

## 유 84

나의 제안은 여전히 **유효하다.**
My offer still stands.

- ○ **Syn.** 'My offer still holds true.=My offer is still valid.' 이 경우 부사인 'still(여전히)'이 중요한 기능을 한다.
- ○ **Rf.** 'stand'는 다양한 뜻을 가지고 있다. 단순히 '(일어)서다' 외에, '참다 (bear=tolerate=endure=put up with)'라는 뜻과 위의 문장처럼 '유효하다'라는 뜻이 있다.

Smith는 **육감으로** 상대방을 이겼지.
Smith beat his opponent **by the seat of his pants.**

- **Rf.** 'by the seat of one's pants'는 또한 '아슬아슬하게', '자력으로'라는 뜻이 있다.
- **Ant.** win through ability: 실력으로 이기다
- **Cf.** win hands down=get an easy win: 쉽게 이기다
- **Rf.** whup: (경기·싸움·선거 등에서) 쉽게[거뜬히] 이기다
- **Ex.** whup the game: 경기에서 손쉽게 이기다

노동자들의 일은 **육체적으로 힘들다.**
Blue collar worker's job is **back-breaking.**

- **Sit.** 인간은 구조상 육체적 노동을 하면 허리가 아프도록 되어있다. 우리말에도 '허리가 부러질 정도 힘들다'라는 표현이 있으니 이해가 가능하다.
- **Rf.** 작업장에서 일하는 노동자들은 푸른색 깃(blue collar)을 가진 작업복을 입는 경우가 많다.
- **Cf.** white collar: 사무일하는 사람

음식을 가리는군.
It is hard to fit your appetite.

- **Sit.** 축어적 의미가 "당신의 식욕에 잘 맞게[어울리게] 하는 것은 어려운 일이다."이므로 이해가 가능하다.
- **Rf.** choosy=finicky=particular=fastidious: 까다로운
- **Ant.** You are not partial to food.: 너는 음식에 편파적이지 않다[어떤 음식이든지 잘 먹는다].
- **Oths.** (1) Pot herbs(=wild greens): 산나물 종류— wild rocambole: 달래 shepherd's purse: 냉이 drop wort: 미나리(Japanese parsley) mugwort[wormwood]: 쑥 moxa: 말린 쑥 seasoned Aster scaber: 취나물 kalopanx sprout: 엄나무 순[새싹] burdock: 우엉 (2) Sea weeds: 해조류— laver: 김 tangle[kelp]: 다시마 hijiki: 톳 gulfweed[sargasse]: 모자반 agar: 우뭇가사리 glue plant: 풀가사리 green laver[sea lettuce]: 파래 green sea fingers: 청각
- **Rf.** parboil: 데치다 boildown[decoct]: 달이다

음 **88**

음치야.
I don't have a very good ear for music.

- **Sit.** 축어적 의미가 "나는 음악에 대해 매우 좋은 귀를 가지고 있지 않다."이므로 이해가 가능하다. 이는 소통적 의미로 '음악을 감상하기 위한 좋은 귀를 가지고 있지 않다'라는 말이다.
- **Syn.** I am tone-deaf.
- **Rf.** have a good ear: 음감을 가지고 있다(carry a tune)

## 의 89

**그의 말은 의문투성이다.**

His remark is very iffy.

⊙ **Sit.** 축어적 의미가 "그의 말들은 많은 if가 많다[조건부가 많다]."이므로 이해가 가능하다. 다시 말해 'iffy'는 의문이나 조건을 의미하는 단어 'if'의 형용사 형태라고 볼 수가 있으니 '의심이 많이 간다.'라는 뜻이 아닐까?

⊙ **Rf.** very dubious=very doubtful: 매우 의심이 가는[의심스러운]

## 이 90

**이긴 거나 다름없어요.**

Our team's got this game on ice.

⊙ on ice: 승리[성공]가 확실하여

⊙ **Sit.** 'on ice'는 또한 '음식물이 냉동상태에 들어가 있는 상태'를 의미한다. 냉동상태에 있다는 말은 '늘 먹기 위해 잘 준비가 되어 있다'라는 뜻일 것이다. 따라서 이 게임이 잘 준비되어 있다는 말은 '이길 확률이 높다'라는 말이다. 또 다르게 해석 가능한 것은 '얼음은 어떤 것을 제대로 기능하지 못하도록 얼게 한다'와 '상대를 언 상태에 두고 게임을 갖는다라는 말은 '상대를 잘 요리할 수 있다'라는 뜻이 될 것이다.

## 이 91

**이래라 저래라 하지 말아요.**

Don't order me around.

⊙ **Sit.** 축어적 의미가 "나를 이리저리 명령하지 말라."이므로 이해가 가능하다.

⊙ **Syn.** Stop bothering[bugging] me about everything.

⊙ **Rf.** boss ... around=be bossy and pushy about ...: ... 이래라 저래라 하다 (boss처럼 '이래라 저래라 명령하다'라는 의미)

**이 92**

## 뭐 이런 놈이 다 있어.
### What kind of person is this!

- **Sit.** '이 사람 (도대체) 어떤 부류의 사람인가!'라는 말은 누군가가 예상 밖으로 뚱딴지 같은 행동을 할 때 나무라면서 쓰는 표현이다.
- **Grs.** "What kind of (A) is this!"의 문형은 "뭐 이런 (A)가 어딨어!" 같은 표현이 되므로 응용하면 좋을 것 같다.
- **Rf.** 'that, it, this' 등의 대명사는 사람을 지칭할 때가 있다.

**이 93**

## 이름 값 좀 해라.
### Live up to your name.

- **Sit.** 축어적 의미가 "너의 이름에 따라[부응하여] 살아라."이므로 이해가 가능하다.
- **Rf.** 'live up to...'는 '...(가치, 주의 따위에 따르며) 살다'의 뜻이다. 결국 '이름에 걸맞게 살아가라'라는 의미는 '이름값을 하라'라는 뜻이다.
- **Oths.** Give ... a bad name: 불명예[오명]를 주다

**이 94**

## 나의 이름[신용]에 먹칠을 할 거야.
### My name will be mud.

- **Sit.** 우리말 표현에 '먹칠을 한다(smear with ink)'라고 하는 것이 있는데 영어 표현은 흔히 볼 수 있는 색깔인 먹과 비슷한 '진흙(mud)'을 쓰고 있다니 재미있다.
- **Rf.** mud: 하찮은 것, 더럽히다
- **Cf.** ink stone: 벼루 ink stick: 먹
- **Syn.** Give ... a bad name=dishonor: 불명예[오명]를 주다

Paul **이름으로 예약해주세요.**
Can you please put it under the name of Paul?

- **O Sit.** 식당이나 어떤 이벤트 장소를 예약할 때 예약 안내처(reception desk)가 있는데 '누구의 이름 하에 그 예약(it)이 놓여 있느냐(put it under the name of...)'는 결국 예약했다는 의미다.
- **O Rf.** Under what name was it put?: 누구의 이름으로 예약되어 있습니까?

그는 **이맛살을 찌푸리고** 있다.
He is **knitting his brows.**

- **O Sit.** 축어적 의미는 "그는 그의 이마를 뜨개질하고 있다."이다. 이마를 뜨개질(knitting)하듯이 표정을 지으니 '인상을 찌푸리고 있다'라는 의미가 될 것이다.
- **O Rf.** make faces=frown=grimace: 얼굴을 찡그리다 knit wear: 뜨개질한 유형의 옷 straighten face: 얼굴[표정]을 펴다

곧 **이십 세가 된다.**
I'm pushing 20.

- **O Sit.** 축어적 의미가 "나는 20을 밀어내고 있다."이다. 예를 들어, 눈금 저울(scale)의 20이라는 숫자를 저울추(pendulum)가 뒤로 밀어내고 있다면 이는 곧 '이십 세(20)가 된다'의 뜻이 된다.
- **O Syn.** I am nearing 20.
- **O Rf.** I am turning 20: 나는 20세를 넘어가고 있다
- **O Cf.** I am fifteen years old in Korean age.: 나는 만으로 15세다.

이왕 하는 김에,
**While you're at it,** ..................

- **Sit.** 축어적 의미는 '당신이 그것에[그런 환경에] 있는 동안'이므로 소통적 의미를 이해할 수 있다. 이는 어떤 것을 부탁할 때, 부담을 주지 않는다는 측면에서 '상대방이 하고자 하는 일에 편승해 부탁' 할 때 쓰는 표현이다. 경우에 따라서는 While you are at it을 "In the mean while=meantime: 하는 동안에"로 고쳐 표현 가능하다.
- **Ex.** While you're at it, pick up some rice for me.: 가는[하는] 김에 쌀 좀 사다줘요.

이위[2위]였어요.
**He was the runner up.** ..................

- **Sit.** 축어적 의미는 "그는 그 주자(first runner)를 다가가고[가까이에] 있었다."이다. 다시 말해, 육상(track and field events)에서 1위에 계속 다가가는(up) 주자(runner)가 되므로 2위가 되는 셈이다.
- **Cf.** take first place in the race: 경기에서 1위 하다
- **Rf.** Our team came a close second.: 우리팀이 아깝게 2위했다.

이젠 (어서) 가라.
**Off you go.** ..................

- **Sit.** 이 문장은 2가지로 원래의 문장이 추론 가능하다. 1)'여기서 떨어져(off) 이젠 가라'라는 의미로 이해할 수 있거나 2)'You go off.'의 표현을 강조하기 위해 도치시킨 문장이라고 볼 수 있다.
- **Syn.** Go away.
- **Cf.** run away: 도망치다, 가출하다 Walk off: 꺼져

## 이 101

### 그녀는 **이중성격을 가졌어**.
She has a **multi-personality**.

- **Sit.** 축어적 의미는 "그녀는 많은[여러 가지] 인성을 가지고 있다."이다.
- **Rf.** '인성을 많이 가지고 있다'라는 말은 결론적으로 경우에 따라 '성격이 많이 변한다.'라는 뜻으로 볼 수 있다. '이중성격'이란 단지 2개의 성격이 아니라 상황에 따라 여러 가지 성격을 보여주는 것을 의미할 것이다.
- **Syn.** She has a split personality.

## 인 102

### 저 **인간 왜 저래**.
What's wrong with him?

- **Sit.** 누군가가 평소와는 다른 행동이나 태도를 보일 때 약간의 의아함을 가지고 비판할 때 쓰는 표현이다.
- **Syn.** What's the matter with him?
- **Cf.** What's she up to?: 저 여자 왜 저래?(=What's the problem with her?)
- **Rf.** What's the deal with her?: 그 여자 문제가 뭐야?

## 인 103

### 그의 **인기는 시들지** 않아.
His popularity never **goes down!**

- **Sit.** 축어적 의미는 "그의 인기는 결코 내려가지 않는다."이다. 이 말은 결국은 '계속된다(go on)'거나 '시들지 않는다(never fade out=never wither).'라는 의미다.
- **Syn.** His popularity never fail in.=His popularity lasts.=His popularity doesn't wane.

## 인 104

**인생 그렇게 살지 마[바보같이 굴지 마].**
**Get a life!**

- **Sit.** 누구나 할 수 있는 '하나의 인생을 가져라(Get a life!)!'라는 말은 결국 '단순하지마는 자기 나름의 하나의 정상적인 삶을 갖는다'라는 뜻이다.
- **Cf.** Wake up and smell the coffee.: 현실을 똑바로 이해하라. Let's face it.: 현실을 똑바로 보아라(Get real). Don't get cute.: 수작부리지마. Dream on!: 꿈 깨!
- **Rf.** Act your age.=Grow up.: 어른답게 처신하라.

## 일 105

**그 증후군은 일시적인 성공에 불과해.**
**The syndrome is a flash in the pan.**

- **Sit.** 'pan'은 '화면에 파노라마적인 효과를 내기 위해 카메라를 상하좌우로 움직이며 하는 촬영기술'이다. 그런데 본인에게 단 한 번만 일시적으로 반짝(flash)하고 찍어주니 일시적일 수밖에 없다.
- **Syn.** The syndrome is just temporarily all the rage.: 그 증상은 단지 일시적으로 대유행하고 있을 뿐이야.

## 일 106

**그는 곧 (툭툭 털고) 일어날 거야.**
**He will get back on his feet in no time.**

- **Sit.** 축어적 의미는 '그는 다시(back) 곧(in no time) 본인의 발을 스스로 딛고(on his feet) 일어날 것이다.'이므로 소통적 의미가 이해가 가능하다.
- **Syn.** He will stand on one's own feet soon.
- **Rf.** get right back on the track: 다시 옛 상태로 돌아오다 rise again=recover: 재기하다
- **Grs.** 이때의 'right'는 '바로'라는 부사의 뜻이고, 'back'은 '다시(again)'라는 부사의 뜻이다.
- **Oths.** take a brace: (운동선수가) 재기하다, 분발하다 gain one's feet=make comeback: 재기하다

## 일 107

그 사람은 정말 **일을 잘해.**

He really knows his job.

- **Sit.** 축어적 의미가 "그는 정말로 본인의 일을 알고 있다.'이므로 이 말은 '당연히 그는 (자기의) 일을 잘 할 수 있는 상태'다.
- **Rf.** 이때 'really(정말로)'가 들어감으로써 소통적 의미를 더욱 실감나게 하고 있다.
- **Syn.** He has the knack for doing it.: 그는 그것을 하기 위한 비결을 알고 있다.

## 일 108

일이 산더미처럼 쌓여 있어요.

I am up to my ears[neck, eyes] in work.

- **Sit.** 축어적 의미가 "나는 일에 있어서 나의 귀[목]까지 다다르고 있다"이므로 얼마나 할 일이 많으면 온몸이 파묻힐 정도인 귀에 다다를까? 생각하면 이해가 된다.
- **Rf.** up to my ears[neck, eyes] in ...: ...일에 밀려
- **Syn.** I am tied up with the work.

## 일 109

Smith는 지금 **일자리를 몇 개 갖고 있다.**

Smith **wears several hats** now.

- **Sit.** 축어적 의미는 "Smith는 여러 개의 모자를 지금 쓰고 있다."이다. 일할 때는 그 일의 신분이나 안전을 위해 모자를 쓰는 경향이 있다. 해야 할 일이 많아 그에 따른 '모자[작업모]를 몇 개를 쓰고 있다'니 이해가 가능하다.
- **Rf.** Smith is moonlighting as a delivery job.: Smith는 야간 부업[택배하는 일]을 하고 있다.
- **Oths.** second job=side job: 부업

**일 110**

## 하는 일 잘 되어가나?
## How's the trick?

- **Sit.** 'trick'이란 말은 '속임수, 술책, 방책[비법]'등의 뜻이 있다. 이 말은 상대방이 평소 하는 일이나 하고 있는 고유의 어떤 일이 있을 때 그 일에 대한 진척도를 에둘러 질문하는 방식이다.
- **Syn.** How's the job coming along?=How is it going?=Is everything all right?=Are things going well?=How goes it?

**일 111**

## 임자가 있다고.
## I'm spoken for.

- **Sit.** 누군가 이성 교제나 결혼문제에 있어 입에 자주 오르거나 '...위해 언급된다.' 하면 그 사람은 임자가 있는 몸이 아닐까?
- **Syn.** I am not available.
- **Rf.** available: (결정된 교제 상대가 없어서) 교제 가능한
- **Ex.** I'm available but I am not desperate.: 이성 친구는 없으나 당장 결혼할 생각은 없어요.
- **Cf.** Those seats are spoken for.: 그 자리들은 주인이 있어요(Those seats are taken already).

**일 112**

## 입덧이 심해졌어요.
## The morning sickness is getting bad.

- **Sit.** 아침에 발생하는 '메스꺼운 병'은 아마도 입덧일 게 분명하지 않을까? sick call: 병가 call in sick: 아파서 연락하다
- **Rf.** be off sick: 병으로 쉬고 있다 feel[turn] sick: 몸이 찌뿌둥하다, 느글거리다 go[report] sick: 병으로 결근하다, 병결근 신고를 내다 sea sick: 바다에서 겪는 멀미

**입 113**

네 **입만** 입이냐?
Do you think your mouth is the only mouth here?

- **○ Sit.** 음식을 같이 먹지 않거나 자기만 먹고 상대방은 신경 써 주지 않을 때 서운한 마음으로 하는 표현이다. share the food: 음식을 나누어 먹다
- **○ Rf.** be greedy about food: 먹는 것에 욕심부리다 My eyes are bigger than my stomach.: 나는 식욕[식탐]이 왕성하다.

**입 114**

그 도둑은 **입을 다물고**[답변을 거부하고] 의식이 없는 체 했다.
The thief clammed up and play unconscious.

- **○ Sit.** 바닷가 조개를 캐서 보면 정상적인 조개는 완전히 뚜껑이 닫혀져 있는 것을 볼 수 있다. 이를 사람의 입에 비유한 것이 흥미롭다. clam: 대합조개, 뚱한 사람, 말이 없는 사람
- **○ Rf.** 대합조개가 다물고 있으니 이해가 가능하다. good secret keeper: 입이 무거운 사람
- **○ Grs.** play+형용사[명사]=...인 체하다

**입 115**

입이 닳도록 얘기를 했어요.
I'm blue in the face.

- **○ Sit.** 축어적 의미는 "나는 얼굴이 파란 상태다."이다. 서양인들은 어떤 말을 쉴 새 없이 말하면 얼굴이 파래지나 보다. blue in the face: 입을 뗄 수 없을 정도로 지친, 입이 닳도록 말하는
- **○ Rf.** She has a big mouth and runs off at the mouth.: 그녀는 수다쟁이다. 연신 입을 놀려댄다.

**입 116**

# 난 **입이 짧아요.**
I am particular[fastidious] about my food. ..................

- ○ **Sit.** 축어적 의미는 "나는 나의 음식에 대해 특별하다."이다. 이 말은 음식에 대해 까다롭다'라는 의미이고, 결론적으로 '아무거나 잘 먹지 않는다.'라는 뜻이다.
- ○ **Syn.** I'm an epicure[a gourmet, a gourmand].: 나는 식도락가다.
- ○ **Ant.** I am not picky about food.: 편식하지 않아요.

**입 117**

# 네 **입장을 고수해.**
Just stand your ground. ..................

- ○ **Sit.** 축어적 의미는 "단지 너의 입장을 참아내라."이다.
- ○ **Rf.** stand[keep, maintain] one's ground=cling to[hang on to] one's position: 자신의 지위를 유지하다, 자기의 의견을 지키다, 한 걸음도 물러서지 않다(never take a step back)
- ○ **Ant.** Stand up and then sit down again.: 입장을 번복하다.

**입 118**

# 입장이 난처해집니다.
That would **put** me **in an awkward position.** ..................

- ○ **Sit.** 축어적 의미로 '그것은 나를 어색한 위치에 놓았다'라는 말은 결국 '입장이 난처한 상태에 있다'라는 말이다.
- ○ **Syn.** That would put me in an embarrassing position.
- ○ **Rf.** awkward answer: 거북한 답변 I was in it.: 나는 입장이 난처했다. Put yourself in their position.: 너를 다른 사람들 입장에서 생각해봐. a man of position: 지체 높은 사람 Wealth commands position.: 돈이 지위를 만든다. in position: 제 자리에 있는 ↔ out of position: 제 위치에 있지 않은 be well positioned to ...: ...하기에 아주 유리한 입장에 있다

있는 그대로 얘기해 주세요.

Give it to me straight.

- **Sit.** 더함이나 덜함이 없이 있는 상태를 말할 때 쓰는 표현이다.
- **Syn.** Just tell the story, warts and all.=Say it as it is please.=Tell it like it was please.
- **Ex.** I'm straight(forward): 나는 이성애이다(진솔하다)
- **Cf.** make a clean breast: 깨끗이 털어놓다, 자백하다

### ㅈ 01

**나의 상사는 자기 생각만 해요.**
**My boss gazes at his navel.**

- **Sit.** 업무시간에 '자신의 배꼽만을 응시하고 있다'라면 결국 자기 자신만을 생각하는 것이 아닐까?
- **Rf.** contemplate[regard=gaze] at one's navel: 〈익살〉 명상에 잠기다, 현실을 도피하다
- **Cf.** day dream: 공상에 잠기다 navel: 배꼽(belly button)

### ㅈ 02

**자랑 좀 그만해라.**
**Quit singing your own praises.**

- **Sit.** 자기 자신에 대한 칭찬들(praises)을 단순히 말하는 것을 뛰어넘어 노래를 부르니 자기 자랑을 많이 한다고 볼 수밖에 없다. sing one's own praises: 자화자찬하다
- **Rf.** No more of your bragging!: 자랑 좀 그만해! braggart: 허풍쟁이, 자랑꾼 self-praise=self-admiration: 자화자찬

### ㅈ 03

**이제 자립할 수 있게 됐어.**
**I can stand on my feet now.**

- **Sit.** '본인의 발을 딛고 스스로 일어난다(stand on one's feet).'라는 말은 남의 도움 없이 자립한 상태가 아닐까?
- **Rf.** stand on one's legs.=pay one's own way=earn one's way: 자립하다
- **Cf.** get up on one's own feet: 다시 일어서다
- **Grs.** 이때의 전치사 'on'은 '지지' 내지는 '부착'을 나타낸다. on tiptoe: 까치발을 띠고 on one's stomach: 엎드려

**자 04**

Smith는 **자만하는 사람**이다.
Smith is **a bighead.**

- ○ **Sit.** 유럽이나 영어권에서는 'bighead'는 '지식이 풍부하고 똑똑한 사람'으로 여겨져왔다.
- ○ **Syn.** Smith is a swellhead[boaster, braggart].
- ○ **Rf.** Don't be conceited[vain].: 자만하지 말라. flatter oneself: 자기 딴에 우쭐하다
- ○ **Oths.** Smith is so stuck-up.: Smith는 너무 거들먹거린다.

**자 05**

자존심 상해!
That hurt my pride. What a blow to the ego!

- ○ **Sit.** 자기의 '자아(ego)에 대해 누군가 일격(blow)을 가한다.'라니 얼마나 자존심이 상할까?
- ○ **Syn.** That injured my pride[self respect].=My pride has been hurt.
- ○ **Rf.** have a big ego: 자존심이 매우 강하다 egoism: 이기주의 ego-centrism: 자기중심주의

**자 06**

자진해서 왔어.
He came of his own accord.

- ○ 'accord'라는 단어는 '의향[의지](volition), 발의'라는 뜻이 있다.
- ○ **Syn.** He came of[by] his own volition.
- ○ **Rf.** of one's own accord=of[by] one's own volition=voluntarily: 자발적으로, 자진하여 with one accord: 만장일치로 in accord[accordance] with...: ...와 일치하여
- ○ **Cf.** in proportion to[with]...: ...와 비례하여 ↔ in reverse proportion to[with]...: ...와 반비례하여

214

## 좀 작은 소리로 말해주세요.

Please, tone it down a little.

- **Sit.** 어떤 일을 할 때 소리 때문에 방해가 되는 경우 정중하게 말하는 표현이다. tone down: (색조, 어조 따위의) 강세를 떨어뜨리다, (감정 따위를) 누그러뜨리다
- **Ant.** Please, tone it up a little.=Please, speak in a little loud voice.
- **Oths.** 'tone'은 '음조, 어조'의 뜻이 있다. in an angry tone.: 성이 난 어투로

## 잔머리 돌리지 마.

Don't try to take the easy way-out.

- **Sit.** 축어적 의미로 "쉽게 빠져나가는 방법(easy way-out)을 취하지 말라."라는 뜻은 '얕은 계략을 쓰지 말라'라는 뜻이 아닐까?
- **Syn.** Don't be sly on the difficult[important] problem.
- **Rf.** Smith has[get] a way with the stuff.: Smith는 빠져나가는 방법을 알고 있어.

## 자꾸 <u>잔소리하지 마세요</u>.

Don't rub it in.

- **Sit.** '무엇을 자꾸 비비다(rub)' 보면 짜증이 나게 마련이다. 이런 과정을 '잔소리한다.'라고 비유한 것이 흥미롭다.
- **Syn.** chew one's ear=read ... a lecture=read ... a lesson: ...에게 잔소리(small talk) 하다
- **Rf.** rub it in: 듣기 싫게 자꾸 말하다

## 잘 10

### 네가 <u>잘나면 얼마나 잘났냐?</u>
If you are all that, how big could you be.

- **Sit.** 상대방이 계속하여 잘난 체하거나 우쭐거리며 행동할 때 핀잔을 주며 하는 말이다. (be) all that: 모든 그 정도까지(이다) big: 중요한, 잘난, 훌륭한, 유명한, (태도가) 난 체하는, 뽐내는
- **Ex.** big looks: 오만한 얼굴
- **Rf.** put on airs=look wise: 잘난 체하다

## 잘 11

### 제발 넌 <u>잘난 척</u> 좀 그만해.
Stop acting like **you're all that.**

- **Sit.** '네가 모든 그것인양(you're all that)'이라는 뜻을 새겨보면 결국 잘난체 보이는 것이 아닐까?
- **Rf.** 'all that'은 최근에 많이 쓴다.
- **Syn.** Don't act like you're all that.=Don't be a wise guy.: 잘난 체하지 마라.
- **Grs.** act+명사/형용사=act like+절: ...인 체하다[연기하다] play+형용사[명사]: ...인 체하다, ...연기하다

## 잘 12

### 그는 늘 <u>잘난 체하는 사람이야.</u>
He's all the time being a wise guy.

- **Sit.** 'wise guy'는 '잘난 체하는 사람'이고, 'wise man'이 '현명한 사람'이라고 구분하여 표현하는 것이 이채롭다.
- **Rf.** 이처럼 'guy'는 일반적으로 스스럼없이 속어처럼 표현할 때 쓰는 말이고, 'man'은 일반적으로 어느 정도 격식을 갖고 쓰는 표현이다. condescending=showing off: 잘난체하는, 거들먹거리는

**잘 13**

잘 될 거예요.
It'll be great.

- **Sit.** 누군가 이루기 위해 준비했던 어떤 일이 잘 안되었을 때, 위로하며 격려할 때 쓰는 표현이다.
- **Syn.** Everything will be fine.=I'm sure you'll figure out something.=It will work out all right.=It will work out in the end.=Everything will be alright.

**잘 14**

이번에는 정말 일이 잘 됐으면 좋겠어.
I really want it to happen this time.

- **Sit.** 축어적 의미는 "나는 그것이 이번에는 발생하기를 진심으로 원한다."이다. 과거에 실패를 많이 거듭했으니 이번에는 '원하는 것(it)'이 잘 발생했으면 좋겠다는 뜻이다.
- **Syn.** This time I wish you well.=I hope that this time that'll be fine.
- **Grs.** 위의 문장은 전형적인 5형식 문장이다. 목적보어의 의미상의 주어는 목적어이므로 목적어(it)를 '을, 를, 에게' 등으로 해석하지 말고 '은, 는, 이, 가' 등으로 해석하는 것이 좋다.

**잘 15**

잘 따라가고 있어요.
I'm keeping up.

- **Sit.** '지시받은 내용이나 일을 잘 해나가고 있을 때' 하는 표현이다. '계속하여 뒤처지지 않고 잘 버티며 유지하고 있다(keep up)'라고 하니 이해가 가능하다.
- **Rf.** Are you with me?: 당신들 내말 잘 이해하고 있어?
- **Cf.** Is all that clear, right?: 내가 한 말 다 이해하는가?

### 너 <u>잘못 짚었어.</u>
You are barking up the wrong tree.

- **Sit.** 목표물이 있는 나무를 향해 짖어대야 하는데 엉뚱한 나무(the wrong tree)를 향해 짖어대니 잘못된 일일 수밖에...
- **Syn.** You are making a wrong guess.=You're guessing wrong.=I think you've got it the wrong way around.

### Smith는 Mary에게 <u>잘 보이려고 애쓰고 있어.</u>
Smith bucks up to Mary.

- **Sit.** 고금동서를 막론하고 남한테 알랑거리거나 아부하는(flatter=suck up=apple polish=brown nose) 근성은 인간에게 존재하고 있는 것 같다. buck up to...=shine up to...: ...에게 잘 보이려고 하다
- **Cf.** 이외에 'buck up'은 '기운을 내다', '격려하다'라는 뜻이 있다.

### 그녀 <u>잘 빠졌어.</u>
Wow! She has a smooth curve.

- **Sit.** 부드러운 곡선(a smooth curve)을 가지고 있다니 이해가 가능하다.
- **Syn.** Wow! She is constructed.=Wow! She is a curvaceous woman.=Wow! She is a well-shaped woman.
- **Rf.** well-made person: 몸매가 좋은 사람
- **Oths.** chubby: 통통한 stout: 살찐 sturdy: 건강한 hunk=macho: 근육질의

## 잘 19

**너무 잘 어울리는 커플이야.**
You guys make the perfect couple.

- **Sit.** 영어에서는 최고의 찬사를 보낼 때 'perfect'라는 간단한 형용사를 쓰면 거의 해결된다.
- **Syn.** You look great together.＝You are made for each other.
- **Rf.** You are a match made in heaven.: 너희들은 하늘에서 맺어준 짝이다[천생연분이다].

## 잘 20

**잘 자 내 꿈꿔.**
Sleep tight, See me in your dreams.

- **Sit.** 잠을 잘 자려면 이리 저런 꿈을 꾸거나 뒤척거리지 않고 'tight' 하게 자야만 한다.
- **Syn.** 간단히 "Sleep well.＝(Have a) Good night." 하는 것이 일반적인 표현이다. Sweet dreams: 잘자
- **Rf.** have sound sleep.: 잠을 잘자다 sleep like logs.: 깊은 잠을 자다

## 잠 21

**잠깐만 시간 좀 내주세요.**
Have you got a moment to spare?

- **Sit.** "당신은 남겨둔 순간[짧은 시간]을 가지고 있는가?"이므로 이해가 가능하다. 누군가에게 잠깐 말을 건네거나 어떤 일을 위해 실례를 구할 때 쓰는 표현이다.
- **Syn.** Would you spare some moment?
- **Rf.** make time: 시간을 내다, 서두르다
- **Cf.** Do you have time?: 시간 있어요? Do you have the time?: 몇 시 입니까?

**잠 22**

난 **잠을 쉽게 깨요.**

I am a really light sleeper.

- ○ **Sit.** '잠을 깊이 못 자고 가볍게 잔다.'라는 말은 결과적으로 잘 깨게 되는 것이 아닐까 싶다.
- ○ **Ant.** I sleep like a baby.=I sleep like a log.=I sleep soundly.: 나는 잠을 깊게 잔다.
- ○ **Rf.** a heavy sleeper: 잠을 잘 자는 사람
- ○ **Oths.** sleep walker: 몽유병자 read the good dream: 길몽을 해석하다

**잠 23**

이런저런 **잡담이나 하고 싶어.**

I just wanna shoot the breeze.

- ○ **Sit.** 누군가와 실외에서 잡담하게 되면 바깥 대기 속에 있는 미풍을 입에서 나오는 바람으로 쏘게 마련일 것이다. 또는 입으로 나오는 입김을 조그만 바람이라고 볼 수 있다.
- ○ **Rf.** gossip=shoot[fan] the breeze=chit chat: 잡담하다 Stop chatting: 잡담 금지 gossip monger: 헛소문 퍼뜨리는 사람

**장 24**

그냥 **장난으로 한 말이야.**

I'm just teasing you.

- ○ tease: 놀리다, 괴롭히다
- ○ **Syn.** Just Joking.
- ○ **Rf.** a dirty joke: 외설스러운 농담 a sick joke: 남을 불쾌하게 만드는 농담 a funny(a sophisticated, a silly, lame) joke: 재미있는[세련된, 시시한, 썰렁한] 농담
- ○ **Grs.** 위의 표현은 문장 속 'just'가 강조되어 발음되어야 한다.

## 장 25

이거 장난이 아닌데!
Man, This isn't a joke!

- **Sit.** 축어적 의미가 "이봐, 이것은 농담이 아니야!(느낌표가 중요)"이므로 이해가 가능하다.
- **Syn.** This ain't no fun.=I'm not kidding you.: 장난이 아니라, 진짜에요.
- **Rf.** Man: (남성에 대한 호칭) 어이, 이봐, 자네
- **Cf.** 또는 아무 뜻이 없는 감정의 감탄어로 쓰인다.

## 장 26

장난이 좀 심한데.
The joke is too harsh.

- **Sit.** 농담은 가볍게 끝나야 제맛인데 너무 심하면(harsh) 안 될 것이다.
- **Syn.** You've gone too far with the joke.=That's[It's] a bit stiff.=The joke is too stiff.
- **Rf.** the joke of the town: 장안의 웃음거리 Joking apart[aside] =Apart from joking: 농담은 그만하고

## 장 27

이거 장난치지 마!
Don't do mischief.

- **Syn.** Don't be mischievous!=Don't do a naughty thing!=Now, this is not a game!=Don't fool around.
- **Rf.** Don't mess[monkey] around with sharp knives!: 날카로운 칼 가지고 장난치지 말라.
- **Cf.** Don't play a trick!: 속이지 마! mischievous=naughty: 장난꾸러기의, 장난을 좋아하는 haughty: 거만한

## 장 28

장담은 못하지만, 어떻게든 노력해볼 게.
No promises, but I'll see what I can do. ................

- **Syn.** I am not sure, but I'll see what I can do.
- **Rf.** I'm not guaranteeing anything: 나도 장담 못해 I wouldn't count on it: 장담은 못해요, 그렇게 되지 않을 걸
- **Oths.** swear to...=guarantee: ...라고 단언[장담]하다 I bet=I am sure

## 장 29

장래성이 있어요.
It has promise. ................

- **Syn.** It has future.=It has prospects for the future.=It has future possibilities.=It shows promise.=It is promising.
- **Rf.** there is high probability of...: ...발전가능성이 높다 Smith has a good prospect.: Smith는 앞날이 매우 밝다.
- **Cf.** potential: 잠재력

## 장 30

아휴 **장하기도 하시지!**
Well, bully for you! ................

- **Sit.** 위의 문장 속 'bully for you!'는 2가지 뜻이 있다. 1)Bully for you! So cool!: 근사해! 멋져! 2)He's got a job in New York? **Well,** bully for him!: 그는[가] 뉴욕에서 일자리를 얻었다구? 그게 뭘 대단한 일이라구[별 것 아니라구]
- **Rf.** 위 문장 속뜻은 2)에 해당한다고 할 수 있다. 다시 말해, 상대방이 하는 언행이 못 마땅할 때 핀잔을 주며 나무라듯이 하는 말이다.
- **Cf.** Bully for you.: 기운 내.

## 장 31

### 그는 장황하게 얘기했어요.
### He **spoke at length** about it.

- ○ at length: 길게, 상세히
- ○ **Syn.** He rambled about it.
- ○ **Ant.** Don't chew the fat.: 장황하게 얘기하지 마세요.
- ○ **Rf.** give a long talk=ramble on=spout: 장광설을 늘어놓다
- ○ **Cf.** KISS(Keep it simple and short).=Keep it simple and make it clear.: 간단명료하게 하라.

## 재 32

### Smith는 **자금을 많이 바치는 재력가다.**
### Smith is a fat cat.

- ○ **Sit.** 뚱뚱하고 기름진 cat은 음식을 잘 먹었을 수밖에 없다. 이는 먹을 것을 많이 쌓아놓은 부자이기 때문일 것이다.
- ○ **Rf.** 영어표현에는 어떤 성향을 가진 사람을 표현할 때 cat을 쓰는 경우가 많지 않을까?
- ○ **Ex.** copy cat: 모방꾼
- ○ **Syn.** Smith is a man of fortune[means].

## 재 33

### 그냥 **재미로요.**
### Just for kicks.

- ○ 'kick'은 '재미, 즐거움'이라는 뜻이 있다.
- ○ **Syn.** Just for fun=in a joke=jokingly= for laughs=in game=for joke: 재미로, 웃자고 talk half jokingly: 진담 반 농담 반으로 이야기하다 joking aside[apart]: 농담을 집어치우고
- ○ **Oths.** That place kicks[rocks]!: 물 좋다!

## 재 34

### 그것 참 재미있다!
That's a rich joke!

- **Sit.** 종종 반어적으로 쓰는 표현이다. rich: 〈발언, 생각 등이〉 매우 재미있는[우스꽝스러운], 〈자기 잘못을 제쳐두어〉 가소로운, 우습기 짝이 없는
- **Ex.** What a rich idea!: 무슨 뚱딴지같은 생각이냐!
- **Rf.** rich soil: 옥토, 기름진 토양 be rich in...: ...이 풍부하다

## 재 35

### Jack은 나의 재산을 탕진했다.
Jack **ate me out of house and home.**

- **Sit.** 우리말에 가산을 탕진했을 때 '...말아먹다'라는 표현을 한다. 이를 연상하면 이해가 가능하다.
- **Rf.** eat (A) out of house and home: (A)의 것을 다 털어먹다.
- **Cf.** 일반적으로 재산을 탕진하다는 'run[go, get] through one's fortune=ruin one's fortune'이다.

## 재 36

### 난 이 일에 재주가 있어.
I've got a knack for this.

- **Sit.** 사람들은 모든 분야가 아니라 남과 다른 저마다 뛰어난 분야(knack)가 있다. 이때의 표현이다.
- **Syn.** I've got a way with this.
- **Rf.** 일반적으로 '재주가 있다'는 'have a talent'이다.
- **Rf.** I've got know-how for this.: 나는 이것에 대한 비법이 있어.

## 전 37

전화 안 끊었지?
Hey, are you still with me?

- **Sit.** '당신은 여전히 나와 함께 있다.'라는 말은 문맥에 따라 여러 가지로 해석 가능하다. 위의 문장은 '전화 중에 있으므로 끊지 않고 있는 상태'다.
- **Cf.** Are you still with me?: 내 말 알아듣고 있지[이해 잘하고 있지]?
- **Rf.** Stay with me.: 나와 함께 있어주세요.

## 절 38

하늘을 나는 것은 **절대 불가능해.**
Flying in the sky is off chance.

- **Sit.** 인간이 하늘을 난다는 것은 상식적으로 가능성 밖(off chance)에 있는 것이다.
- **Rf.** Fat chance=The chance is slim: 많지 않은 가능성 good chance: 높은 가능성
- **Cf.** it is absolutely impossible to... : ...하는 것은 절대적으로 불가능하다 Even a pig can fly: 희한한 일이 일어날 수가 있어

## 절 39

절대로 아니야.
Not on your life!

- **Sit.** '생명을 내기할 정도가 아니다'라는 뜻은 '결코 아니다'라는 뜻이다.
- **Syn.** Not in the least=Not in a pig's eye=Anything but=Never=Not at all=Not in the wildest dream: 전혀 아닌(by no means)
- **Rf.** on your life: 반드시(by all means), 꼭 Never ever: 절대 아니다

**정** 40

## 우리 정리 좀 합시다.

Let's all get on the same sheet of paper.

- **O Sit.** 토의나 회의를 할 때 각자 주장에 따라 의견이 분분하다. 그러니 여러 종이에 각각의 의견을 적게 마련이다. 이처럼 '한 장에 통합한다.'라는 말은 결국 '의견을 정리한다'라는 뜻이다.
- **O Syn.** Let's make it more clear.=Let's clean things up.

**정** 41

## Mary에 대한 **정보를 발견하고[캐내고] 있는 중**이다.

I'm **digging up something on** Mary.

- **O Sit.** 'Mary에 관해 무언가를 캐낸다'이므로 쉽게 이해가 가능하다.
- **O Rf.** 'dig up[out]'은 '무엇을 캐내다'이고, 'something'이란 '중요한 무언가가 존재한다'라는 것을 시사하는 것이다.
- **O Syn.** pump the information: 정보를 캐내다.
- **O Cf.** Dig in.: 먹어라.
- **O Rf.** 'some'이라는 단어가 앞에 붙으면 중요하면서 긍정적인 것을 의미한다.
- **O Ex.** You are something.: 당신은 대단한[중요한] 분이죠.

**정** 42

## 정숙해 주시기 바랍니다.

Please come to order.

- **O Cf.** The hearing will come to order.: 청문회가 개최될 것이다.
- **O Rf.** call (A) to order: (A)를 시작하다, 개회를 선언하다 come to order: (회의가) 열리다, 개회되다, 정숙해지다 bring order to...: ...에 질서를 가져오다 in the order of...: ...의 순서로
- **O Cf.** by order of...: ...의 명령에 의해 Order in court: 정숙해 주시기 바랍니다(법정에서 판사가 하는 말)

**정 43**

### (도대체) 정신 나갔어?
What's on your mind?

○ **Sit.** '마음 위에 무엇이 있니?'라는 말은 '다른 생각을 하고 있든가, 정신이 나간 상태'를 말한다. "무슨 생각[문제]이냐?"의 뜻도 있다.

○ **Cf.** What's on your mind?: 무슨 일 있으세요? Wow! What's the occasion?: 어머, 어쩐 일이에요? 오늘 무슨 날이에요?

**정 44**

### 친구랑 정이 많이 들었어요.
I feel very close to my friend.

○ **Sit.** 우리말의 '정'이란 뜻을 딱히 바르게 영어로 표현할 수가 없다고 한다. 그러나 위 문장처럼 비슷하게는 표현 가능하다.

○ **Rf.** become[get, grow] **attached to**...: ...정이 들다

○ **Cf.** be intimate with...: ...와 정을 통하다 be affectionate to(ward)...: ...에게 애정을 품다

**제 45**

### 일을 하려면 제대로 해!
If you're going to do, do it right!

○ **Sit.** "만약에 당신이 할 것이라면, 그것을 잘[옳게]하라"라는 축어적 의미를 형성하므로, 원래부터 하지 않으면 결과에 대해 아무런 책임을 느낄 필요가 없지만 굳이 한다면 좋게 끝나는 것이 상책 아닌가?

○ **Rf.** do a good work=be good at work: 일을 잘하다

## 제 46

**그 당시 난 제어할 수가 없었어.**
I **went off** (my) **rocker** at that time.

- **Sit.** 굉장히 심적으로 흥분하거나 화가 났을 때 쓰는 표현이다.
- **Rf.** went off (one's) rocker: 미치다
- **Cf.** 일반적으로 '억제[제어, 통제]할 수 없게 되다'는 'get[go] out of control'이다. run through fire and water: 물불 안 가리다
- **Syn.** 흔한 표현은 'I lost control'이다.

## 제 47

**너 제정신이니?**
Are you out of your mind?

- **Rf.** Never mind what he says. Put it out of your mind.: 그가 말한 것을 마음속에 남겨놓지 말라. 잊어라.
- **Syn.** 일반적으로 "너 제정신이니?"는 'Are you crazy?=Are you out of your senses?'이다.
- **Ant.** come to one's senses=come to oneself: 제정신이 들다 come to life: 소생하다

## 제 48

**나 오늘 제정신이 아니야.**
It's not myself today.

- **Sit.** 우리말에도 "난 내가 왜 이러지, 내가 오늘 내가 아닌 것 같아."라는 표현이 있다.
- **Cf.** absent-minded: 얼빠진, 멍하게 있는
- **Grs.** 위의 문장 속 대명사 'it'은 비인칭 대명사이며 '날짜'를 나타낸다. 하지만 굳이 비인칭이므로 해석할 필요가 없다.

## 조 49

### 조건[속셈]이 뭐야?
### What's **the catch?**

- **Syn.** What's the angle?
- **Cf.** What's on your mind?: 뭐가 알고 싶은데?
- **Rf.** an underhand scheme=an underlying motive=a secret design: 꿍꿍이 생각
- **Rf.** 위의 질문에 대한 대답은 다음과 같이 할 수 있다.: No strings attached to it.: 별다른 조건이 없습니다(No catch).

## 조 50

### 조금씩 양보합시다.
### Let's meet halfway.

- **Sit.** '중간 부분에서 만난다.'라는 말은 '타협을 한다.'라는 뜻 아닌가?
- **Syn.** Let's offer a little compromise=Let's make concession little by little.: 타협을 제안합시다.
- **Rf.** Let's get some concessions.: 조금씩 양보합시다. Let's split the difference.: 절충합시다.

## 조 51

### 그녀는 유행에 **조예가 깊다[심미안이 있다].**
### She**'s got a good eye** for fashion.

- **Sit.** 유행은 우선 시선을 만족시켜야 한다. '... 좋은 눈이 있다'라는 말은 '... 안목[심미안]이 있다'라는 뜻이다.
- **Cf.** have a good eye for..: ...에 안목이 있다, ... 보는 눈이 있다. have a good ear for..: ... 음감이 좋다, ... 듣는 귀가 있다
- **Rf.** Mary has a good taste in art: Mary는 예술에 좋은 취미[일가견]가 있다.

**종 52**

## 그건 **종잡을 수가 없는 거죠.**

He is so unexpected.

- **Sit.** "예상을 할 수 없다(unexpected)"라는 뜻은 결국 '종잡을 수 없다'
  라는 뜻이다.
- **Rf.** can not make head or tail of ...: ... 종잡을 수 없다
- **Cf.** The thief often wandered in her talk.: 도둑은 종종 종잡을 수
  없는 말을 했다. gibberish: 종잡을 수 없는 말


**종 53**

## 에이, **좋다 말았네!**

Oh, I almost had it!

- **Sit.** 축어적 의미가 "오, 나는 거의 그것을 가질 뻔 하였는데[성공할 뻔
  하였는데]!"이므로 '일이 잘 되어가다 갑자기 잘 안 풀리거나 이루어
  지지 못할 때' 감탄조로 하는 발설이다.
- **Rf.** My air-conditioning **has had it**: 내 에어컨이 완전히 고장났다[끝
  장났다]. What a waste!: 아까워라!


**좀 54**

## 그는 **좋든 싫든** 앉아 지루한 연설을 끝까지 들어야만 했다.

He was forced **willy-nilly** to sit through a lot of boring speeches.

- **Sit.** 'willy-nilly'를 'will(의지)'과 'nill(좋아하지 않다)'로부터 나왔다고 생
  각하면 이해가 될 것이다.
- **Rf.** If he likes it or not=Willy-nilly he=Will he, nill he
- **Ex.** It is a great match-day, and every boy in the school, will he,
  nill he, must be there.: 거대한 시합 날이며 좋든 싫든 간에 모든
  남학생들은 그곳에 있을 것이다

## 🔵 55

좋으실 대로 하세요.
Be my guest.

- **Sit.** "기꺼이 (존경스러운) 나의 손님(guest)이 되라"라는 뜻이므로 이해가 가능하다. '음식을 마음껏 드세요'라고 표현할 때도 쓰인다.
- **Syn.** Whatever you like, be free to do it.=Suit yourself.=Help yourself.
- **Rf.** 일반적으로 '좋으실 대로 하세요.'는 'Do as you please.'이다.

## 🔵 56

좋은 게 좋은 거지.
If it's nice, then it's nice.

- **Sit.** '기왕이면 모든 것을 되도록 좋은 방향으로 생각하자'라는 뜻이다.
- **Rf.** Enough is enough.=That's enough.: 이제 됐다! 그쯤 해둬! Stop asking for money! That's enough!: 돈 달라고 조르는 것은 이제 그만둬라! 그쯤 해두라고!
- **Rf.** Fair is fair.: 냉정해야 한다., 서로 원망하지 말아야 한다.
- **Ex.** I hope things will work out. Fair is fair after all.: 잘 됐으면 좋겠네. 좋은 게 좋은 거라고.

## 🔵 57

좋은 기억만 간직할게.
I'll always remember the good times.

- **Sit.** 과거의 일들 중 미래 발전을 위해 좋았던 일만 떠올리는 것은 좋은 일이 된다.
- **Syn.** I'll remember all the time good memories
- **Rf.** think well of ...: ...을 좋게 생각하다 look on the bright side of...: ...밝은 면만 보다, 낙천적이다(be optimistic) ↔ 비관적이다(be pessimistic)

## 58

**주접 좀 떨지 마.**

Don't cut up so much.

- **Sit.** 상대방의 눈총에 거슬리게 이곳저곳에서 과도하게 분란을 일으키는 행동을 할 때 이렇게 표현한다.
- **Rf.** cutup: 못된 장난을 치는 사람, 과시하는 사람
- **Cf.** Don't fuss with...: ... 호들갑 좀 떨지마! Please don't be coy: 제발 내숭 좀 떨지마!

## 59

**쥐꼬리만한 월급으로 살아요.**

I live on a shoes string.

- **Rf.** chicken feed: 푼돈, 잔돈, 시시한 사람[짓] very small amount of money: 매우 적은 돈
- **Oths.** 끈이라는 것은 영어단어로 기능이나 굵기를 따져 여러 가지로 다르게 부른다.
- **Ex.** thread: 실유형의 끈, string: 운동화 끈이나 악기의 줄, lace: 운동화 끈이나 옷들의 장식 끈, chord: 전기 줄, rope: 밧줄

## 60

**즐거운 하루였다.**

I had a field day today.

- **Sit.** 늘 방구석이나 사무실에 틀어 박혀 있다가 야외로 나가면 즐거울 수밖에 없을 것이다. field day: 야외 훈련일[집회일, 연구일, 행사일, 운동회, 천렵일]을 의미한다.
- **Ex.** have a field day.: (야외에서) 마음껏 떠들며 즐기다.
- **Rf.** "오늘을 너에게 더할 나위 없는 날로 만들어라."는 'Make your day today'이다.

## 지 61

### 당신 **지금 상태가 좋아.**
I like the way you are.

- **Sit.** "나는 네가 (현재) 있는[존재하는] 그 방식을 좋아한다."이므로, 누군가가 좋게 또는 좋지 않게 변하지 않고 현 상태가 만족스러운 상태일 때 본인과 상대방의 기분을 좋게 하기 위해 쓰는 표현이다.
- **Syn.** I like what you are now.
- **Cf.** I am not what I was.=I am not what I used to be.: 나는 과거의 나가 아니다.

## 지 62

### 나도 **지금에야 알았어요.**
I didn't know until just now.

- **Sit.** "나는 단지 지금까지 알지 못했다"라는 말은 결국 '지금 알게 되었다'라는 뜻이 아닐까?
- **Syn.** I didn't know so far.=I didn't know that before.=Now I got to know what you mean.
- **Rf.** I have never known about it until now.: 나는 그것에 관하여 이전까지는 알지 못해왔다.

## 지 63

### 지나봐야 알 수 있죠.
Nothing is done until it is said and done.

- **Sit.** "어떤 것도 그것이 말해지고 행해질 때까지는[끝나게 될 때까지는] 행해지지 않는다[끝나게 되지 않는다]." 어떤 일이나 사람들은 겪어봐야 그 실상을 알게 된다.
- **Rf.** It's not over until it is over.: 끝날 때까지는 끝난 것이 아니다[끝나야 끝난 것이다].(유명한 미국 야구선수(Yogi Berra)의 말이다.)

**지 64**

## 그 PC는 가격이 지나치게 비싸다.
The PC is **through the roof.**

- **Sit.** 우리말의 '천정부지[천정의 높이를 알지 못한다]처럼 가격이 솟는다.'라는 말이 있듯이 'PC가 지붕(roof)을 뚫고 간다.'라니 이해가 충분히 가능하다.
- **Syn.** hit[go through] the ceiling[roof].: 시세가[가격이] 매우 높이 오르다., 몹시 화를 내다. 하지만 가장 일반적인 표현은 'The PC is very expensive.'이다.

**지 65**

## 너무 지나치게 멋 부리지마!
Don't overdress.

- **Sit.** '욕교반졸'이라는 한자성어가 있다. 이 말은 '지나치게 기교를 욕심 부리면 그 효과가 오히려 꺾인다'라는 의미다.
- **Cf.** dress up: 성장하다 ↔ dress down: 성장하지 않다
- **Rf.** 일반적으로 '멋 부리다'의 표현은 'preen oneself'이다.
- **Ex.** She was preening herself before going to the gathering.: 그 모임에 가기 전에 그녀는 멋 부리고 있었다.

**지 66**

## 지레 짐작을 하시는군요.
You're jumping the gun.

- **Sit.** 얼마나 다급했으면 총을 집어 올리는 것이 아니라 뛰어넘을까?
- **Rf.** guess beforehand=presuppose: 지레 짐작하다.
- **Syn.** You are making a hasty generalization.
- **Rf.** make a hasty generalization[be hasty in generalization]: 속단하다 wild guess: 억측

Smith 탁월한 **지적 능력**을 가지고 있다.
Smith has a excellent **gray matter.**

○ **Sit.** 'gray matter'는 '척수의 회백질'을 말한다. 이는 비유해 '생각하는 능력'을 의미한다.
○ **Syn.** white matter
○ **Rf.** 'Smith is very intelligent.'는 'Smith는 선천적으로 지적인 능력을 타고났다.'라는 뜻이고, 'Smith is very intellectual.'는 'Smith는 후천적으로 지식을 쌓아 지적이다.'라는 뜻으로 볼 수 있다.

여기서 **지척에[엎드리면 코 닿는 곳에] 살아.**
I live **a stone's throw away** from here.=My house is **just around the corner.**

○ **Sit.** 우리말로 '엎드리면 코 닿는 곳'이라는 '매우 가까운 정도'를 의미하는 표현이 있는데 영어로는 '돌을 던져 도달하는 정도'라니 비유가 색다르다. 흔한 표현은 'I live near by.'이다.
○ **Rf.** a stone's throw away: 돌로 던져 닿을 만한 거리에 있는

지킬 건 지켜야지.
Let's be responsible!

○ **Sit.** "책임을 집시다."이므로, 약속한 사항이 정당하면 지키는 것이 당연하고 혹여 검토해 보니 '내용이 잘못되었거나 문제가 있다'라고 할지라도 신의와 질서유지를 위해서 일단은 지켜야 한다는 뜻이다.
○ **Rf.** A bargain is a bargain.: 계약은 계약, 약속은 약속.

## 지 70

지퍼 열렸어요.
Your fly is open.=XYZ(=eXamine Your Zipper)

- **Sit.** 상대방의 바지의 앞부분(fly)이 열려있을 때 민망함(embarrassed)을 주지 않기 위해 우언적(periphrastic)으로 표현하는 방식이다. 뒤의 표현, XYZ(당신의 지퍼를 살펴보세요)를 많이 쓰기도 한다.
- **Rf.** zip it up.: 지퍼 올리다 Zip it up!=Shut up!: 입닥쳐!
- **Grs.** 상식적으로 표현할 때 XYZ가 아니라 EYZ가 자연스럽지만, 일반적으로 '첫 철자 줄임말(acronym)'은 발음이 현저한 철자를 따르는 경향이 있다. 때문에 모음 'e'보다는 'x'를 썼다.
- **Ex.** PX=Post Exchange

## 진 71

그는 **진짜 부자다.**
He is Rich **with a capital R.**

- **Grs.** a capital+대문자 철자(A)...: 진짜(로) (A) 한. 다시 말해, 어떤 표현을 강조하기 위해서는 다양한 방법이 동원된다. 그 중에 하나가 첫 철자를 대문자(capital)로 쓰는 것도 있을 것이다. 위의 문장에서는 '부자'라는 것을 강조하는 표현이므로 우리말로 '진짜 부자'라는 뜻이 된다.

## 진 72

좀 **진정하지.**
Would you get a grip on yourself?

- **Sit.** "자신을 꼭 잡고 있어야 한다."라는 말은 '나대지 않고 자중하라.'라는 뜻이다. grip: ...잡다, 잡기
- **Rf.** get a grip on oneself: 자제하다(control[contain, restrain, check, compose] oneself)
- **Syn.** Calm down=Take it easy.: 진정하세요.

## 진 73

진지하게 하라.
Get real!

- **Sit.** "현실적이 되라"라는 말은 '세상은 항상 진지하게 현실을 보는(real) 눈이 있어야 한다.'라는 뜻이다. get real: 현실을 똑바로 알다, 진지하게 하다
- **Oths.** make a serious attempt: 진지하게 행하다 Let's be serious.: 진지해집시다. Don't get cute.: 현명하게 구는 게 좋을걸. Grow up.=Act your age.: 철 좀 들어라.

## 질 74

Mary는 **질투심이 심하다.**
Mary is a **green-eyed monster.**

- **Sit.** 흔히 녹색(green)은 희망과 청춘처럼 긍정적인 의미를 담고 있지만, 영어권에서는 '시기심, 질투심' 또는 '서툴고 미숙한 것'을 표현할 때 사용하기도 한다. green-eyed monster: 질투심이 심한 사람
- **Rf.** The players are still green.: 저 선수들은 여전히 서툴다. Mary is green and fresh.: Mary는 여전히 애송이야.

## 징 75

애기처럼 **징징거리지 마.**
Stop whining like a baby.

- 영어권에서도 매사에 어린애처럼 대하는 사람들이 많다.
- **Syn.** Stop fretting.=Stop being peevish.
- **Rf.** 어리광 부리다[피우다]: play the baby=display winning ways=behave like a spoilt child=act[behave] like a baby: 어리광 부리다[피우다]

**짜** **01**

### 우왕! 진짜 **짜증나**.
### Man, I'm so ticked.

- 'ⓞ tick'은 '모기처럼 무는 벌레', '체크 표시하다'라는 뜻이 있다. 'ticked'는 속어로 '화가 난'의 뜻이다.
- **ⓞ Syn.** I am irritated.=I am annoyed.=I am pissed off.=I am so upset.=I am so mad.=It just gets to me.: 짜증난다[화가 난다].
- **ⓞ Oths.** Man은 감정을 나타내는 발성어다.

**짱** **02**

### Mary는 **짱이야**.
### Mary is a top banana.

- ⓞ a top banana: 제 1인자 third banana: 3인자
- **ⓞ Rf.** big cheese=tycoon=big shot=bigwig=magnate=guru: 거물 go bananas=be nuts: 미치다
- **ⓞ Oths.** You are my boss.: 당신은 나의 상관입니다. You are the boss.: 네 팔뚝 굵다. 잘났어, 정말.

**째** **03**

### 째째한 사람이 되지 맙시다.
### Don't be a poor sport.

- ⓞ 'sport'에는 '정정당당하게 매사를 대하는 사람'이라는 뜻이 있다.
- **ⓞ Rf.** The president is a good sport.: 그 대통령은 시원시원하다.
- **ⓞ Oths.** sportsmanship: 정정당당한 게임 정신 sporty: 스포츠적인, 운동가다운, (복장이) 화려한(gay), 야한(flashy), (태도·외양 따위가) 경쾌한, 발랄한, '스포티'한
- **ⓞ Cf.** dressy: 옷치장을 좋아하는, 복장에 마음을 쓰는, 멋진, 맵시 있는

## 쩔 04

### 여전히 **쩔쩔매고 있어.**
I'm still stumped.

- **stump**: (질문 등으로) 난처하게 하다, 당황하게 하다, 어찌할 바를 모르게 하다
- **Ex.** I was stumped for her words[answer].: 나는 그녀의 말[대답]에 당황했다.
- **Syn.** 일반적으로 '쩔쩔매다[어찌할 줄 모르다]'는 'be embarrassed=be at a loss=be at one's wit's end'이다.

## 찌 05

### 몸이 **찌뿌둥하다.**
I feel heavy.

- 몸의 상태가 안 좋으면 무겁게 느껴지는 것은 당연하다.
- **Syn.** I am under the weather.=I don't feel so good[well].=I am in bad[poor] condition.=I feel so uncoordinated.
- **Ant.** I feel light.=I am in good condition: 나는 몸이 가볍다[좋은 상태다].
- **Cf.** I am in tip top condition.: 최고로 몸 상태가 좋다.

## 찍 06

### 찍어둔 사람 있습니까?
Do you have someone in mind?

- **Grs.** 'someone'은 말하는 사람이 대상을 이미 알고 있거나[내용이 중요하다고] 전제할 때, 'anyone'은 말하는 사람이 대상을 알고 있는지 없는지 상관하지 않고 중립적인 태도를 가지고 말할 때 쓴다. 따라서 'Do you have anyone in mind?'라고 하면, '상대방의 마음속에 찍어 둔 사람이 있는지 없는지 모를 경우'가 된다.

## 찍 07

### 저 애는 내가 **찍었어.**
That boy is mine.=That guy is on my list.

- **Sit.** '나의 목록(my list)에 있다'라는 말은 결국 '찍어왔다'라는 뜻이다.
- **Rf.** I kept an eye[my eye(s)] on him.: 나는 그를 주시했어. I had my eyes on this for a long time.: 이거 전부터 내가 찍어둔 거예요.
- **Cf.** I kept an eye on the movements of a suspect.: 나는 그 의심자의 행동거지를 주시했다.
- **Oths.** keep something under observation: 을 감시하다, 지켜보다

## 찍 08

### 뭐 **찔리는 거라도 있는** 거야?
Are you hiding something?

- **Sit.** '뭐를 뒷전에 숨긴다(hiding something)'라는 것은 뭔가 찔리는 것[양심의 가책]이 있을 수밖에 없지 않을지...
- **Rf.** 이때 'anything'을 사용하면 말하는 사람의 중립적인 입장에서 표현하는 것이 되고, 'something'을 사용하면 말하는 사람이 어떤 확신을 갖고 표현하는 의미가 된다.
- **Syn.** You feel guilty?=You have a guilty conscience?=Are you conscience-stricken?: 너 양심의 가책을 받고 있니? guilty conscience: 양심의 가책('죄의식을 느낀다.'라는 뜻은 '양심의 가책을 받고 있다'라는 뜻이 아닌가?)
- **Oths.** conscience-stricken: 양심에 시달리는 trigger-happy navy: 총질에 사로잡힌 해군 smoke-ridden buildings: 연기에 휩싸인 건물들

**ㅊ 01**

그는 **찬물을 끼얹었지.**
He **damped the party.**

- **Sit.** '파티를 축축하게[눅눅하게] 했다'라는 말은 비가 왔을 터, 때문에 파티는 정상적으로 행해졌을 리가 없었을 것이다.
- **Syn.** He spoiled the party.: 그는 파티를 망쳐놓았어.
- **Ex.** He rained on my parade.: 그는 내 기분을 망쳐놓았어.

**ㅊ 02**

그는 나를 **창피하게 만들었어.**
He made me feel so small.

- **Sit.** '심적으로 작도록 만든다.'라는 것은 '주눅들게 한다.'라는 의미다.
- **Syn.** He embarrassed me.
- **Rf.** feel small: 보잘 것 없게 느끼다 (미국의 유명한 듀오 가수 Simon & Garfunkle의 노래인 'Like a Bridge over Troubled Water'의 시작 부분이 'When you're weary and feeling small...(당신이 지치고 보잘 것 없이[초라하게] 보일 때 ...)'로 시작된다.)

**ㅊ 03**

**창피한 줄 알아라.**
Shame on you!

- **Sit.** 누군가가 잘못하여 관련된 사람이 민망한데 본인 자신은 잘 인지하지 못할 때 나무라면서 하는 말이다
- **Syn.** Have you no shame?: 창피한 줄 모르냐?
- **Cf.** Fie, for shame!: 아이 보기 싫어(어린애를 꾸짖을 때) Fie upon you!: 이거, 기분 나쁜데
- **Ant.** Good for you!: 잘한다! 됐어!(Bravo!)
- **Rf.** in shame: 부끄러워서

ㅊ

**책 04**

당신은 창문을 깼소. 그리고 개에게 **책임을 전가했소.**
You broke the window and **blamed it on our pet dog.**

- **Sit.** '본인이 창문을 깬 것을 애완견에게 책임을 씌웠다'라는 말은 우리 말에 있는 '누구한테 뺨 맞고 한강에 가서 눈 흘긴다.'라는 표현과 상통한다고 볼 수 있다.
- **Grs.** blame[put] (A) on (B)=(B) be responsible for (A): (A)의 책임을 (B)에게 묻다

**처 05**

우린 **처리해야 할 일이 많아요?**
We have got a lot to **catch up** on today?

- **Sit.** 'catch up'이 '... 따라 잡아야만 한다'이므로 결국은 '밀린 일[이야기]를 하다'라는 의미가 된다.
- **Syn.** We have so much to do.=We've got a lot to do.=We've got a lot to deal with.=We are tied up with our work.
- **Grs.** catch up 다음의 'on'은 '계속하여'란 뜻의 부사다.
- **Rf.** play catch-up: 술래잡기 하다

**천 06**

Jack은 음악에 **천부적 재능을 가지고 있어.**
Jack has a good ear for music.

- **Syn.** Jack has a natural talent for music.
- **Rf.** have a good ear for...: ...에 대한 음감이[듣는 귀가] 좋다[있다].
- **Oths.** have a good eye for ... : ...에 대해 안목[보는 눈]이 좋다[있다]
  He is tone-deaf.=He can't carry a tune.: 그는 음치다.

## 천 07

우린 **천생연분**이야.
We're **made for each other.**

- **Sit.** "상호간을 위해 만들어졌다"라는 말은 결국 '하늘이 맺어준 천생연분'이 아닐까 싶다.
- **Syn.** We're a match made in heaven.=We were meant to be together.=We were meant for each other.=We're a perfect couple.

## 철 08

어려울 때를 대비하여 **철저하게** 너의 경비를 **줄여라.**
**Cut** your expense **to the bone(s)** to prepare for rainy days.

- **Sit.** 어떤 것이 '철저하게 맞는다.'라는 것을 우리말로 '뼛속까지'라는 표현으로 쓴다. to the bone(s)[marrow]: 철저하게
- **Syn.** Tighten your belts to the bone(s) to prepare for rainy days.
- **Rf.** tighten one's belts=lead an austere life: 허리끈을 졸라매다, 긴 축재정을 하다

## 철 09

제발 **철 좀 들어라.**
Why don't you act your age?

- **Sit.** "철이 안 들었다"라는 말은 '나이보다 어리게 행동한다.'라는 뜻이 되므로 이해가 된다. 때문에 '나이처럼 행동한다.'라는 말은 '철이 들었다'라는 뜻이다.
- **Syn.** Grow up.: 제발 좀 철 들어라.
- **Rf.** I wish you'd be more mature.: 좀 더 성숙했으면 좋겠는데.

**철 10**

마침내 우리는 그들의 의견을 <u>**철회[반대]하기로**</u> 결정했다.
Finally we decided to **back out of** their opinion.

- **Sit.** "그들의 의견으로부터 뒤로 물러선다(back out of their opinion)."라는 말은 결국 '철수한다.'라는 뜻이다.
- **Rf.** withdraw=repeal=cancel=annul=revoke=retract=recant=call off=back track: 철회하다
- **Cf.** drop the charges (against): ... 공소를 철회하다
- **Oths.** back off: 물러나다

**첫 11**

누군가와 데이트할 때 상대방의 본능적이며 <u>**첫 번째로 나오는 반응**</u>에 유의하라.
When you have a date with somebody, watch the opposite's **gut reaction.**

- **Sit.** 'gut'는 사람의 '내장'을 뜻한다. 결국 'gut reaction'은 '사람의 몸이 정상을 유지하기 위해 생리적[본능적으로]으로 반사한다.'라는 뜻이 된다. gut reaction: 본능적인 반응
- **Cf.** 'gut'는 '배짱이'라는 뜻도 있다.
- **Ex.** The beggar had the gut to love the princess.: 거지는 공주를 사랑할 만큼 배짱을 가지고 있었다.
- **Oths.** love at first sight: 첫눈에 반한 사랑

**체 12**

난 <u>**타고난 체질이야.**</u>
I was born for this.

- **Sit.** '이것을 위해 태어났다.'라는 말은 이해가 충분히 된다.
- **Syn.** I was made for this.=I was gifted with this.
- **Rf.** be born (with)=be gifted (with)=be endowed (with)=be inborn (with): ...타고 나다
- **Cf.** a constitutional weakness: 타고난 허약 체질

## 초 13

여전히 **초저녁이야.**

The night's still young.

- **Sit.** '밤이 여전히 젊다[어리다]'라는 표현은 매우 시적이다.
- **Syn.** It is still early night.=It's early evening.
- **Rf.** in the middle of the night: 한밤중인
- **Oths.** young[waxing, new] moon=crescent: 초승달 old[waning] moon=decrescent[dark] moon: 그믐달 half moon: 반달 full moon: 보름달

## 촌 14

옷이 **촌스럽다.**

Those clothes are **out of style.**

- **Syn.** Those clothes are unsophisticated[loutish, uncouth, unfashionable, countrified].
- **Cf.** dowdy: 얼굴이 촌스러운, 옷이 촌스러운
- **Rf.** out of style[fashion]=out of date: 유행에서 지난 ↔ in style[fashion]=up to date
- **Rf.** corny: 곡물[옥수수]의, 촌스러운, 세련되지 않은, (익살이) 진부한, (재즈 따위) 감상적인

## 최 15

수영을 위해 여름이 **최고로 좋은 시기다.**

To swim outside summer is **as good a time as any.**

- **Sit.** "어느 때 만큼이나 그렇게 좋은 때(as good a time as any)"이므로 결국은 '최상의 시기'라는 뜻이다.
- **Cf.** A lovely time to swim outside is this time of the year.: 밖에서 수영하는 것은 일년 중 이쯤이 가장 좋은 시기다.
- **Rf.** the best time: 가장 좋은 시기[시간] prime time: 최고의 때

## 추 16

### 난 **추위를 잘 타요.**
The cold really **gets to** me.

- ○ **Sit.** 사소한 추위에도 잘 못 견디는 경우에 쓰는 표현이다. get to: 영향 [감명]을 주다, 못살게 굴다
- ○ **Syn.** I am very vulnerable to the cold.=I am very sensitive to the cold.: 나는 추위에 매우 취약하다.
- ○ **Cf.** I am sweltering.: 나 더위 먹었다.

## 추 17

### 나 좀 **추천해주겠어?**
Can you put in a word for me?

- ○ **Sit.** 겸손한 표현처럼 들리는 "나를 위해 한 말 놓아줄 수 있겠니[나를 위해 한 마디 해줄 수 있겠니?]"는 '추천해달라(put in a word)'라는 의미다.
- ○ **Syn.** Can you say nice[good] things for me?: 나를 위해 좋은 것들을 말해줄 수 있겠지? recommend: 추천하다

## 추 18

### 권투선수는 시합 후에 **축 늘어져있다.**
The boxer was **limp as a noodle** after fighting.

- ○ **Sit.** '국수가 늘어진 상태'를 생각하면 이해가 가능하다. limp as a noodle: 완전히 몸이 풀린(exhausted=worn out)
- ○ **Rf.** 'limp'는 '발을 절룩거리다, 흐느적거리다, 무기력한' 같은 뜻이 있다.
- ○ **Grs.** after fighting의 원래 문장은 'after he/she fought'이다. 분사구 문이 되어 접속사(after)가 생략되어야 하지만, 뜻을 분명히 전달하기 위해 생략되지 않았다.

## 친 19

### 야, 친구 좋다는 게 뭐야?
Come on, what are friends for?

- **Sit.** 친구에게 허물없이 무언가를 부탁하거나 위안을 줄 때 하는 표현이다.
- **Grs.** what is ... (A) ... for.?: (A)가 무엇을 위해 존재하냐? We're the best of friends: 우리는 친구 중의 친구야.
- **Rf.** 여기의 'Come on'은 '말도 안 돼['그건 아냐 '의 의미다. 이 외에도 Come on은 '자', '어서'처럼 다그칠 때도 쓴다.]

## 친 20

### 친구 지간에 그런 게 어딨니?
What is that between friends?

- **Sit.** "친구 사이에서 그것이 (도대체) 무엇이니?"라는 뜻은, 친구끼리 약간의 불편한 진실이 있거나 어떤 서운한 일을 할 때, 또는 친구가 어떤 호의를 베풀거나 베품을 거절당할 때 다소 불쾌한 상황에서 하는 표현이다.
- **Oths.** That's what friends are for.: 친구 좋다는 것이 뭐야.

## 친 21

### 우린 학교 때부터 가장 **친한 친구**였어.
We've been **buzzy mates** since we were at school.

- **Sit.** 'buzz'라는 말은 '벌처럼 와글와글 떠드는 것'을 의미한다. 친한 친구지간에는 소란할 수밖에 없다.
- **Syn.** best friend=chum(my)=buddy
- **Grs.** 위의 문장은 '과거부터 지금까지 계속 친구로 남아있다'라는 뜻이다. at school: 재학 중인 at the school: 학교에서 in class: 수업 중인 in the class(room): 교실에서 이처럼 관사가 없으면 언급한 대상이 존재하는 본래의 목적을 나타낸다.

**칠 22**

그녀는 **칠칠맞지 못해요[물건을 잘 떨어뜨려요].**
She **has butterfingers.**

- **Sit.** 'butterfingers'라는 말은 '물건을(손에서) 잘 떨어뜨리는 사람, 부주의한 사람, 손재주가 서툰 사람'을 의미한다. '칠칠맞다'라는 말은, '(주로 부정문으로 쓰여) 성질이나 일 처리가 반듯하고 야무지다.'라는 뜻이다. '미끈거리는 버터가 묻은 손가락을 가지고 있다'라는 말은 이해가 쉽게 된다.
- **Syn.** She is slovenly.

**칠 23**

입에 침이나 바르고 거짓말하라.
Lick your lips before you lie.

- **Sit.** 축어적 의미는 "당신이 거짓말하기 전에 당신의 입술을 핥아라."이다. 거짓말 할 때 우리말은 '입에 침이라도 바르고 거짓말 하라'라고 하는데, 영어표현은 '입술을 핥아라'라고 하니 흥미롭다.
- **Cf.** smack one's lips: 입맛을 다시다
- **Rf.** Don't tell a lie.=You liar.: 거짓말 하지마.

## 코 01

코를 납작하게[원하는 대로] 해 줄 테야.
Sometime I'll **cut** him **down to size.**

- **Syn.** Sometime I'll knock him into a cocked hat.
- **Rf.** knock[beat] ... into a cocked hat: ...의 코를 납작하게 해주다
  cocked hat: 챙이 젖혀진 모자
- **Ex.** Come on, let's go kick some ass.=Come on, let's take them
  down.: 어서, 그들의 코를 납작하게 해주자.(경기할 때 응원의 소리)
  to size: 맞는 크기로, 원하는 대로

## 콧 02

그 여자는 너무 **콧대가 높아**[까다롭다].
She's too picky.

- **Sit.** 이것저것 고르는 과정에 있다면(picky) 그것은 눈이 높을 수밖에
  없다. picky: (성미가) 까다로운
- **Syn.** She is a stuck-up person.
- **Oths.** She is available, but not desperate.: 그녀는 임자는 없지만 절
  박하지는 않다. She is spoken for.: 그녀는 임자가 있는 몸이야.

## 크 03

그는 **크게 될 거야**[성공할 거야].
He'll make it big.

- **Sit.** '원하는 것(it)을 크게 만든다.'라는 것은 결국 '성공한다.'라는 뜻이
  될 것이다.
- **Grs.** 'it'이라는 대명사는 간혹 구체적으로 언급하지 않고, 해당 상황이
  나 관련 내용을 에둘러 언급할 때 쓰인다.
- **Syn.** have it big=get it big=get it made=have it made: 크게 성공하
  다 score big: 크게 성공하다[이기다](경기 때 많이 쓰임)

## 태 01

**Smith는 태도[행동]가 변했어.**
**Smith sang a different tune.**

- **Sit.** 평소 한결같은 노래(tune)를 부르다가 다른 노래를 부르니 태도가 변했다고 할 수밖에...
- **Syn.** Smith is not what he was any more.=Smith's attitude changed.
- **Cf.** change one's mind : 마음이 변하다 fickle-minded: 마음이 변하기 쉬운, 바람둥이인
- **Rf.** melody: 곡조(가락) note: 음표 tone: 음정 clef: 음자리표
- **Ex.** bass clef: 낮은음자리표 tremble clef: 높은음자리표

## 터 02

**터무니 없어[기가 막혀] 말이 안 나오네.**
**It's so outrageous I can't say a word.**

- **Syn.** It leaves me speechless.=It is stifled.=I am stuck speechless.=I am at a loss for words.=I am dumbfounded.
- **Rf.** It's outrageous that ...: ...이라는 것은 언어도단이다
- **Ex.** It's outrageous that even a pig can fly.: 돼지가 날 수 있다는 것은 언어도단이다.

## 털 03

**Smith는 외모와는 달리 성격이 털털하고 시원시원하다.**
**Smith is free and easy and outspoken unlike his looks.**

- **Sit.** 모든 면에서 자유롭고 편안하게 생각하고(free and easy) 말을 씩씩하게 하는 것은(outspoken) 위와 같다고 생각할 수가 있지 않을까?
- **Rf.** easy-going=free and easy: 느긋한, 털털한
- **Ant.** Smith is choosy[picky]: Smith는 까다롭다.

## 토 04

토할 뻔 했다.

I almost felt like throwing up.

- **Sit.** 거의 위(stomach) 속에 있는 것을 "위[밖으로]로 던질 것 같았다(felt like throwing up)"라는 말은 '토할 것 같았다'는 뜻이다.
- **Syn.** I almost vomited.
- **Grs.** feel like ...ing: ...하고 싶다 almost+동사의 과거형: 거의 ...할 뻔 했다('사실은 아니다'라는 뜻이다.)
- **Ex.** I almost had it.: 나는 거의 성공할 뻔했다[아깝다].

## 퇴 05

좀 일찍 퇴근해도 되나요?

May I be excused a little early today?

- **Sit.** 축어적 의미가 "내가 오늘 약간 일찍 실례되어도 좋습니까?"이므로, 평소보다 '오늘 약간 일찍 양해를 구한다(excuse).'라는 말이다. '결국 일찍 집에 가고 싶다.'라는 뜻으로 볼 수 있다.
- **Rf.** leave office early: 조퇴하다 AWL=Absence Without Leave: 무단 결석 late attendance: 지참

## 통 06

너 통 크다.

You are large hearted.

- **Sit.** '어떤 일을 하는 데 있어 시원시원하고 스케일이 클 때' 하는 표현이다.
- **Rf.** large hearted: 마음이 큰, 도량이 넓은 warm-hearted: 마음이 따듯한 narrow minded: 편협한 ↔ broad minded: 마음이 넓은 stingy: 인색한 simple-minded: 속기 쉬운 simple-hearted: 순진한, 성실한 single minded: 외고집의, 대쪽 같은, 일편단심의 single hearted: 순진한, 진심의(sincere), 일편단심의

우리는 **잘 통하는 게** 있어.
We have a good chemistry.

> **○ Sit.** 축어적 의미는 "우리는 좋은 화학 작용을 가지고 있다."가 된다. 화학 물질들은 그 안에 있는 분자나 원자가 잘 화합하여 여러 가지 또 다른 화합물을 만든다. chemistry: 화학, 화학 작용, (사람과 사람 간의) 공감대
>
> **○ Syn.** We are very responsive to each other.

여전히 **틀어져** 있어.
We're still on the outs.

> **○ Sit.** '누군가와 말을 하지 않고 꽁한 상태'에 있을 때 쓰는 표현이다. on the outs with...: ...와 틀어져 있는
>
> **○ Cf.** '(생각이나 감정이) 틀어져 있다'는 'become estranged (from), fall out (with)'이고, '어떤 물건이 틀어져 있다'는 'be warped, be twisted (out of shape), be bent out of shape '이다.

힘들다고 **투덜거리지** 마.
Stop **poor-mouthing** everything.

> **○ Sit.** 말하는 입이 부티가 나야 하는데 "빈약하거나 가난하다."라는 말은 '말하는 내용이 형편없다.'라는 뜻이 아닐까?
>
> **○ Syn.** Stop grunting.
>
> **○ Rf.** '투덜거리다'의 영어식 표현은 'complain, grumble, gripe, grouse, beef (about), bellyache' 등이 있다.

**튀** 10

팀워크가 중요하다. 혼자 너무 **튀지** 마라.
Teamwork is important, don't try to **stick out.**

- **Sit.** 단체경기를 하는 데는 개인적 기량을 발휘하는 것도 좋지만 그보다는 팀을 위해 스스로 자제를 하는 편이 좋을 때가 많다. stick out: 튀다, 내밀다
- **Cf.** stick out: 뛰어난 사람, 명마(우승후보 말) ↔ dark horse: (경마·경기·선거 등에서) 뜻밖의 유력한 경쟁 상대

**튕** 11

그녀는 마음을 잘 주지 않고 **튕겨.**
She's playing hard to get.

- **Sit.** '어떤 여자가 잘 났다고 까탈 부릴 때' 쓰는 표현이다.
- **Syn.** She is very uppish.
- **Cf.** play hard[hardball]: 악착스럽게 굴다, (목적을 이루기 위해) 수단 방법을 안 가리다, 강경 수단을 쓰다
- **Rf.** Smith play hot and cold: Smith는 밀당을 한다.

**티** 12

다 **티난다.**
Everything shows.

- **Sit.** "모든 것이 (스스로) 다 보여주고 있다"라는 말은 '자연스럽게 티가 난다.'라는 의미일 것이다. 실제적으로 'show'라는 말은 자동사적 의미로 '(감정·자질이) 보이다[드러나다]'라는 뜻이 있다.
- **Syn.** It's too obvious.=You can't hide it.
- **Oths.** You didn't prepare for the test. So you failed. That figures.: 너는 시험 준비 안 해서 낙제했다. 그럴 줄 알았다.

## 파 01

파도타기 하자.
**Let's do Mexican[Mexico] wave.**

- **Sit.** 야구장에서 하는 응원문화인데, 아마 멕시코에서 파도타기 응원이 처음 나온 것이 아닌가 한다.
- **Rf.** 원래 '파도타기 응원하다'는 'cheer by doing the waves', 'do the waves'이다. surf=ride a surf: (바다에서) 파도타기 하다 root for=cheer for: ... 응원하다

## 파 02

Mary는 **파티에 매우 관심이 많은 사람이야.**
**Mary is a party animal.**

- **Sit.** 우리말이나 영어권이나 어떤 것에 심취해 있는 사람을 동물에 비유하는 경우가 많다. 때문에 'party animal'이라는 말은 '파티에 빠져있는[심취해 있는] 사람'으로 '파티 광'을 말한다.
- **Oths.** party pooper: 파티를 망치는 사람 the life of one's party: 분위기를 띄우는 사람 ice breaker: 어색한 분위기를 잡아주는 사람
- **Cf.** party crasher: 파티나 모임에 초대받지 않고 온 사람

## 팔 03

팔 두었다가 어디에 쓸려고?
**What are your arms for?**

- **Sit.** 누군가가 어떤 일을 하거나 도와줄 때 '가만히 팔짱을 끼고 있거나 팔을 사용하지 않을 때' 나무랄 때 하는 표현이다.
- **Grs.** What is[are] (A) for?: (A)는 무엇을 위해 존재하니? 이때의 전치사 'for'는 '...위하여(용도)'라는 의미를 나타낸다.
- **Syn.** 정중한 표현은 'What are your arms used for?'이다.

## 편 04

**그는 항상 그녀를 편든다.**

He always sticks up for her.

- **Sit.** '그녀를 위해 항상 고정되어[붙어] 있으니(stick up) 이해가 된다.
- **Syn.** He is all the time on her side.=He always supports her.=He always sides with her.=He always stands by her.=He always take sides with her.
- **Oths.** Which side are you on?: 당신은 어느 편이야?

## 편 05

**Smith는 편협한 사람이야.**

Smith is a red neck.

- **Sit.** 'red neck'은 미국에서 '남부지방의 가난하고 교양 없는 백인 농장 노동자'나 '어리석은 촌사람'을 언급할 때, 영국에서 '로마 가톨릭 교도를 언급할 때' 쓰는 표현이다.
- **Syn.** Smith is narrow minded.
- **Ant.** Smith is broad minded: Smith는 마음이 넓다.

## 패 06

**넌 패를 자초했어.**

You let yourself get a beating.

- **Sit.** "자신을 매를 스스로 맞도록[패하도록] 허락했다(let yourself get a beating)."라는 의미이므로 이해가 가능하다.
- **Syn.** You asked for your beating.
- **Grs.** 위의 'beating'은 동명사처럼 보이지만 사실은 명사다. 동명사는 명사가 아니므로 앞에 관사 'a'나 'the'가 올 수 없다. 이처럼 영어 에는 외형적으로 다른 품사처럼 보이는 단어들이 있다.

**패 07**

Smith는 선거의 <u>패배를 솔직히 인정한다.</u>
Smith **makes no bones about** his defeat in the election ·············

- **Sit.** 'bones'는 '마음 속 깊은 바탕이나 속에 둔 것', '오랫동안 묵혀두었
던 꿍한 마음'을 의미한다. '그러한 것들(bones)을 만들지 않는다
(makes no bones)'라는 것을 보면 이해가 가능하다.
- **Syn.** Smith totally accepted his defeat.

**폐 08**

그것을 <u>폐기처분해라.</u>
You're gonna have to **junk** it. ·············

- **○** junk...=throw away...=dispose of...: ...처분[처리]하다, 쓰레기나 그 같
은 폐물
- **Cf.** dx=deep six: 폐기(하다)
- **Rf.** junk food=fast food: 고열량(high calory), 저영양가(low nutrition)
음식 (빨리 나오는 음식으로 대표적인 것에는 햄버거, 피자, 치킨 등이 있
다.) junk art: 폐물을 이용해 만든 예술 작품 junk mail=spam
mail

**포 09**

포기할 수 없어요. / 그냥 놓칠 수 없어요.
I'll never let it go. ·············

- **Sit.** "원하는 것(it)이 가게 허락하지 않겠다."라는 뜻은 '절대 포기하지
않겠다.'라는 뜻이다.
- **Syn.** I can't give it up.
- **Rf.** Never Ever Give Up!: 절대 포기하지 말자!
- **Rf.** 얼마 전에 크게 인기 있던 애니메이션 〈겨울왕국(원제는 "Frozen")〉
의 주제곡에서 자주 나오는 가사가 'let it go(내버려 두세요)'이다.

**폭 10**

**오늘 폭우가 내리고 있다.**
Today it is bucketing down.  ⋯⋯⋯⋯⋯

- ○ **Sit.** 얼마나 하늘에서 비가 쏟아지면 마치 양동이로 퍼붓는 것과 같을까 이해가 간다.
- ○ **Syn.** Today we are having heavy rain.=Today it is downpouring.=Today we are having torrential rain.
- ○ **Rf.** It's been raining on and off.: 비가 오락가락 하고 있다.


**표 11**

**표결에 부칩시다.**
I say we **put** it **to a vote.**  ⋯⋯⋯⋯⋯

- ○ **Sit.** 어떤 일에 대한 찬성과 반대가 있을 때 결판을 내기 위해서 투표를 실시한다.
- ○ **Oths.** take a vote=vote: 표결하다 vote ... in: 투표로 ... 선출하다 vote ... out: 투표로 ... 몰아내다 vote ... down: 투표로 ... 거부하다[vote no] ↔ vote yes
- ○ **Rf.** in voice vote: 말로 표결하기로 by a show of hands: 거수로 297 in favor and 10 against: 찬성 297표 반대 10표


**표 12**

**그 표현 멋진데요.**
That's a nice way of putting it.  ⋯⋯⋯⋯⋯

- ○ **Sit.** "그것은 그것을 표현하는 훌륭한 방법이다"라는 말은 '멋진 표현이다'라는 뜻이다. 위의 문장 'of'는 동격의 전치사다. 다시 말해, 'puting it'이 앞의 표현(a nice way)을 부연 설명해주고 있다.
- ○ **Rf.** express well[beautifully]: 멋지게 표현하다

## 🅿️ 13

잠 푹[잘] 잤어요.
I slept like a baby.

- **Sit.** 아기는 잘 잔다.
- **Syn.** I slept like a log[rock].(또한 무생물인 '나무처럼 또는 바위처럼 잔다.' 라는 말은 '주위의 간섭 없이 잘 잔다.')라는 뜻이다.
- **Syn.** 일반적인 표현은 "I slept soundly.=I slept tightly.=I had a sound sleep."이다.
- **Ant.** I had a light sleep.: 잠을 잘 못 잤어요.

## 🅿️ 14

자, 우리는 **피장파장**이다.
Now, we are quits

- **Sit.** "둘 사이에 누가 옳고 틀리는가, 누가 이기고 졌는가, 누가 이익을 보고 손해를 보았는가?" 따졌더니 '결국은 같다'라는 뜻이다.
- **Syn.** Now, we are all square[even].=We are even.=This makes no difference.=We are practically the same.: 우리들 사이의 모든 것이 다 가감 없이 해결되었다.

## 🅿️ 15

어제 술 먹고 **필름이 끊겼어요.**
Yesterday I drank and blacked out.

- **Sit.** 의식이나 정신상태가 '생각이 안 나고 깜깜해졌다(blacked out)'라니 얼마나 술을 먹었으면 그럴까 짐작이 간다. blank out=pass out=black out=be wasted=be plastered=be sauced: 술을 많이 먹어 필름이 끊기다
- **Rf.** 술 취한 정도에 따라 구분하면 다음과 같다. tipsy: 취기가 오른 ◑ high: 얼근한 ◑ drunk: 술 취한 ◑ plastered: 의식이 없을 정도 로 완전히 취한

## 내게 그런 **핑계 대지마.**
Don't give me any excuses.

- ○ **Syn.** Don't explain yourself in disguise.=Don't make any excuse.
  이는 간단히 'No excuse.'라고 표현해도 된다.
- ○ **Rf.** 속어로 'excuse' 대신 'bullshit'을 써서 표현하기도 한다. 또한
  'Bullshit!'만 써서 "거짓말이다!", "거짓말!"이라고 표현할 수 있다.
- ○ **Rf.** Don't put it on them.: 개네들 **핑계 대지마.**

**01**

하고 싶은 말이 뭔데?
What are you saying?

- **Sit.** "무엇을 말할 것이냐?" 또는 "무엇을 말하고 있는가?"라는 말은 듣는 사람에게선 경우에 따라 "용건이 뭔데?"가 될 수 있다. 이때의 현재진행형은 가까운 미래를 나타내며 '...말할 것이다'라는 뜻이다.
- **Rf.** Say something.: 말 좀 해봐. 'What do you want?'가 문맥에 따라 위의 의미처럼 쓰인다.

**02**

가장 **하고 싶은 일 해.**
Do your own thing.

- **Sit.** 본인이 하고 싶은 일을 할 때 가장 즐겁고, 나중에 후회하지 않는다. 여기서는 소유격을 강조하는 'own(...자신의)'이 중요하다.
- **Syn.** Whatever you want to do just do it.=Do what you want to do the most.
- **Cf.** Mind your own job!: 네 일이나 신경 써!

**03**

네가 **하는 일이 다 그렇지 뭐.**
That's what you always do.

- **Sit.** 누군가가 흔한 실수나 과오를 저지를 때 핀잔을 주면서 하는 말이다. 다시 말해, 어떤 일을 그릇되게 했을 때 평소의 습관을 보고 나무랄 때 쓰는 표현이다. 이때 'always'를 강조하여 표현하는 것이 좋다.
- **Syn.** I don't expect too much what you do.
- **Cf.** make a muff of business: 일을 그르치다

### 한 04

딴 여자들한테 **한눈팔지 마.**
Keep your eyes off other women!

- **Sit.** '다른 여자들로부터 너의 시선들을 뗀 상태로 유지하다'의 뜻이므로 이해가 된다.
- **Cf.** Don't miss a minute of it: 잠시라도 한눈팔지 마세요(어떤 일을 할 때 집중하라는 말)
- **Rf.** give a glad eye=make a pass at: … (섹스 목적으로) 추파를 보내다, 바람피우다(cheat on someone)
- **Oths.** bed room eye: 성적 매력이 있는 눈[시선]

### 한 05

요리사에게 **한마디 해야겠어.**
I am going to **give** the cook **a piece of my mind.**

- **Sit.** 'a piece of one's mind'는 진솔한 의견, 다시 말해 '꺼내기 힘들지만 해야 할 쓴소리 따위'를 말한다. 이처럼 약하게 표현하는 방법으로 'talking-to(충고, 쓴소리, 꾸지람)'이 있고, 좀 강하게 하는 표현은 'I am going to tell the cook off.'이다. tell … off: …꾸짓다

### 한 06

그는 항상 **한발 늦어요.**
He is always running behind.

- **Sit.** 어떤 일에 있어 늘 늦게 오거나 시작을 늦게 하는 사람들이 있다. 항상 뒤에서 달리고 있으니 이해가 가능하다.
- **Ant.** He is always getting ahead.=He always gets one up on others.: 그는 항상 한발 빠르다. fall behind: 뒤처지다 ↔ get ahead: 앞서다

**한 07**

Smith는 그의 아내 Mary로부터 **주먹으로 한 방 맞았다.**
Smith got **knuckle sandwich** from her wife, Mary.

- **Syn.** Smith was punched from her wife, Mary.=Mary, Smith's wife threw a punch at him.
- **Rf.** knuckle sandwich: 주먹을 쥔 채 겉으로 한 대 때리기 knuckle: 손가락 관절[마디], 손가락 밑 부분, 주먹, (송아지 따위의) 무릎[도가니]
- **Cf.** snap one's fingers: 손가락을 탁 치다

**한 08**

우린 **한 방 먹었어.**
We got hit hard.

- **Sit.** "심하게 한방(hit)을 받았다"라는 것을 보면 이해가 가능하다. '육체적인 것뿐만 아니라 정신적으로 한 방 당했다'라는 뜻으로 문맥에 따라 다르게 쓰인다.
- **Cf.** get[be] left out: 한방 맞다, 속다, 제외되다
- **Ex.** I was felt left out when nobody offered me to dance.: 아무도 나에게 춤추자고 청하지 않았기에 나는 버림받았다고 느꼈다.

**한 09**

이번 **한 번만 봐준다.**
I'm gonna **let it slide** only this time.

- **Sit.** '그러한 상황(it)이 슬며시 지나가도록(slide) 내버려 둔다(let)'라는 뜻이므로 이해가 가능하다.
- **Ant.** I don't pull my punch.: 안 봐 주겠어.
- **Rf.** slide는 여러 가지 뜻이 있지만 기본적으로 '슬며시[몰래] ...하다'라는 뜻이 내포되어 있다.
- **Ex.** slide in: 슬며시 들어오다 slide through: 슬며시 통과하다

**한 10**

### 한 번만 봐주세요.
### Give me a break.

**○ Sit.** "나에게 휴식시간(break)을 달라"라고 하는 것은 '쓸데없는 것으로 시간을 빼앗지 말라.'라는 뜻이다. 이를 달리 해석하면 '나 좀 가만 있게 해(Cut me some slack).'라고 해석 가능하다. 다른 의미로 '그만 해!(Stop it!)', '농담하지 마(Stop joking.)'의 뜻도 가능하다.

**한 11**

### 한 번만 하는 거야.
### It's just a one-shot thing.

**○ Sit.** 뭔가를 허락할 때 이전에 자꾸 실수나 실력부족으로 어떤 일을 해결하지 못할 때 '마지막 기회를 준다.'라는 의미에서 표현하는 말이다. 총을 한 번만 쏘는 이른바 단발성(one shot)이라는 개념을 이해하면 이해가 가능하다.
**○ Rf.** one-shot: 1회만으로 성공하는, 1회만의, 한번뿐인 간행물
**○ Cf.** 'shot'은 원래 '시도(try=go)'의 뜻이 있다. one more try: 한 번 더

**한 12**

### 한번 시작한 일은 끝까지 하라.
### In for a penny, in for a pound.

**○ Sit.** '적은 액수(penny)의 돈을 받기 위해 어떤 일을 하기 시작했으면, 노력하여 큰 액수(pound)의 돈을 벌기 위해 노력할 필요가 있다.
**○ Syn.** If you started something, do it to the end.
**○ Rf.** It's not over until it is over.: 끝날 때까지 끝난 것이 아니다.

**한 13**

난 그에게 **한소리 했다.**
I gave him **a talking-to.**

- **Sit.** '누군가를 질책하는 말을 할 때' 부드럽게 표현하는 말이다.
- **Syn.** I gave him a piece of my mind.: 나는 그에게 한마디[쓴소리] 좀 했다.
- **Grs.** 영어는 하이픈(-)을 연결하면 또 다른 품사가 된다. 위의 'talking-to'는 하나의 품사(여기서는 명사)가 된다.

**한 14**

한숨 돌리자.
Let's **just take a breath.**

- **Sit.** '어떤 일이나 환경에서 벗어나 약간의 시간적 여유를 가질 때' 하는 표현이다.
- **Syn.** take a breather: 한숨 돌리다
- **Rf.** take a deep breath.: 깊게 숨 쉬다
- **Cf.** hold a breath: 숨소리를 줄이다 Save your breath!: (말해 봤자 입만 아프니·소용없으니) 잠자코 있어라.

**한 15**

한입으로 두말하지 마세요.
Don't go back on your word.

- **Sit.** '한입으로 두말하지 말라'라는 말은 '약속을 어기다, 번복하다'라는 뜻이다. go back on ...: (앞에 있었던 일, 말하던 내용으로) 돌아가다 [의지하다]
- **Syn.** Don't be double-tongued.=Don't keep two tongues in one mouth: 두말하지 말아요.
- **Grs.** back: 다시(again)의 뜻

**한 16**

오늘밤 맥주 **한 잔**[턱] 사겠습니다.
I'll buy **a round of beers** tonight.

················

○ **Sit.** 영어권에서는 일반적으로 같이 맥주를 마실 때 모인 사람들이 모두 한잔씩 따라야 건배하고 마시게 된다. 본인이 이렇게 마시기 자리를 위해 한 번 사겠다는 뜻이다. have a drink=take a drop: 한 잔하다 Please pass a round of beers around.: 맥주 한잔씩 좌중에 돌리세요.

**한 17**

한참 뒤처져있어.
You're way behind.

················

○ **Sit.** '한참 뒤처져있다(way behind)'라는 말로 '실제 달리기나 아니면 하는 일의 진척상태에서 본인이 상대방보다 많이 앞서 간다.'라는 뜻이다.
○ **Cf.** fall behind: 뒤떨어져[뒤처져] 있다.
○ **Ant.** be ahead of ...
○ **Rf.** give... slip: ...를 따돌리다 behind: 엉덩이(buttock), 등(back)

**할 18**

그거 **할 거야, 말 거야?**
Are you gonna get to it or not?

················

○ **Sit.** '어떤 것에 대한 상대방의 선택 의지를 물을 때' 하는 표현이다.
○ **Syn.** 일반적인 표현은 'You gonna do it or not?'이다.
○ **Rf.** Are you in or out?: 낄 건가요, 빠질 건가요? Get to it.: 시작하다. go for it.: 쟁취하고자 노력하다. Give it a try.=Have a go.=Go for it.: 한 번 해봐.

### 아직도 다 **하려면 멀었어.**
I have still got a long way to go. .................

- **Sit.** '어떤 일을 완성하기 위해서 여전히(still) 많은 시간이나 노력이 필요할 때' 쓰는 표현이다.
- **Rf.** I have still a lot of things to do.: 해야 할 일이 많아.
- **Grs.** have got=have (구어체에서는 이처럼 현재완료를 쓰는 경우가 많다. I have got a light.=I've got a light.=I have a light.: 나는 담뱃불을 가지고 있다). I've got은 I got처럼 들린다.
- **Ex.** (Have) you got light?: 당신은 담뱃불을 가지고 있습니까?

### 할 일은 해야지.
You gotta do what you gotta do. .................

- **Rf.** Let's be responsible for what we are responsible for.: 우리가 책임질 것은 책임지자.
- **Cf.** say one's piece: 말하고 싶은 바를 말하다, 할 말을 하다
- **Ex.** I will say my piece to achieve justice.: 나는 정의가 성취될 때까지 말하고 싶은 바를 말할 것이다.

### 오늘 우린 **할 일이 많은가요?**
We have got a lot to catch up on today? .................

- catch up (on): 밀린 일[말]을 하다
- **Cf.** I'm sorry, but I'm up to my ears[neck=eyes] in work.: 미안해요, 나 지금 일하느라 너무 바빠요. There is much to be done to me today.=I have a ton of work to do today.: 오늘 할 일이 매우 많아.
- **Rf.** 할 일은 'work(단수만 취함)' 또는 'task(복수 가능함)'이다.

**함 22**

### 그렇게 **함부로 말하면 안 돼.**
You're not supposed to talk like that.

- **Sit.** 간단히 'Don't say like that.'처럼 해도 되지만, 위의 표현은 'be supposed to+동.원=...하기로 되어 있다, ...해야 한다.'라는 표현을 써서 조용히 경고하고 있다.
- **Rf.** Watch your mouth.: 입조심 해. Zip it up!: 입 닥쳐! Shoot from the hip.: 신중하게 생각하지 않고 말하다.

**해 23**

### 내가 한 번 해볼까?
I'm gonna go for it?

- **Sit.** 본인이 어떤 일을 시험 삼아 해보거나, 어떤 일을 상대방이 해결하지 못할 때 본인이 (자신감을 가지고) 대신해본다고 말할 때 쓰는 표현이다.
- **Rf.** go for it.: 한 번 해보다(give it a shot=have a go at it=give it a try).
- **Ex.** Just go for it.: 한 번 그냥 해봐(Just try (it)).
- **Cf.** Get to it.: 시작해봐.
- **Oths.** cheer up=buck up: 힘내다

**해 24**

### 보자 보자 하니 **해도 너무 한다.**
I let it go, but this is too far.

- **Sit.** 처음에는 참고 흘려보냈지만(let it go), 그럼에도 불구하고 '누군가가 지나치게 어떤 상황을 만들어 참기가 힘들다고 생각될 때' 쓰는 표현이다.
- **Rf.** go too far=become too excessive=go to the extrems: 너무 지나치다
- **Oths.** I am fully loaded.: 나는 참을 만큼 참았다.

해산[헤쳐]!
Fall out. .................

> **Sit.** '군대나 어떤 모임에서 전체에게 하는 구령 내지 명령조로 모여 있던 상태에서 해산시킬 때' 쓰는 표현이다.
> **Ant.** Fall in!: 정렬하시오!
> **Rf.** disperse[break up] the crowd: 군중을 해산시키다 compulsory winding-up: 강제 해산 voluntary winding-up: 임의 해산
> **Oths.** 단순히 '모여라!' 할 때는 'Get around!' 하면 된다.

**핵 26**

여러 번의 시행착오 끝에, Smith는 그 연구의 **핵심[본질]**을 얻었다.
After several trial-and-errors, Smith got to **the heart of** the .................
research.

> **Sit.** 'heart'는 '심장'으로 이는 생명의 핵심[중심]이 된다.
> **Rf.** essence=core=beef and potatoes: 핵심, 본질 the name of the game.: 가장 중요한 본질[자질]
> **Grs.** get to...: ...에 도달하다, ...마음에 영향을 주다, ...감명시키다
> **Oths.** trial-and-errors: 시행착오

**행 27**

행복한 고민 하시네요.
You have pleasant worries. .................

> **Sit.** 걱정(worries)은 되지만 그러한 걱정들이 즐거운 결과를 내기 위한 과정에서 일어나는 걱정들이라면 당연히 즐거울 수밖에 없다.
> **Rf.** pleasant[nice] surprise: 즐거운 놀라움
> **Rf.** polite discourtesy: 정중한 무례
> **Grs.** oxymoron(모순 어법): 양립할 수 없는 말을 서로 배열하여 수사적 효과를 올리려는 어법
> **Ex.** polite discourtesy: 정중한 무례, crowded solitude: 대중속의 외로움, make haste slowly: 천천히 서둘러라 a wise fool: 현명한 바보

**행 28**

행운을 빌게.
**Break a leg.**

- **Sit.** 우리말에도 고사성어로 '새옹지마'라는 말이 있다. '말을 타다가 다리가 부러져 싸움에 참가하지 않았기 때문에 오히려 살게 되었다'라는 이야기다. 이를 생각하면 이해가 된다.
- **Syn.** Gook Luck!=I'll cross my fingers!
- **Cf.** Break one's leg: ...의 다리를 부러뜨리다

**허 29**

네가 없으니 뭔가 **허전한 기분이야.**
I feel like **something is missing.**

- **Sit.** 어떤 일을 위해 출발할 때 '준비한 것을 빼놓은 기분이 들거나 같이 있던 친한 사람과 어떤 이유로 작별을 고하게 될 때' 쓰는 표현이다.
- **Syn.** I feel something lacking.: 뭔가 부족한 것 같은 생각이야.
- **Grs.** feel like+명사(구)[절]: ...처럼 느끼다, ...처럼 생각되다

**허 30**

허깨비를 봤구나.
You're seeing things.

- **Sit.** 우리도 심신이 허약해지면 여러 가지 물건들이 한꺼번에 아른거린다. 이때 복수형(things)을 쓰는 것이 중요하다.
- **Syn.** see ... in a vision: 허깨비를 보다
- **Rf.** be lured by an illusion=be under an illusion.: 홀리다 illusion: 환영(幻影), 환각, 환상, 망상 optical illusion: 착시

**허 31**

허리가 삐끗했어요.
I hurt my back.

○ **Syn.** I threw out my back.=I pulled my muscles in my back.
○ **Oths.** athlete's foot: 무좀 sprain: 삐다, 삠 charley horse=cramp: 쥐
남, 근육경련 frost bite: 동상
○ **Cf.** 'waist'는 '허리 전체 둘레'를, 'back'은 '허리의 뒷부분 또는 등'을 의
미한다.

**허 32**

허튼소리야[입에 발린 소리야]!
Applesauce!

○ **Sit.** 왜 사과로 만든 소스(sauce)가 위와 같은 표현으로 둔갑이 되었는
지 이해는 안 되지만 매우 흥미롭다.
○ **Syn.** It's Nonsense!=That is real crap!
○ **Oths.** He attempted to serve her with the same sauce.: 그는 그녀
에게 대갚음하려 했다.
○ **Rf.** dressing: (샐러드·고기·생선 따위에 치는) 소스·마요네즈류 spice: 양념
seasoning: 조미료

**허 33**

그는 허풍밖에 없어.
He's all mouth and no trousers.

○ **Sit.** '바지(남자를 상징한다고 볼 수가 있다)'는 아니고 '입만 모두'라고 하니,
이는 '어떤 일을 실제로 하지 않고 입으로만 떠드는 상황'으로 이해
가 가능하다. be all mouth (and no trousers): 말만하고 실행하지
않는다
○ **Cf.** work one's trousers to the bone: 맹렬히 일하다 work like a
beaver: 부지런히 일하다

## 헛 34

**헛걸음 쳤어.**
I went on a fool's errand.

- ○ **Sit.** '바보(fool)가 하는 심부름[용무]을 갔다'라니 제대로 심부름[용무]을
  수행했을 리가 만무하다.
- ○ **Rf.** go on an errand: 심부름 가다 send ... on an errand: ...심부름
  보내다 personal errand: 개인 용무
- ○ **Cf.** make vain efforts=work in vain=knock at[on] the open
  door=beat the air: 헛수고하다

## 헛 35

**그것은 헛된 시도야.**
That is a **wild goose chase.**

- ○ **Sit.** '철새인 야생 거위[기러기]를 잡기 위해 쫓는다.'라는 것은 '헛된 일'
  일 것이다.
- ○ **Rf.** beat the air=knock on the open door: 헛손질[수고]하다 a wild
  goose chase=a fool's errand=labor in vain: 헛수고, 쓸데없는 노력
- ○ **Oths.** heron: 왜가리 white heron: 백로 crane: 학(두루미) ibis: 따오
  기 stork: 황새 magpie: 까치 water cock=mud hen: 뜸부기
  scops owl: 소쩍새 butcherbird: 때까치 wagtail: 할미새

## 헤 36

**우리는 헤어졌어요.**
We're history.

- ○ **Sit.** 우리의 사이가 과거사(history)가 되었다니 이해가 된다. 이 경우,
  '연인끼리의 관계가 과거사가 되었다'라는 뜻이다.
- ○ **Syn.** We broke up.
- ○ **Rf.** separated: 별거 중인 divorced: 이혼 중인
- ○ **Cf.** We are has-been.: 우리는 한물갔다. has-been: 한창때를 지난
  사람[것], 시대에 뒤진 사람[방법], 과거의 사람[것], 옛날[일]

## 허 37

**사람들 앞에 있으면 혀가 굳어요[말을 못해요].**
I always get **tongue-tied** in front of people.

- **Sit.** 말을 할 때는 혀(tongue)의 도움이 절대 필요하다. 하지만 '혀가 꽁꽁 묶여 있다'라니 이해가 가능하다.
- **Rf.** on the tip of one's tongue: 혀끝에 맴돌아(생각이 날 듯한) silver tongue[good talker]: 달변가 sharp tongue: 남에게 심한 쓴소리를 하는 사람

## 혼 38

**너 혼날 거야.**
You're **in for it.**

- **Sit.** '어떤 일(it) 때문에 누군가 안에 있다[연루되어 있다]'라는 것은 혼나는 것을 각오해야 할 것이다. be in for it: 혼나게 되다
- **Cf.** You'll get in trouble.: 당신은 말썽이 있을 거야.
- **Syn.** 흔한 표현은 'You are told off.=You are reprimanded.=You are scolded.'이다.

## 혼 39

**혼날 만한 짓을 했군요.**
(I guess) He had it coming.

- **Sit.** 이때의 'it'은 '혼날 짓'이다. '혼날 짓이 다가오게 하고 있다'라니 연상이 된다.
- **Rf.** I got it: 나 벌 받았어. (이 표현은 때에 따라서 매우 다양하게 쓰인다)
- **Ex.** Smith slept out yesterday, and so his wife nagged all day long. He had it coming.: 그는 자업자득이다.
- **Oths.** tell ... off: 혼내다 give a talking-to=give a piece of one's mind: 한마디 해주다

## 혼 40

혼잣말을 했어요.
I was just thinking out loud.

- **Sit.** "큰소리로 생각한다."라는 말은 '어떤 생각을 심각하게 할 때 본인도 모르게 중얼거리게 된다.'라는 뜻이다.
- **Rf.** 일반적으로 '무심코 혼잣말을 하다'는 'think aloud'이고, 의식적으로 '혼잣말을 하다'는 'talk to oneself'이다.
- **Oths.** mutter[murmur] something to oneself: 중얼거리다 stammer: 말을 더듬다(선천적으로) stutter: 말을 더듬다(후천적으로) grunt: 투덜거리다 babble: 재잘거리다, 쓸데 없이 말을 하다

## 혼 41

Smith가 외로움을 느낄 때, 그는 **혼자 술을 마신다.**
When Smith feel lonesome, he **drinks with the flies.**

- **Sit.** 혼자 술을 먹는 것을 날파리들과 함께 술을 마신다고 하니 비유가 매우 흥미롭다.
- **Rf.** drink with the flies=help oneself to liquor=pour liquor for one-self: 자작하다 self-service in liquor drinking: 자작
- **Oths.** I am a social drinker.: 나는 사교적일 때만 술을 먹는다.

## 혼 42

Smith는 훌륭한 문제 해결사이다 늘 **혼자 힘으로 문제를 해결한다.**
Smith is a great problem solver and he all the time **gets his head above water** by himself.

- **Sit.** 물 위로 헤엄쳐 나오려면 주위의 도움이 없으면 본인이 스스로 수면 위로 목을 빼고 최선을 다해 헤엄쳐 나와야 한다. 헤엄을 잘 치지 못하는 동물들이 물에 빠졌을 때 하는 행동을 상상해보라.
- **Syn.** Smith solves a great problem without other's help.
- **Oths.** without other's help=by oneself

## 🔵 43

### 그는 **화를 자초했어**.
He asked for it.

- **O Sit.** '본인 자신이 어떤 어려운 일(it)을 스스로 요구(ask for)했다.'이니 이 해가 가능하다.
- **O Rf.** ask for the troubles: 어려움을 자초하다 Self do, self have: (속 담) 자업자득 Don't put[blame] your mistakes on others.: 다른 사람한테 화풀이하지 말라. put[blame] one's mistakes on...: ...의 잘못을 ...한테 씌우다

## 🔵 44

### 왜 나한테 **화풀이야?**
Why are you **taking it out on** me?

- **O Sit.** '어디에서 뺨 맞고 어디에서 눈 흘긴다'라는 우리말의 표현이 있듯이 '이유 없이 누군가가 자기한테 화를 낼 때' 하는 표현이다. take it out on...: ...에게 분풀이하며 마구 호통치다
- **O Rf.** take it out in: 〈물품 등을〉 (손해 배상으로서) 현금 대신 받다 take it up with...: ...와 〈불만 문제 등을〉 논의하다 have it out with: ...와 결판내다

## 🔵 45

### 단지 **환기시켜 드리는 겁니다.**
Just a reminder.

- **O Sit.** 'reminder'는 일상에서 흔히 쓰는 '기억 보조물'이다. 예를 들어, 아침에 출근할 때 기억하기 위해 '기억력을 돕는 고안(물)'을 문 옆에 두거나, 장보기 할 때 '구입할 물건들을 상기하기 위해 냉장고에 붙이는 스티커(sticker)'도 reminder에 해당 된다는 것을 보면 이해가 된다.
- **O Rf.** remind (A) of (B)=(A)에게 (B)를 상기시키다

## 환 46

### 너 때문에 미치고[피곤해] **환장하겠어.**
I'm drained because of you.

- **Sit.** 'drain'은 '물이 빠져나가다, 배수하다'이므로 이를 달리 표현하면 '몸에서 진이 다 빠져 나간다'라고 생각할 수 있다. 그 결과 심정이나 몸의 상태가 어떤지 이해가 된다. 누군가 실수나 지나친 간섭을 연발하여 굉장히 짜증날 때 쓰는 표현이다. be drained=be exhausted=be worn out: ...에 지치다
- **Oths.** I'm drained <u>because of[owing to=on account of=due to]</u> you.

## 황 47

### 기가 막히는군[황당하군].
It leaves me speechless.

- **Sit.** 어떤 황당한 일이 발생하여 뭐라 말하기 힘들 때 약간의 놀람이나 터무니없는 심정을 표현하는 말이다.
- **Syn.** I am stuck speechless.
- **Rf.** It is outrageous.: 터무니없다. stick-stuck-stuck
- **Grs.** 위 표현은 전형적인 5형식으로 목적보어에 형용사(speechless)가 온 실례이다.

## 후 48

### 이젠 속이 후련하다.
It doesn't get on my nerves any more. I feel much better.

- **Sit.** 축어적 의미는 "그것은 더 이상 나의 신경(nerves)을 타고 있지(get on) 않다"이다. 이는 '더 이상 나의 신경들(nerves)을 건들고 있지 않다'라는 뜻이 되므로 속이 후련할 수밖에 없다.
- **Rf.** get on one's nerves=grate one's nerves=give ... the needle=jar on ...: ...의 신경을 건드리다(irritate)

## 49

먼 훗날에나 되겠지.
That is far into the future

- **Sit.** 축어적 의미가 "그것은 먼 미래 속으로 들어간다."이므로 이해가
  가능하다.
- **Ant.** That is **pretty soon at hand.**: 그것은 먼 훗날 이야기가 아니다.
- **Rf.** Not **by a long shot.**: 그럴 가능성은 거의 없습니다. fat chance:
  (반어적으로) 가능성 희박해[거의 없에](slim chance). fair chance: 어
  느 정도 가능성 fifty-fifty chance: 반반의 가능성

## 50

너의 시험지를 재빨리 **훑어보아라.**
**Eyeball** your exam sheet.

- **Sit.** 우리말에도 '...을 원하거나 알기 위해 눈알 굴리다'라는 표현이 있
  다.
- **Rf.** scrutinize=pass one's eye over: ... 훑어보다
- **Oths.** skim: 훑어 읽다 scan: 찾아 읽다 skip: 띄어 읽다 peruse: 꼼꼼
  히 읽다 5 answer choices: 5지 선다형 multiple choice: 선다
  형 descriptive type: 서술형 short answer: 단답형

## 51

흔들리면 안 돼[우유부단하지 마]. 애매한 자세를 취하지 마.
Don't waffle.

- **Sit.** 어떤 일을 계속해서 나가는 경우에 주위의 유혹이나 어떤 기대하
  지 않은 장애물이 생겼을 때 마음이 흔들리는 경우가 있을 것이
  다. 이때의 격려의 말이다.
- **Rf.** be hesitant: 주저하다 sit on the fence: 관망하다 fudge and
  mudge: 애매한 태도(를 취하다) waffle: 밀가루·달걀·우유를 섞어
  말랑하게 구운 케이크, 격자 무늬, (...에 대해) 애매[모호]하게 말하다
  [쓰다], 알맹이 없는 말

**흠 52**

흔해 빠진 일이야.
It's a dime a dozen.

○ **Sit.** 돈 중에 동전(coin)들은 어디 가나 흔히 있고 별로 가치 있게 생각하지 않는다는 것을 연상하면 이해가 된다. a dime a dozen: (10센트(dime)로 한 다스(dozen)나 살 수 있을 만큼) 흔해 빠진, 싸구려의

○ **Rf.** nickel: 5센트 동전 buck: 1달러 지폐, grand: 1,000달러 지폐 score: 20의 century: 100년의

**흠 53**

흠잡지 마.
Don't be so nitpicky.

○ **Sit.** 'nitpick'은 '하찮은 일에 끙끙 앓거나, 별것 아닌 것에 트집[흠]을 잡거나 자잘한 일에까지 간섭하는 것'을 의미한다.

○ **Rf.** criticize...=find fault with...=reprimand...: ...흠잡다, 비난하다

○ **Oths.** pick up the fight with...: ...와 시비를 걸다 a chip on one's shoulder: 시비조로

**흠 54**

너 권투에 <u>흥미가 없나</u> 보다.
I guess you <u>don't follow boxing.</u>

○ 'follow'는 '(변화하는 세태·형세) ...를 따라가다, 지켜보다, ...에 관심을 나타내다, ...에 흥미를 갖다' 등의 뜻이 있다.

○ **Syn.** I guess you are not interested in boxing.

○ **Rf.** I guess...=I think...=I imagine...=I figure...: 나는 ...라고 생각한다

○ **Grs.** I don't think (that) you follow boxing.(○)

○ **Cf.** I think (that) you don't follow boxing.(×)

## 🔵 55

흥분하지 마[문제 될 거 없어!].
Chill out! Just relax!

- **O Sit.** 흥분하거나 화가 났을 때 마음을 식히기 위해 서늘한(chill) 바람을 쐬는 경향이 있다.
- **O Syn.** Simmer down.: 흥분하지마(Calm down.=Take it easy). Let's not get carried away.: 흥분하지 말자.
- **O Grs.** '휴식을 취하다'라는 말은 'break'이다. 'rest'는 '육체적 물리적 휴식'을 지칭하고, 'relax'는 '정신적 휴식'을 지칭한다.

## 🔵 56

Mary는 관중 앞에 있어 몹시 **흥분했어**.
Mary is **keyed up** a little bit.

- **O Sit.** '건반악기의 키(key)가 약간 올라갔다'라는 말은 '음조(tone)가 높아졌다'라는 말일 것이다. 흔한 표현은 'Mary is very excited'이다.
- **O Rf.** keyed up: 몹시 흥분한, 몹시 긴장한 blow[throw] a hype=reach[rise to] fever pitch: 몹시 흥분하다, 소란 피우다
- **O Oths.** 흔한 표현은 'Mary is so much excited'이다.

## 🔵 57

희망사항이겠지.
You wish.

- **O Sit.** 하고 싶어하는 소원을 보통 영어로 'wish'라고 부른다.
- **O Syn.** It is a piece of wishful thinking.
- **O Rf.** What are your three wishes in your life?: 인생에서 당신의 세 가지 소원은 무엇인가? I want to wish you a Merry Christmas.: (캐롤송 가사) 당신께 즐거운 성탄절 기대할게요.

미국 팀은 매우 강하지만 우린 여전히 **희망의 끝을 놓고 있지 않네.**
The US team is very strong. We'll still hoping against hope.

- **Sit.** "희망을 배경으로 희망한다, 또는 희망에 기대어 희망을 갖는다."
  라는 말은 '여전히 희망을 포기하지 않는다.'라는 뜻이 아닐까?
- **Syn.** It's fat chance. but we won't give up at all.
- **Rf.** against...: ...을 배경으로, ...반대[대항]하여, ...에 기대어

## 1. 올바른 표현(Right Uses of Daily Expression)

　아래의 잘 못 쓰는 표현들은 영어가 다른 나라로 이동되면서 현지인들의 문화나 관념에 따라 변형된 표현들로서 우리나라의 경우 부자연스러운 영어표현들의 일부 사례는 일본 강점기에 발생한 표현들이다. 다른 예들도 많이 있지만, 아래의 것들은 흔히 우리가 생활하며 접하는 오류들이다. 다시 말해, '부자연스럽거나 틀린 영어' ⇒ '표준 영어'로의 변환이다.

| 한글 표현 | Broken English [Konglish]<br>(한국식 영어) | American English<br>(올바른 영어) |
|---|---|---|
| 가글 | gargle | mouth wash |
| 전자레인지 | electronic range | micro wave |
| 개그맨 | gag man | comedian |
| 고울 인 | goal in | reach the goal |
| 고전 음악 | classic | classical (music) |
| 광고 | cf | commercials / ads |
| 그룹사운드 | group sound | (musical) band cf. vocal group |
| 깁스/기브쓰 | gips | cast |
| 껌 | gum | chewing gum |
| 네임 밸류 | name value(일어식 표현) | social reputation, brand value |
| 노래 반주 | MR(Music Record) | accompaniment |
| 노트(공책) | note | notebook, memorandum |
| 노트북(컴퓨터) | notebook | laptop (computer) |
| 니스(윤택제) | nisu(일본어) | varnish |

| 달걀 후라이 | egg fry | fried egg, poached egg |
|---|---|---|
| 더치페이 | Dutch pay | Dutch treat / Spliting the bill |
| 돈까스 | 돈카츠레츠(일어식 발음의 줄임말) | pork cutlet<br>('cutlet'는 '얇게 저민 고기'라는 뜻) |
| 뒷그물(야구) | back net | back stop |
| 드라이하다 | dry | blowdry hair / blow-wave |
| 등산 | mountain climbing | hiking (장비없이 hill높이를 오르는 것) |
| 디데이 | Determination day | Day-day |
| 디씨 | DC | discount |
| 러닝셔츠 | running shirt | under shirt, singlet |
| 런닝 머신 | running machine | tread mill |
| 레몬 쥬스 | lemon juice | lemonade |
| 로맨티스트 | romantist | romancist, romancer |
| 로스구이 | 영어표기 불가 | roast beef / barbecue |
| 리바이벌 | revival(옛 연극·영화 따위의)재상연,<br>재공연, (프로그램의)재방송 | remake, cover version |
| 린스 | rinse | hair conditioners |
| 막대 사탕 | stick candy | lollipop |
| 막대 아이스크림 | hard | popsicle |
| 매니큐어 | manicure | nail polish cf. pedicure(발톱 가꾸기) |
| 매스컴 | mass com | mass media |
| 매직 | 영어표현 불가 | marker |
| 맨투맨(경기) | man-to-man | man-on-man |
| 맨투맨(의상) | man-to-man | crew neck / sweat shirt |
| 머플러(마후라) | muffler | scarf |
| 멀티탭 | multi tap | power strip |
| 메이커 | maker | brand name |
| 모닝콜 | morning call(안부 전화) | wake up call |

| | | |
|---|---|---|
| 모래시계 | sand clock | hourglass |
| 뮤직 박스 | music box | juke box |
| 미팅 | meeting | blind date rf. meeting: 모임, 회의 |
| 믹서기 | mixer | blender |
| 바바리코트 | Burberry(상표명)coat | trench coat, (long) coat |
| 바캉스 | vacance(F.) | summering, vacation |
| 바톤 터치(달리기) | baton touch | baton pass |
| 반숙 | half-boiled egg | soft boiled egg |
| 받침대 | di(?): two, double, twice의 뜻 | deck |
| 백 넘버 | back number(잡지 등의 지난 호) | athlete's identification number, jersey number, uniform number |
| 백댄서 | back dancer | back up[back ground] dancer |
| 밴드 | band | band aid |
| 베니어 | veneer | plywood rf. veneer (plywood가 되기 위한 단판) |
| 본드(접착제) | bond | strong adhesive / glue |
| 볼펜 | ball pen | ball-point pen, pen |
| 비닐하우스 | vinyl house | green house |
| 비닐봉지 | vinyl bag | plastic bag |
| 비치 파라솔 | beach parasol | beach umbrella |
| 빌라 | villa(별장) | upmarket town house / tenement(저층 임대 아파트) |
| 빤쓰 | pants의 일어식 표현 | under drawers, under pants |
| 빽 | back(ground) | connection, tie, strings to pull, strong pull |
| 뺀치(공구) | pinch | pliers |
| 뽀샵 | photoshop(의 줄임말) | touch-up rf. photoshop: 이미지 편집 프로그램을 이용하여 사진을 변형하다 |
| 사라다 | salad의 일어식 표현 | salad |
| 사이다 | cider(즙을 발효시키지 않은 것(sweet cider)과 발효시킨 것(hard cider)이 있는데, 흔히(미)에서는 전자, (영)에서는 후자의 뜻으로 씀) | 7-up, sprite, pop soda(탄산수) |

| 사이키(조명) | psyche | strobe / strobe light |
|---|---|---|
| 사인(서명) | sign(동사) | signature, autograph(유명인에게 받는 것) |
| 샐러리 맨 | salary man | salaried man, office worker |
| 샤프 연필 | sharp pencil | mechanical[automatic=propelling(영)] pencil |
| 서비스 | service | on the house |
| 서클(모임) | circle | club, information interest group |
| 선크림 | sun cream | sun screen |
| 세컨드(애인) | second | mistress(정부), concubine(첩) |
| 세트 메뉴 | set menu | combo |
| 셀카 | selca(=self camera) | selfie / self shot |
| 솔로 | solo | single |
| 수정액 | white | correctionn ink / white out |
| 슈퍼 | super | supermarket |
| 스낵코너 | snack corner | snack bar |
| 스치로폴 | styrofol | styrofoam |
| 스카치 테이프 | Scotch tape(영국식 표현) | sticky tape(미국); sellotape(영국) cf. transparent tape: 투명테이프 adhesive tape: 반창고 |
| 스킨로션 | skin lotion | toner |
| 스킨쉽 | skinship | touch-freely / physical contact / physical affection |
| 스타킹 | stocking | tights / panty hose |
| 스탠드 | stand | desk lamp |
| 식수 | fresh water(민물) | drinking water / cf. still water: 맹물, salty water: 바닷물 |
| 식염수 | salty water | saline solution |
| 싸인펜 | sign pen | pelt-tip pen |
| 썬 캡 | sun cap | sun shade |
| 썬 탠 | sun tan | tanning |

| | | |
|---|---|---|
| 썬글라스 | sun glass | sun glasses |
| 썬팅 | sunting | tinting |
| 쓰메끼리 | 츠메(손톱)-키루(자르다)(일어) | nail clipper, nail nipper |
| 아르바이트[알바] | arbeit(G.): 일하다, 공부하다 | part time job |
| 아세톤 | acetone / nail remover | nail polish remover |
| 아이 쇼핑 | eye shopping | window-shopping |
| 아이스 커피 | ice coffee | iced coffee |
| 아파트 | apart | apartment<br>cf. apartment building(아파트 건물),<br>apartment complex(아파트 단지) |
| (졸업)앨범 | album | year book / class book |
| 애프터 서비스 | AS(=After Service) | Warranty[Customer] service / after sale service |
| 언택트 | untact | non contact / zero contact |
| 에로 무비 | ero movie | pornography |
| 에쓰앤에쓰 | SNS(social Network Service) | social media |
| 에어로빅 | aerobic | aerobics |
| 에어컨 | air-con | air-conditioner, air-conditioning, A/C |
| 엑기스(농축액) | extract의 일어식 발음 | extract, essence |
| 연속극 | drama | soap drama |
| 예의범절 | manner | manners |
| 오무라이스 | omelette rice | rice omelette(내용물에 따라 '··· omelette'이라 부른다) ex. onion omelette |
| 오바(긴 옷) | over | overcoat |
| 오바이트 | overeat | vomit, throw-up |
| 오피스 걸 | office girl | white color working woman, female office worker / office clerk[assistant] |
| 올A | all A | straight A / all A's |
| 올드 미스 | old miss | unmarried woman, single woman, old maid, spinster |

| | | |
|---|---|---|
| 올림픽 | Olympic | Olympics, Olympic games |
| 올백 | all back | straight hair style |
| 와이셔츠 | white shirts의 일어식 표현 | white shirts, dress shirts |
| 원룸 | one room (house) | studio apartment[flat(영)] |
| 원플러스원 | one plus one | buy one get one free |
| 원피스 | one-piece | dress |
| 윕핑 크림 | whipping cream | whipped cream |
| 이벤트 | event | social occasion |
| 인기 메뉴 | popular menu | popular dish |
| 인터폰 | interphone(상표명) | intercom |
| 잠바 | 잠바(일어식 표현) | jumper(노동자,선원 등이 입는)낙낙한 웃 옷 cf. windbreaker(상표명: 스포츠용 웃옷) |
| 전기연결선 | cord | extension cord |
| 짝사랑 | one-sided love | unrequited love / unreturned love / unanswered love / crush |
| 쮸쮸바 | freeze pop | freezie |
| 체크 카드 | check card | debit card |
| 츄리닝 | training | sweat suit / sweats |
| 카레라이스 | curry and rice(일어식 발음) | curry and rice, curried rice(curry'란 타 밀(Tamil)어의'카리(Kari,소스)'에서 유래되었다) |
| 카세트 | cassette | cassette tape recorder[player] |
| 커닝페이퍼 | cunning paper | cheat sheet |
| 커트라인 | cut line | cutoff line |
| 커피 홀더 | coffee holder | (coffee) sleeve |
| 컨닝(부정행위) | cunning(교활한) | cheating |
| 코팅 | coating | laminating |
| 콘사이스 | concise | a pocket(-sized) dictionary / asmall dictionary |
| 콘센트 | consent | (electrical) outlet / (plug) receptacle / wall socket |
| 콜라 | cola | coke |

| | | |
|---|---|---|
| 콤비 | combi(nation) | (unmatching) pair / suit / jacket / duo |
| 콤플렉스 | complex | inferiority complex |
| 콩글리쉬 | Konglish | broken English |
| 크림 | cream | nondairy coffee whitener |
| 클리넥스 | Kleenex(상표이름) | tissue paper |
| 키친 타올 | kitchen towel | paper towel |
| 타이즈 | tights | leggings, tight-fitting pants |
| 탤런트 | talent | TV actor / TV personality / TV star |
| 테[텔]레비 | Televi | Television (set), TV |
| 티 | T-(shirt) | T-shirt / short sleeve shirt |
| 티비TV / 라디오 프로 | TV / radio pro | TV / radio program |
| 파마 | perma | perm, permanent (wave) |
| 파이팅 | fighting | Cheer up! / Go for it! / You can do it! |
| 파인 쥬스 | pine juice | pineapple juice |
| 80프로 | 80 pro | 80 percent |
| 팬티 | pantie | panties(여성속바지) rf. underwear [underclothes](속옷) = undershirt(상의)+underpants[under drawers](하의) |
| 팬티스타킹 | panty stocking | pantyhose |
| 포스트 잇 | post-it(상표) | post-it note pad[post it memo pad] |
| 포켓볼 | pocket ball | pool |
| 폼 | form | affected manner |
| 프런트 | front | front desk, reception desk |
| 프로 | pro | professional |
| 프린트 | print | handout |
| 플래 카드 | placard | banner |
| 하프 코트(반코드) | half coat | three-quarter length coat |
| 함박 스텍 | hamburger steak(일어식 발음) | beef steak |
| 해프닝 | happening(?) | unexpected and interesting incident |

| 핸드폰 | hand phone | mobile phone, cell(ular) phone |
| --- | --- | --- |
| 헐리웃 액션 | Hollywood action | simulation |
| 헬쓰장 | health | gym / fitness center |
| 형광펜 | flash pen | highlighted pen, highlighter |
| 호일 | hoil | aluminum foil |
| 호출기 | 삐삐(우리말 의성어) | beeper, pager |
| 호치키스 | Hotchkiss(상표명·발명가 이름) | paper-fastener, stapler |
| 홈닥터 | home doctor | family doctor / family physician |
| 황금 시간 | golden hour | prime time |
| 후라시(손전등) | flash(일어식 발음) | flashlight |
| 후라이팬 | fry pan | frying pan |
| 힐링 | healing | relaxing / getting away from it all |

## 2. Political correctness(정치적 순화 표현)

인종, 환경, 문화, 이념, 이성 구별 등의 생활방식의 다양성을 인정하고 관용을 베푸는, 즉 보수적이고, 편파적인 통념을 배척하고 진보적이고, 중립적인 태도를 지칭한다. 때문에 이러한 경우를 고려하여 경우에 따라 오른쪽과 같이 표현하기도 한다. 이는 확장해석하면 비방어(pejorative)로부터 개선어(meliorative)로 향상시키거나, 미화어(euphemism)로 타락어(dysphemism)로부터 승화시키는 한 방편이다.

| 우리 말 | 기존 표현 | 우언적 표현 |
| --- | --- | --- |
| 3인칭 대표 대명사 | he | she or he, he/she, she/he, sh/e |
| 가난한 | poor | economically-unprepared |

| 가정주부 | housewife | domestic engineer |
|---|---|---|
| 검은색 가방 | black bag | bin bag |
| 경찰 | policeman | law enforcement officer |
| 귀머거리 | deaf | visually oriented |
| 난쟁이 | dwarf | vertically challenged |
| 남, 여승무원 | steward / stewardess | flight attendant |
| 남녀 종업원 | waiter / waitress | service person |
| 노인 | old person/elderly | 4th dimensionally-extended / gerontologically-advanced / senior citizen |
| 대머리의 | bald | comb-free / follically challenged |
| 대변 | dung / shit[poo] | number two |
| 대변인 | spokesman | spokesperson |
| 동성연애자 | homo sexual | same-sex |
| 동양계 미국인 | Oriental | Asian American |
| 마약 상용자 | junkie | person with a drug dependency |
| 말썽꾼 | black sheep | pariah |
| 맙소사 | oh my God | oh my gosh |
| 맹인 | blind | sight-impaired / optically-darker |
| 미용사 | hair dresser | stylist |
| 미친 사람 | insane people | selectively perceptive mental explorer |
| 바보 | idiot | behavioural challenged |
| 부랑인 | bum | homeless displaced homeowner, philosophy major |
| 분뇨통 | feces bucket | honey bucket |
| 불법체류자 | illega-l alien | undocumented worker |
| 소방수 | fireman | fire person / fire fighter |
| 시험 부정행위 | cheating | academic dishonesty |
| 암내 | body order | BO |
| 양성애자 | bi-sexual | sexually non-preferentially |
| 에스키모 | Eskimo | Inuit |

| 여 판매원 | sales girl | sales clerk |
|---|---|---|
| 오줌 | piss[pee] | number one |
| 외판원 | salesman | salesperson |
| 우체부 | post man | post person |
| 의장 | chairman | chair(person) |
| 인디언 | Indian | Native-American |
| 장애자의 | handicapped | physically-challenged, differently-abled, handi capable |
| 전업주부 | house wife | home maker / stay-at-home mum |
| 정상적인 신체의 | able-bodied | non-disabled |
| 죄수 | convict | socially separated |
| 지나치게 살찐 사람 | obese people | people of mass gravitationally challenged |
| 집 없는 사람들 | homeless | residentially flexible |
| 창녀 | prostitute / whore | sex surrogate |
| 칠판 | black board | chalk board |
| 콘돔 | condom | rubber |
| 호주 원주민 | Australian / Aborigine | Native Australian |
| 화장지 | toilet paper | T.P |
| 환경미화원 | bin man | cleanness technician |
| 흑인 | Negro, Black | Afro(African)-American |

## 3. 게시[간판] 표현

　빠른 시간 내 간단한 게시문이나 간판의 뜻을 이해해야 실수를 하지 않는다. 공간의 경제성 때문에 중요한 정보 중심으로 표기하는 때가 많기 때문에 경우에 따라서는 내용어(content word) 중심으로 표기하고 구(phrases) 형태로 표기한다.

| 우리말 | 영어표현 | 우리말 | 영어표현 |
|--------|---------|--------|---------|
| 고급품 염가 판매 | 'Quality-made,' but prices cut | 쓰레기 버리지 마시오 | No dumping |
| 갈고리 금지 | No hook | 안내소 | Information |
| 강매 사절 | No sale be forced on any at this door | 액체 주의 | Liquid |
| 개인교수 | Private lessons given / Instruction given personally | 야간 영업 / (8시까지 영업) | Staying open / To stay open (till eight) |
| 건널목 주위 | Railroad crossing: stop, look, listen | 어지럽히지 말 것 | No littering |
| 건조하게 유지하시오 | Keep dry | 연말 염가 대매출 | Year-end sale |
| 격식 필요 없음 | No ceremony | 영어 교수 | Instruction given in English / English lessons given |
| 검사 필 | Examined | 영어 회화반 | English conversation class |
| 고서 고가 매입 | High prices offered for used books | 영업 중 | Operation / In operation |
| 고압 전류 | Warning: High voltage | 영업 시간 (9시-5시 반) | Business hours: (9 a.m-5.30 p.m.) |
| 공간 없음 | No vacancy | 예약 필 | Reserved |
| 공사 중 | Under construction / Street closed for repairs | 용무 없는 사람 출입 금지 | No admission except on business |
| 공중변소 | Lavatory / Comfort station / Toilet(건물 안) | 우측통행 | Keep to the right |
| 공중전화 | Public telephone / Call box | 우회 | Detour |
| 광고업 | Ad contractor / Ad agent | 운임 선불 | Freight forward |
| 금연 | No smoking(allowed here) | 위험 | Hazard |
| 금일 개업 | Opened today | 위험물 반입금지 | Inflammables and explosives strictly prohibited to be brought in |

| | | | |
|---|---|---|---|
| 금일 매진 | All sold out today | 일반인 공개-<br>누구나<br>입장 자유 | Open to public - Free for all comers |
| 금일 휴업 | Closed today | 일방통행 | Thoroughfare closed one side |
| 금일 휴진 | No consultation today | 일자리 구함 | Situation wanted / Help wanted |
| 긴급 구조 | S.O.S | 임차, 임대하는 | For hire |
| 깨지기 쉬움 -<br>취급 주의 | Fragile - Handle with care | 입구 | Entrance / Way in |
| 꽃꽂이 강습회 | Instruction given in flower arrangement | 입장 무료 | No charge for admission / Admission free |
| 남자용 화장실 | Men / Gentlemen | 입장 사절 | No entrance |
| 동물에게<br>먹이 주지 말 것 | Don't feed the animals | 입장 환영 | Welcome to all / visitors |
| 매진 | Sold | 입장권 소지자<br>만 입장 가능 | Admitted by ticket alone |
| 맹견주의 | Beware of watchdog | 잔디밭에 들어<br>가지 마시오 | Keep off the grass /<br>Keep out (from the grass) |
| 면회사절 | Don't disturb / Interviews declined(during working hours) | 재고 정리<br>대매출 | Clearance sale |
| 문에 손대지<br>마세요 | No tampering with the door | 정장 필요 없음 | No (full) dress |
| 문을 닫으시오 | Close the door after you | 정지 좌우<br>살피세요. | Stop. Look right and left before crossing |
| 미흡한 점 있으<br>면 대금 반환 | Satisfaction guaranteed or money back | 정찰제<br>(에누리 없음) | Prices clearly marked and no overcharge / Fixed Price |
| 발 조심 | Watch[Mind] your step | 조심:<br>급커브 있음 | Warning: (there is) a sharp curve a little way ahead |
| 배회하지<br>마시오 | No loitering | 조용히 하시오<br>(수면 방해하지<br>마시오) | Don't disturb |
| 벽보 첨부 금지 | Post no bills | 좌석 만원 | Room for standing only (R.S.O.) |
| 보기만 할 것 | Eyes only | 중고 의류점 | Used clothing only |

| | | | |
|---|---|---|---|
| 보석, 시계류 | Jewels & watches | 차마 통행금지 | No thoroughfare for vehiclessand horses |
| 부패물(주의) | Perishables | 촉수 엄금 | Hands off / Please don't touch |
| 분실 보관소 | Lost and Found | 출구 | Exit / Way out |
| 불조심 | Beware of fire / Caution: inflammables (화기엄금) | 출입[진입] 금지 | Keep out / Off limit / No trespassing(구내로의 출입 금지) |
| 비매품 | Not for sale | 침 뱉지 마시오 | No spitting |
| 비상구 | Emergency exit / Fire escape | 통행금지 | No thoroughfare / Blocked |
| 비상구 | Exit / Way out | 특매품 | Bargain-priced |
| 사실 | Private(room) | 파산 정리 | Liquidation |
| 셋방 | Rooms to let / Rooms for rent / Apartment for rent | 페인트 조심 | Wet paint / Fresh paint |
| 소매치기 금지 | Beware of pickpockets / Passengers are warned against pick pockets | 폐업 | Closed |
| 소변 금지 | Commit no nuisance | 필요하면 전화할게요 | Don't call me, we call you |
| 속도 제한: 25마일 | Speed limit: 25 m.p.h. | 허가된 자만 출입 가능 | Authoritative person only |
| 수선 중 | Under repairs | 현상 수배 중 | Wanted |
| 수하물 보관소 | Parcel room / Cloak room | 회의 중 | Now in session |
| 습기 조심 | Guard against damp | 훔쳐보지 말 것 | No peeking |
| 신발 벗으시오 | Kindly take off your shoes here | 휘발성 주의 | Volatile |
| 신사용 / 숙녀용 (화장실) | Gentlemen / Ladies (Toilet / Rest room) | 흡연을 자제해 주세요 | Kindly refrain from smoking |

## 4. E-mail/SNS에서의 영문 축약어(contraction) 및 합성어(acronym)

휴대폰 문화가 발전한 요즈음 제한된 공간에 되도록 많은 정보를 입력하고자 이모티콘(emotion+icon)외에 아래처럼 여러 가지 다양한 축약어(contraction words)나 첫글자 합성어(acronym)를 쓴다. 그러나 합성어를 만들거나 축약어를 만드는 데는 어떤 정해진 규칙이 없다. 다만 (1) 모음(vowel)보다는 탁립성(prominence)이 뛰어나 자음(consonant)중심으로 하되 (2) 운율적 특성을 살려 기억하기 좋은 방법으로 발음하기 좋게 만든다. (3) 때문에 의사소통에 별로 중요하지 않은 기능어인 전치사를 살리기도 한다. (4) 또는 이웃하는 두 철자를 써주거나 유사한 아라비아 숫자를 쓰기도 한다. 가령, (1)PX=Post eXchange. (2)WYSISWYG=What You See Is What You Get. (3) TOEFL=Test Of English as a Foreign Language. (4)Koex=Korea Exhibition. All 4 U=All for You., etc.

아래의 언급한 축약어(contraction) 및 합성어(acronym)들은 원어민들이 매우 자주 쓰는 표현들이다.

| 줄임말<br>[합성어] | 원래 표현 | 우리말 |
|---|---|---|
| ASAP | as soon as possible | 가능한 한 빨리 |
| ab | about | 관해(서) |
| AFAIK | As far as I know | 내가 아는 한 |
| a.k.a. / aka | also known as | 또한 (…로 알려진) / 별명 / 별칭 |
| av | average | 평균 |
| bf | best friend | 가장 친한 친구 |
| b4 | before | 전(에) |

| | | |
|---|---|---|
| brb | Be right back | 곧 돌아온다 |
| BTW | by the way | 그건 그렇고 |
| biz | business | 사업[일] |
| B4N / BFN | By for now | 안녕 |
| BBL | Be back later | 나중에 돌아온다 |
| B&B / b&b / BB | bed and breakfast | 아침 식사를 제공하는 민박 |
| B.M. / b.m | bowel movement | 생리현상 [대변] |
| BO | Body Order | 몸 [겨드랑이]냄새 |
| B.Y.O.B. / BYOB | Bring your own bottle or booze | 술은 각자 지참할 것 |
| cu | See you! | 나중에 보자! |
| cul | See you later! | 나중에 보자 |
| chem | chemistry | (사람과 사람 간의) 공감대 형성 |
| coz / cause / cuz | because | 왜냐하면 |
| CYA | See You Later | 나중에 봅시다 |
| d'u | do you | 당신은 |
| DIY | Do It Yourself | 스스로 해결 |
| 'em | them | 그들(을, 에게) |
| e.g (exampli gratia(L)) | for example | 예를 들면 |
| etc | et cetra | 기타 등등 |
| EOD | end of day / end of discussion / explosive ordinance disposal | 오늘 내로 / 더 이상 말하지 말 것 / 폭발물 처리 |
| fx | foreign exchange | 외환율 |
| FYI | for your information | 참고 바람 |
| f2f | face to face | 직접 만나서 (면 대 면) |
| 4 | four | 넷(의) |
| ga | Go ahead | 어서[먼저]하세요 |
| gf | girl friend | 여자 친구 |
| gov't | government | 정부 |
| GI | Good luck! / Government issue | 행운을 빌겠어요! / 미국 군인 |

| | | |
|---|---|---|
| **G.O.A.T** | Greatest of all time | 사상 최고(의) |
| **gonna** | going to | …하려고 하는 |
| **hhok** | Ha-ha, only kidding | 하하, 단지 농담이야 |
| **HBD** | happy birthday | 생일 축하해 |
| **HAND** | Have a nice day | 좋은 하루 보내 |
| **haha** | ㅎㅎㅎ / ㅋㅋㅋ | 즐거움·비웃음을 나타냄 |
| **hbu** | How about you | 당신은 어떻게 생각해요? |
| **int'** | international | 국제적인 |
| **ic** | I see. | 알겠어요 |
| **idonno** | I don't know | 모르겠는데 |
| **IMO** | in my opinion | 내가 보기에는 |
| **ILU / ILY** | I love you | 사랑해 |
| **IOW** | in other words | 다시 말하면 |
| **IOU** | I owe you | 너에게 빚지고 있어 [신세지고 있어] |
| **i.e** | id est (Latin) | 다시 말하면 (that is, in other words) |
| **idk** | I don't know | 모르겠어요 |
| **ikr** | I know right | 그러게 말이죠 |
| **jam** | Just a moment | 잠깐만 |
| **JK** | Just kidding | 농담이야 |
| **JJ** | Just Joking | 단지 농담이야 |
| **JIC** | Just in case | 만일에[만약에] …라면 |
| **KWIM** | Know what I mean? | 내 뜻 알겠지? |
| **LOL** | laughing out loud / lots of love | 큰소리로 웃다 (ㅍㅎㅎ) 많은 사랑과 함께 |
| **LUV** | love | 사랑(해) |
| **LTNS** | Long time no see | 오랜만이야 |
| **LMAO** | Laughing My Ass Off | 너무 웃겨 (엉덩이가 빠질 정도로 웃다) |
| **LD** | Long distance | 장거리 |
| **M/F** | male or female | 남성 또는 여성 |

| MIA | missing in action | 전투 중 행방불명 |
|---|---|---|
| MSG | message | 메시지 |
| MUSM | miss you so much | 당신이 너무 그리워요 |
| nrn | no reply necessary | 회신 필요 없음 |
| NP | No Problem | 문제 없어요 |
| NM | Never Mind | 신경 쓸 거 없어요 |
| nvm | Never mind | 괘념치 말아요 |
| OTOH | on the other hand | 한편 |
| OGIM | Oh God It's Monday | 맙소사, 월요일이군 |
| OTC | on the contrary | 이와는 다르게 |
| POW / PW | prisoner(s) of war | 전쟁 포로 |
| plz | please | 제발 |
| P.S / PS | post script | 덧붙여 말합니다<br>(편지 따위의 본문 다음에 덧붙이는 말) |
| ppl | product / placement | 드라마 / 영화 속 소도구 광고 기법 |
| RSVP | Répondez s'il vous plait (French) | please<br>reply, if you please<br>(읽었다면 답장해주세요) |
| SUL | See You Later | 나중에 보자구요 |
| sth | something | 무엇 |
| TH(N)X | Thanks | 고마워요 |
| TGIF | Thanks God. it's Friday | 주여 감사합니다. 금요일이에요 |
| TU | Thank you | 고마워요 |
| TTYL | Talk to you later | 나중에 얘기할게요 |
| TBA | to be announced | 향후 발표 예정 |
| TBC | to be confirmed | 확인 중 |
| tbh | to be honest | 진솔하게 말하면 |
| tmr | tomorrow | 내일(의) |
| totes | totally | 전적으로 |
| 2 | two | 둘(의) |
| tot | on tip of the tongue | 말이 혀끝에서 맴도는 |

| UW | You're welcome | 천만에요 |
|---|---|---|
| ur | your | 당신의 |
| 've gotta | have got to | …해야만 한다 |
| wk | week | 주 |
| WISIWIG | what you see is what you get | 보는 것이 곧 얻는 것이다<br>(에디터나 동영상 삽입) |
| WTG | Way to go! | 잘했어! |
| WU | What's up? | 무슨 일이에요? |
| Wtf | what the fuck (비속어) | 제기랄 뭐야 |
| wbu | What about you | 당신은 어떻게 생각해요 |
| whaddaya | what do you | 당신은 무엇 |
| whatta | what are[do] | 무엇이[을] |
| wanna | want to | …원하다 |
| ya[u] | you | 당신 |
| yr | year | 년[해] |
| XOXO | hugs and kisses | 포옹과 뽀뽀 |
| x | ks | 철자 x의 발음을 대신한 것(크스) |